Vi gjækk

VI GJÆKK
i fars fotspor

av

*Ingebjørg Mathisen Richard Østrem Åge Østrem Per Østrem
Karl Østrem Rolf Østrem Konrad Østrem Karen Østrem
Svein Roald Østrem Knut Østrem Einar Østrem og
Eyolf Østrem*

Redigert av Knut Østrem

Vi gjækk – i fars fotspor
Annen reviderte utgave.
© forfatterne, 1987 og 2014
Boken er satt med Scala og Chau Philomene One
Revisjon og layout Eyolf Østrem

INNHOLD

Forord..7
Forord til annen, reviderte utgave..10
Slekt skal følge slekters gang..15
To gonger til fots til Jerusalem..16
Slektsgransking og feilkjelder..17
Garden Østrem..18
Med offentlege ombod..19
Vår kriminelle fortid – «Idle-Sven»..22
Oppdeling i mange bruk..24
Historia om taterblodet...25
Bureisaren...28
Dei innerste ringane..30
Andreas Kristiansen Østrem...36
Ingeborg Anna Christensen af Paulsrud......................................43
    Ingeborg Anna – en hemmelighetsfull farmor.................................*44*
    Konrads oldeforeldre....*45*
    Konrads besteforeldre....*46*
    Ingeborg Anna....*47*
Eyolf: Er vi nordlendinger?..50
    Oldeforeldre....*50*
    Besteforeldre...*53*
    Foreldre - og så videre...*55*

Sandvika..57
Første bustad: Nygård i Sørreisa..57
Til Sandvika..60
Ny familie-etablering...67

Oppvekstvilkår...71
Konrad som ungdom..74

Ny familie i Sandvika 82

Brattlia 91
Årle i old 91

Bråten 101
Kjøp av Hesjebogen 101
Namnet Bråten 104
Første bygning: gammen 105
Bureisingslån og fjøsbygging 113
Stor optimisme – og meir gjeld 116
Nydyrkinga 120
Ein parentes – eller ein sykkeltur midt i nydyrkinga 124
Meir nydyrking 128
Då «Gammelstua» var «Nystua» 132
Kriseår og auksjon 141
Åge: Irmelin 149
Rolf: Gullros 154
Knut: i eit fang 155

Arbeidaren 157
Gardbrukaren 157
  Rolf: og ved og vann 170
Fiskaren 177
Vegarbeidaren 192
Handverkaren 215

Helg, høgtid, fritid 225
På tur 226
Jul 230
Litteratur 238
Den siste krigsjula 240
Kviledagen 243
Barnedåp og konfirmasjon 245
Som hund 258

Personen 259
  Far min i Huizingalaan 265
  Åge: Lokalen 269

Slutten 275
Hans Helmer 277
Den siste tida 279

FORORD

Forfattarane til denne boka har hatt deg i tankane då vi skreiv. Du er ein av oss, du fortener ei gåve av oss. Vi vil ikkje dytte på deg eit minne om oss, men sit du ein gong i framtida og undrast på kva for merkelege folk som levde før deg, så har du her fått ei kjelde å ause av.

Årsaken til at vi nett i år sette oss ned med dette arbeidet, har med vår far å gjere. Han blei fødd i 1887, og i år er det tid for eit hundreårsminne. Vi starta med blanke ark og trudde ikkje vi hugsa så mykje om han at det kunne bli ei bok av det. I staden blei det så mykje at vi måtte avgrense oss sterkt.

Eit minneskrift blir oftast den til del som har gjort noko gjevt og stort. Vi har ikkje laga bok om stortingsmann, statsråd eller finansmann, ikkje om skolemann, akademikar eller oppfinnar. Vår bok handlar om ein som fekk gjort noko enda gjevare og større: Han rydda ein gard og grunnla eit imperium. *Slitaren* har meir enn nokon annan fortent sitt minneskrift.

Du vil fort sjå at dette ikkje berre er gamle folks mimring om fjern barndom. Stoffet inneheld meir: Det er ein viktig bit av norsk historie. Les og bli klok! Du er ein del av denne soga, og vi er sikker på at du vil kjenne den same gleda som oss over å høyre til eit folk som grov seg gjennom tronge kvardagar med spett, spade og slegge og rydda grunnen for det som skulle bli vår velferd.

Med vårt utgangspunkt er vår minnebok samla rundt den eine av våre foreldre. Vi har og hatt ei livskraftig mor, og du undrar deg kanskje over at du berre ser henne som ein skugge mellom linene. Det ligg frå vår side inga nedvurdering i det. Men vi må vel også kunne samle stoff til neste hundreårsfest – i 1898? Boka er blitt til som eit fellesarbeid i ein stor søskenflokk. La det og vere deg til lærdom! Fellesskap var ein bærebjelke i vår oppvekst. Vi er framleis i stand til å ta felles løft.

Stoffet er samla og redigert av Knut, og han står også ansvarleg for den samanbindande teksten. Han skal ikkje ha meir ære enn dei andre, men ein av bidragsytarane insisterer likevel på at følgjande skal med i forordet:

> Østremungene rir ikke den dagen de saler. En dag ligger et forprosjekt – godt nok til å kunne være det endelige produkt – i posten fra Knut. Jeg siterer fra et brev jeg fikk noen uker etterpå: «Jeg må si at jeg både lo og gråt. Du verden for et arbeid den gutten har lagt ned. Jeg fikk dårlig samvittighet for at jeg ikke hadde deltatt, men har no tenkt å slenge meg på...»
>
> Knut er vel den eneste som har ry som litterat blant oss. Det var også helt naturlig at han satte det hele i gang, men når han måtte slite så mye alene, er det ikke på grunn av manglende interesse fra oss andre. Vi trenger bare litt hjelp for å komme på hesten! Når forprosjektet kom, skjønte vi at vi måtte stige opp – ikke bare la det bli med forsettene. Jeg syns vi har gjort et hederlig arbeid – funnet balansepunktet mellom lokal humor, familiære vitser og det vi kan kalle historie. Jeg har sikkert alle med meg når jeg takker Knut for initiativ, streng jobbing, sammenbindende kommentarer og ikke minst for hans intensjon å ta dette på alvor uten at det ble et alvorsskrift. Om høybørene dine i guttedagene var altfor små, etter min vurdering, har du nå vist at du kan ta hele hesja alene, Knut!
>
> *– Rolf*

Men la ikkje dette Rolf skriv, få deg til å gløyme at vi gir deg ei felles gåve. Start heller ikkje med å telje kor mange sider kvar av oss har skrive. Det er urettferdig, for vi fortel om ei tidsepoke som strekker seg over 30 år fra den eldste får sin første klåre tanke til den siste får si første lesebok. Alle kan ikkje hugse like mykje.

Forfattarane har hatt sine problem under arbeidet. I ein stor søskenflokk oppstår det ein eigen familiær tone. Den østremske tone har vore kjent for å innehalde mykje «jåss». Ikkje alt dette kan formidlast, og ikkje alt skal formidlast. Likevel kan det hende vi har falt i grøfta og fortel til oss sjølve i staden for å fortelje til deg. Til tross for dette vonar vi hovudbodskapen når deg: Vi vil minne deg om at du er runnen av nokre forunderlege røter. Dei har krokar og utvekster verre enn bjørkerota han Konrad baksa med, men er i alle fall ei rot, og vi syns ikkje du skal skamme deg fordi du syg saft frå ein så spanande familiebakgrunn.

Værsågod, boka er di!

Karlebotn/Brøstadbotn/Oslo/Espenesbogen/Røyse/Lørenskog/
Sørreisa/ Balestrand/Kirkenes
11.06.1987

Ingebjørg Mathisen Richard Østrem Åge Østrem Per Østrem
Karl Østrem Rolf Østrem Konrad Østrem Karen Østrem
Svein Roald Østrem Knut Østrem Einar Østrem

FORORD TIL ANNEN, REVIDERTE UTGAVE

Jeg har levd med denne teksten i nesten tretti år. Når jeg nå har tatt heftet frem fra bokhylla og laget en ny utgave, er det minst tre gode grunner til det.

Den første og enkleste grunnen er: for å bevare verket og gjøre det mer tilgjengelig, også i elektronisk form. Utgaven fra 1987 er alt i alt en tekst som er fremragende godt innskrevet, nesten uten trykkfeil, men den gir også et noe ugjennomtrengelig og tungt leselig inntrykk.

Jeg husker de første håndskrevne manuskriptene som kom inn fra søsken over hele landet, i stabler av varierende tykkelse og penneføring, alt fra den enorme papirbunt som kom fra den uimotståelig brautende Rolf, til den sirlige, urbane Åge, som åpnet min verden mot ordet «erindring» da han ble bedt om å skrive et «minne» i en minnebok en gang i 70-tallets Balestrand (han avsluttet sitt impromptu minnevers med «Hilsen onkel Åge, som er gammel / og full av svammel.»).

Typografi er det usynliges kunst. Hvis du *legger merke til* bokstavenes form eller sidenes layout, har typografen strengt tatt gjort en dårlig jobb, fordi han har tilranet seg noe av den oppmerksomhet som udelt skulle ha tilhørt teksten. Men likevel: skulle du være den heldige eier av et trykt eksemplar av førsteutgaven, så ta deg for en gangs skyld tid et øyeblikk til å tenke over tekstens utforming!

Hele teksten ble møysommelig innhamret på en topp moderne skrivemaskin – så moderne at man ikke bare kunne veksle mellom ulike skrifttyper, men hele maskineriet var dessuten *elektronisk*, så det – under over alle under! – var forskjell på smale «i»-er og kommaer, og de brede «m» og «w». Man kan nesten mistenke skrivemaskinprodusenten for å ha villet fremheve sin fantastiske teknologi ytterligere ved å gjøre de brede bokstavene *ekstra* brede.

Ha også gjerne i tankene at hver gang et ord står i fete typer, har «typografen» vært inne og gjort en omfattende fysisk operasjon: han har løsnet en trykkskive fra skrivemaskinen, fjernet den og satt inn en annen, skrevet de tre tegnene i ordet «**den**», og satt tilbake den opprinnelige skiven igjen.

Alle overskrifter er satt med Letraset – overføringsbokstavene som prydet så mange trykksaker på den tiden – og hele manuskriptet er inntastet på A4-ark for deretter å bli nedkopiert til bokstørrelse. Bilder og tekstbokser med alternativ layout er selvfølgelig klippet til og limt opp.

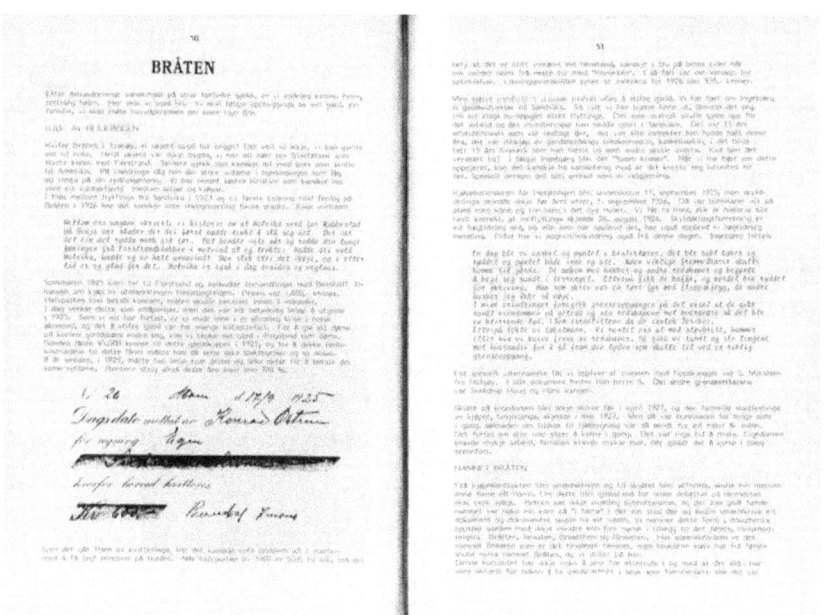

Vi er med andre ord ikke *helt* tilbake til Gutenberg, men vi nærmer oss faretruende.

Og det er altså det ypperste materiell skrivemaskinkunsten anno 1987 kjente, vi snakker om.

Det er ikke så langt fra å være førti år siden. Går vi førti år den andre veien, er vi i 1947 – det året da farfar døde, en gang i den mytologiske urtiden.

Og så er det man kan begynne å reflektere – og det er den andre og kanskje viktigste grunnen til å gjøre arbeidet med en gjenutgivelse, ut over å gjøre teksten lettere tilgjengelig og mer lesevennlig:

Farfar døde tjue år før jeg ble født. I hele min oppvekst har jeg tenkt på det som uendelig lenge siden: min farfar døde i mytenes tid og inntok dermed sin rettmessige plass blant de andre tidløse guder og helter.

Men når jeg tenker over det nå, kanalisert gjennom det historiske dokument *Vi gjækk* er (altså historisk i betydningen: et dokument med en historie, og ikke: et historiedokument) blir det ikke lenger like enkelt. Jeg kan ikke lenger si: «Min farfar døde *hele tjue år før* jeg ble født.» Jeg blir i stedet nødt til å formulere det: «Min farfar døde *bare tjue år før* jeg ble født – og det er nå et halvt århundre siden.» Den ultramoderne skrivemaskinen fra 1987 er nå like antikk som den stubbebryteren farfar drømte om men aldri fikk.

På merkverdig vis gjør boka *Vi gjækk* to ting som nesten går i motsatte retninger.

På den ene siden befester den farfars mytologiske status. «Fe dør, frender dør, en sjøl dør også. Men godt, fortjent ettermæle dør aldri,» står det i Hávamál. Hvis døden er mytens moder, er berettelsen dens far (eller i dette tilfelle: farfar).

Sagt på en annen måte: *Vi gjækk* er ikke en tekst *om* min farfar.

Den *er* min farfar, fordi den samler alle historiene om ham.

Langt på vei *er* den også min onkel Åge, min onkel Rolf, min onkel Konrad, min tante Ingebjørg – personer som, selv om de er borte, lever videre i fortellingene, *om* dem og *av* dem.

Men samtidig – og det er det merkelige – gjør det historiske perspektivet på den historiske berettelsen at hovedpersonen kommer nærmere, ikke bare som helten fra mytene, men som et *vanlig menneske* – som jeg *bare* var tjue år fra å kunne ha møtt. *Det* var nok den største overraskelsen ved det nye møte med teksten, og den tredje grunn til å gjenutgi og gjenlese: når mytenes mann settes inn i en historie som – fordi jeg selv står et sted i den samme historien – ikke *bare* er en myte men en del av mitt eget liv, blir han selv også plutselig mer menneskelig og mindre mytisk.

Da jeg først luftet tanken om en gjenutgivelse, påpekte Svein at «vår barndom og ungdom og vårt forhold til pappa og mamma hadde et meir positivt og hyggelig innhold enn de sørgelige. Boka må ikkje oppfattes som en oppsummering av fattigdom og elendighet, men en erindringssamling over våre fortreffelige hendelser i vår oppvekst.»

Jeg kan bare bekrefte at det er nettopp sånn boka fungerer, for meg i hvert fall. Den beskriver ganske visst en hard tilværelse med fattigdom og sykdom, men det dominerende inntrykk er den livslyst og -glede som stråler ut fra hver eneste av de historiene boka består av.

Igjen: værsågod – boka er di!

Eyolf Østrem
København, 2014

SLEKT SKAL FØLGE SLEKTERS GANG

Slekta di ser ut som ringar i vatn. Ring etter ring attende i tida, til besteforeldre oldeforeldre, tipp-oldeforeldre og vidare, vidare med fleire og fleire namn så langt attende som historiske kjelder kan gje oss opplysningar. Interessa for å leite etter desse ringane skiftar frå generasjon til generasjon. I vår tid har det vore ei sterk oppvakning av denne interessa, særleg i USA der heile folket må søke over Atlanteren for å finne sine røter, anten dei stod planta i Europa, Asia eller Afrika.

Vi høyrer òg til ein familie som blei planta i ny jord av ein emigrant. Det er ingen skilnad på oss og amerikanaren, men vi har kortare veg til kjeldene. Dei fleste av forfedrane og formødrene våre har etterlate seg utydelege spor. Nokre av ringane i ættetavla blir for all ettertid ståande med berre kvite felt. Berre dei som åtte mykje jord, var embetsmenn, kyrkjeverge eller drapsmann fekk ettermæle i form av dokument som kan gje oss opplysningar. Men anten vi identifiserer dei eller ikkje, har dei gitt oss dei av ein arv som skal førast vidare anten vi vil eller ikkje. No ligg kanskje nokre svært levedyktige gener nedplanta i *deg*?

Ei ættetavle inneheld stort sett berre namn, og namnet fortel lite om arvestoff som ligg nedfelt i oss. Kanskje er det slik at det berre er dei fysiske trekk, hårfarge, nasefasong, kroppsbygnad osb. Som forvillar seg gjennom generasjonane? I så fall vil desse eigenskapane bli temmeleg utvaska gjennom årtiene med alt det nye blodet som skal plaske gjennom kvar generasjon sine årer. Men kanskje finst det nokre slektstrekk på det psykiske plan, nokre særtrekk ved lynne og framferd som følgjer arven? Dess meir eg studerer slektstavla, dess meir finn eg grunn til å tru det. Derfor tar eg deg med inn i ei riktig gamal fortid på leiting etter den opprinnelege Østrem.

To gonger til fots til Jerusalem

Eit av dei persontrekka eg synest å kunne lese frå ættetavla og som framleis kan finnast att i ein genuin Østrem, er lysten til å flytte på seg, uro i blodet, hangen til oppbrudd og etablering ein ny og framand stad. Dette går att i fortida, og eg blei ikkje det minste overraska over å finne at Konrad sin farfar Kristian i ein alder av 72 år braut opp frå Østrem-garden og drog langt inn i landet til ein ny heiegard der han etablerte seg på nytt med ny kone og ungekull.

Så lat oss berre innrømme det: Vi har nomaden i oss, og kan då like godt starte vår slektshistorie hos den aller første for-faren vi er i stand til å finne spor etter, heilt attende på 1200-talet. Ogmund på Sponheim heitte han og budde i Granvin i Hardanger. I 1220 braut han opp, forlot gard og grunn, kone og barn dersom han hadde det – og det måtte han ha hatt ettersom vi er ætlingar – og ga seg avgarde på korsferd til Jerusalem. Turen gjekk på gamalt vikingvis gjennom Russland til Miklagard og vidare til heilagstaden.

Kjeldene er svært usikre, men denne Ogmund *kan* vere ein ætling av Ogmund Drenge, bror til Erling Skakke. I så fall kan dette forklare hans interesse for Jerusalem. Erling var ein dott som levde i skuggen av bror sin inntil han fann på å dra på korsferd. Det var på den ferda han fekk sverd-hogg i nakken slik at han for all framtid fekk tilnamnet «skakke». Men historia fortel i alle fall at Erling med denne ferda «vann stort ry», og det kom kanskje såleis på mote å ta seg ein Jerusalems-tur, på same måte som hardingen i dag sikkert følgjer straumen til Kanariøyane. I alle fall kan det av kjeldene sjå ut til at vår forfar Ogmund ikkje nøyde seg med den eine reisa, men gjorde turen to gonger!

To gonger til fots til Jerusalem! I teksten seinare skal du møte ein annan slektning som kryssa Senja på langs og tvers – til fots. Minner dei ikkje litt om kvarandre? Hadde vi fått høve til å spørre den gode Ogmund: – Korleis kom du deg til Jerusalem?, så hadde vi kanskje fått til svar: – Eg gjækk! Om vi har tolka historia rett, hørte Ogmund til dei heldige korsfararar. Dei fleste kom aldri heim att. Men Ogmund kom, og oppnådde på same måte som Erling skakke, stort ry. Han blei storkar, og sonen hans, Peter, og sonesonen Ogmund finn vi att som riddarar og adelsbønder. Det var dei som åtte Aga i Hardanger og Byre i Ryfylke, to svære vestlandske eigedomar. Såleis kom vi inn i norsk adelsskap. Våre røter går altså, diverre, ikkje til birkebeinarane, men mest truleg til baglarane.

Men var vi ein gong innom adelsskapen, kom vi fort ut derifrå, og historia er lang nok til å få plass til både neversko og enda dårlegare fottøy. Derfor skal denne boka ikkje handle om adelsskap og riddarar, men om ein mann mykje lenger ut i slekta. Han åtte ikkje halve Mosterøy, halve Ryfylke og halve Hardanger. Tvert imot var hans dei av mor Norge ei smal stripe bjørkekratt som var avgrensa slik at eigedomen endte i ein spiss like under Børingsvatnet. Men arv er no ein gong arv: Han hadde adelsmannen i seg, han hadde riddaren i si sjel.

Slektsgransking og feilkjelder

I framstillinga av Konrad si slekt, vil det følgjande syne at vi kanskje er einsidig mannsorientert i det hovudtyngda av stoff dreier seg om farsslekta. Det er i så fall ikkje ei uvanleg framstilling. Berre tenk på historiebøkene. Der er det ikkje mange kvinner som er unnt ein plass. Men når vår framstilling har manglar, har det sine grunnar. For det første er fars-slekta, den som kom frå det ukjente, – frå det fjerne Rogaland, ei større trekkraft på forskaren i oss enn ei morsslekt som ikkje kom lenger unna enn Mekkelbostad på Dyrøya og Flagstad i Torsken.

For det andre har vi betre kjelder å ause av. Opplysningane i teksten som følgjer er innsamla av slektsgranskaren Peter Valand i Egersund. Han var ein dugande historikar, og det er grunn til å feste lit til hans oppteikningar. Stoffet er samanlikna med andre historiske kjelder, og i alt historisk arbeid må ein nytte skjøn, og ikkje så reint lite fantasi. Dette atterhaldet må ein alltid ta når ein les historie, og når historia er skriven av ein Østrem, bør ein nytte relativt mykje atterhald, for her kan vere samanhengar som er dikta ihop når fantasien overtek der dei skriftlege kjelder sluttar.

Når det gjeld morsslekta, har vi sendt Rolf i Riksarkivet, og der trivst han ualminneleg godt. Hans første bidrag likna litt på utsendt sportsredaktør Melvin Snerkens rapportar frå dei olympiske leikar i Grenoble. Han fortapte seg i Harald Myrholt sine røter og direkte slektskap med Karen Kjerstina i Karenkjerstinadalen. Men seinare har han konsentrert seg om vår farmor, og det stoffet vi bringer, skal tilskrivast han.

Slektsgransking er spanande, og vi vonar at nokon tar over når vi full av støv kravlar oss ut av arkiva. Vårt arbeid kan kanskje vere noe å byggje vidare på.

Garden Østrem

Østrem-namnet tok Andreas med seg frå Rogaland og planta i nordnorsk jord. Det er eit gardsnamn. I dialekt er namnet no blitt Austrheim, og etter nye rettskrivingsreglar for stadnamn, er det også dette namnet som no finst på kart.

Rundt om i landet vil du møte namnet Østrem, men det er inga line mellom dei ulike slektene. Det finst – eller har funnest – mange Østremgardar, og vi kan rekke spor til fleire gardar i Rogaland, til Møre, til Hordaland. «Vår» gard finn du om du køyrer E-18 frå Flekkefjord i retning Stavanger. Når du har passert tettstaden Moi i Lund kommune, kjem du til Hovsvatnet, der det går ein sideveg over mot Gydalen og Tonstad i Sirdalen. Denne vegen passerer grendene

Garden Østrem

Hove og Austrheim. I dag er det grender med mange gardar, ein gong i tida var det *ein* stor gard.

Østrem-namnet er truleg gamalt. Når ein klassifiserar gardsnamn etter alder, er det visse reglar som er ganske pålitelege. Gardsnamn som endar på -heim eller -em kan ein svært sannsynleg plassere på ein gard som blei rydda i romartid/folkevandringstid, det vil seie ein eller annan gong mellom år 0 og år 500.[1] Nokre av desse gardane blei rydda alt i jernalderen, altså før Kristi fødsel, Den første Østrem var med andre ord ein som levde samstundes med Jesus, men dei visste neppe om kvarandre. Østrem-garden kan høyre til desse tidleg-gardane frå jernalderen. Det kan vi tolke ut frå det faktum at nabogarden heiter Hove, og ein gard med eit slikt namn må heilt sikkert høyre blant dei aller første rydningane i landet. Slike gardar ligg sentralt plassert og på den beste og mest lettdrivne jorda. Austrheimr må ein rekne med var ein opprinneleg dei av Hove som på eit tidleg tidspunkt kan vere blitt skilt ut som eigen gard I slektstavla vår dukkar desse namna Østrem og Hove opp ganske ofte. Hove har nok til alle tider vore ein gjevare gard, og det er gjennom våre forfedre på denne garden vi kan rekke spora attende til adelsskap og embetskretsar.

Med offentlege ombod

Å hamne i kommunestyre, sosialstyre, kyrkjelydsråd og andre verv er ein lagnad som før aller seinare rammer ein skikkeleg Østrem som ikkje har stor nok by til å gøyme seg bort i eller på annan måte

---

[1] Denne argumentasjonen baserer seg på at «Østrem» har utviklet seg fra «Austrheim», altså «den østre gården». En annen mulighet, foreslått av Karl Jostein Østrem, som nå driver Østrem-gården, er at navnet faktisk kommer av Øst-rem. Østrem ligger på et platå på østsida av dalen oppe over Hovsvatnet. Kanten av platået er klart synlig nede fra bygda som en «rem» av jord – en «Øst-rem», med andre ord. Ytterligere to ting taler for denne fortolkningen: det finnes ikke noen tilsvarende «Vestrheim» på stedet, hvilket man skulle vente; og «Austrheim»-formen forekommer ikke i de gamle kildene, det står alltid «Østrim» eller «Østrem». EØ

greier å halde seg skjult. Historia tyder på at det kanskje har vore eit gjennomgangsfenomen å halde meiningane for seg sjølv. Våre forfedre fekk rett nok verva sine meir på grunn av sin rikdom enn på grunn av meiningar.

Den aller eldste person vi greier å identifisere med Østrem-namnet, er Ånen Østrem som er nemnd to stader i gamle dokument, i 1617 og 1625.

På denne tida må Østrem ha vore ein storgard. Ånen er truleg ein av dei mest velståande Østremar vi vil finne i historia. Når vi stoggar spesielt ved han, er det på grunn av hans offentlege verv. Han var nemleg kyrkjeverge frå 1616–19. I dag er dette vervet ikkje mykje å prale med, men på Ånens tid var det ikkje kven som helst som fekk tilsynsansvaret for kyrkjegodset. I slike verv skulle det sitje berre «betrudde» bønder. Kvar bygdekyrkje hadde to kyrkjeverger. Oppgåva var å forvalte gods og inntekter som hørte kyrkja til.

Då Ånen fekk dette vervet, stod han midt i smørauget i ein ganske intenst strid i kyrkja. Etter reformasjonen hadde den norske kyrkja stort sett følgd forordningar som gjaldt den danske kyrkja, men i 1607 kom det føresegner om eigen kyrkjeordning i Norge. Denne forordninga fjerna den gamle regelen om «bondeluten», dvs regelen om at bøndene sjølve skulle forvalte fjerdedelen av tienden til dei fattige i bygda. Denne endringa skapte stor røre. Ånen hadde jobben med å halde stridbare bønder i øyrene på vegne av kongen og biskopen. Det hadde nemleg utvikla seg slik at bøndene hadde sett på bondeluten som ei form for skattelette.

Dei betalte inn 3/4 av tienden og beheldt sjølv resten. Dei fattige fekk eit krypinn når det var på det kaldaste og litt smågodt når det høvde seg slik. Men dette skulle Ånen rydde opp i, og fattigomsorga skulle kome i meir styrte former.

I tillegg til dette, skulle kyrkjevergen krevje inn landskuld frå bønder som leigde kyrkjeleg jord. På Ånen si tid var det store endringar i disponeringa av kyrkjegods, både i form av sal og bortbygsling av kyrkjeeigedomar. Kyrkjevergene var sentrale personar som rådgjevar overfor fogden når det gjaldt å finne velkvalifiserte bygslarar. Dette tilsaman kan tyde på at Ånen neppe var nokon populær mann i kyrkjesognet sitt.

Det var likevel ikkje dette vervet som ga Ånen størst posisjon i samfunnet. Han var også lagrettemann. Det var noko av det gjevaste ein bonde kunne bli. Det var eit prestisjeverv som ga ry og aktelse for resten av livet. I kjelder frå 1600-talet blei lagrettemann brukt som ærestitel. Går ein bak kulissene, finn vi at titelen var litt mindre gjev enn Ånen visste om. Det var nemleg slik at lagmannen skulle velje blant sine edsvorne lagrettemenn eit utval av 12 eller 24 kvar gong retten skulle setjast. På grunn av lagmannen sin eigen prestisje blei det tatt i ed langt fleire lagrettemenn enn det nokon gong blei bruk for. Lagmannen hadde nemleg ein slags «provisjon» av utnemningane, dvs løna hans frå kongen blei fastsett ut frå storleiken på lagtinget, og «storleiken» var identisk med kor mange lagrettemenn lagmannen hadde utnemnt. Lagmannen kunne såleis forbetre sine inntekter ved å utnemne Ånen og dei andre!

Men det visste neppe Ånen. Han var stolt av vervet sitt, enda han kanskje ikkje fekk vere med å døme ei einaste sak. Men det er ikkje det som betyr nokoDet viktigaste er å ha stempel. Ånen er, så vidt eg kan sjå, den første Østrem med skikkeleg segl. Seinare såg eg nokre av hans etterkomarar som skar sine segl i potet og målselvnepe, men det gjorde ikkje Ånen.

Eller kanskje det var det han gjorde? Seglet slik det finst i dokumenta er utydeleg når det gjeld bokstavar. Det einaste sikre vi kan seie, er at det *ikkje* står A.Ø. i det, enda mannen beviseleg nytta namnet Østrem i dokumenta. Anten står det A.N., og i så fall nytta han farsnamn, t.d. Nilsson, eller det står: A.A. og i så fall kan han ha nytta namnet Austrheim.

1610

Det siste kan vere sannsynleg. Fordanskinga av norske stad- og gardsnamn gjekk sakte og var neppe sluttført i byrjinga av 1600-talet, enda om Ånen elles hadde tatt i bruk den danske forma.

Vår kriminelle fortid – «Idle-Sven»

Vi veit ikkje om Ånen fekk noko å gjere i rettsalen. Kanskje fekk han som lagrettemann å gjere med tre andre personar som høyrer med i rekka vår av forfedre. Ein av dei, Konrad sin 8xtipp-oldefar, Sven Pedersen Skåland, må få sin eigen plass i vår ættesoge.

Han var ein rik odelsbonde, men han hadde bråsinne som høvde dårleg i godt selskap. I eit slikt lag, bryllup eller gravferd kan vere det same, ølet flaut like rikeleg i begge høve, kom han i skade for å slå litt for hardt, og dermed var det eit medlem mindre i selskapet, og vi fekk slekta sin einaste mordar.[2] På bygda fekk han tilnamnet «Idle Sven», og denne råtassen talte ein om i mange generasjonar etterpå.

Korleis kunne storbonden slå i hel og likevel slippe fri frå rettsforfølgjing og dom? Det var ikkje vanleg å ta med silkehanskar på drapsmenn på 1600-talet.

Vi yeit ikkje, men vi kan tenke oss ein grunn: Idle Sven var gift med Randi Asbjørnsdotter Hove, sjølvaste lensmannsdottera. Etter faren Asbjørn overtok Sonen Carl lensmannsembetet, og om det var far eller bror som fekk med saka å gjere, kan kome ut på eitt. Carl Hove var Konrad sin 7 x tipp-oldefar. Vi sat fint i det, berre tjukkaste slekta alt i hop.

Og Ånen, lagrettemannen, burde ikkje han gjere noko? Han var ikkje utan ansvar som påtalemakt og futen sin representant i bygda. Men det skjedde ingenting, det blei inga sak.[3] Storbonden Sven pusla med sitt som før og deltok i bygdas liv som før. Og bygdas liv var også deltaking i bryllup og gravferder, spesielt festlege samkomer for

---

[2]Offeret var Gunnar Stenberg, og hendelsen skal etter sigende ha ført til et anstrengt forhold mellom gårdene Skåland og Stenberg – naturlig nok. I 1623 er Idle-Sven forøvrig blitt dømt til en halv daler i bot for å ha slått til en annen Stenberg – Peter Stenberg het offeret denne gang. *EØ*

[3]Av en senere dom (se nedenfor) fremgår det at han for drapet på Gunnar Stenberg ble «dømt til sin fred», hvilket sannsynligvis betyr at han har handlet i selvforsvar. Men en eller annen rettsforhandling har det altså vært. *EØ*

Idle Sven. I ei gravferd i 1639 slo han til att, og denne gongen var det Konrad sin 7 x tipp-oldefar Brynild Nilson Moi som låg strak ut og sytte for at forsamlinga kunne forlenge gravferdsgildet nokre dagar til.

Men denne gongen hjalp det ikkje korkje med lensmannsdotter eller anna gjevt naboskap. Den omkomne var ingen kvensomhelst. Han var gift med bygdas absolutt rikaste gardjente, Joren, dottera til Leiel på Haukland. Denne bonden hadde gått bort ti år tidlegare og etterlatt seg følgjande rikdomar:

> 2 laup smør i Haukeland, 1,5 laup smør i Moi, 18 mark smør i Osen, 12 mgrk smør i Narvestad, 24 mark smør i Egelandsdal i Heskestad, 24 mark smør i Atland i Gyland og 3 spd. korn i Aniksola i Varhaug.

Denne dokumentutskrifta, utan at vi gir oss inn i nærare analyse av kva alle desse verdiane står for, står i noko grell kontrast til dei dokument vi seinare skal møte når vi gjer opp status for bureisaren på Bråten. Og vi kunne kanskje gje oss til å undre oss over kven av våre forfedre som sløste bort ein slik arv. Men vi gjer ikkje det. På normalt østremsk vis spør vi heller: Kva skulle fyren eigenleg med alt det smøret? Kunne det vere noko sunnt liv?

Nei, det var nok best at det gjekk som det gjekk. Vi minnest småkranglinga i kalde og gufne vinterkveldar etter det ubehagelege spørsmålet: – Kven går i skjåen etter meir torv? skulle vi så i tillegg slite med problemet: – Kven av dykk kan gå til Aniksola og hente kornet og ta med smørdallen fra Egelandsdal?

Men storbønder slår ein ikkje ned straffritt, heller ikkje svigersøner til storbønder. Med Sven gjekk det derfor «Idle». No måtte dei manne seg opp, våre forfedre, både lensmann og lagretteman. Sven ble henretta, både for dette drapet og for det første.

Dermed kan vi ta farvel med slekta sin einaste mordar. La oss vone han også blir den einaste i all framtid, til tross for at litt bråsinne framleis ligg og murrar i genene. Slekta har eit pent rulleblad etter at vi kvitta oss med Sven, den labanen.

Rett nok finst det dokument frå ei anna rettsak der ei ungmø Karen Østrem og ein Knut Østrem blei dømt til døden for blodskam, leiermål og barnedrap og tok flukten og levde på steinalders vis i lang tid før dei blei tatt. Men desse to hører til ei heilt anna ætt, så berre slapp av! For vårt ettermæles skuld kunne vi ønskje at dei hadde valgt seg andre namn.

Oppdeling i mange bruk

Nei, det blei ikkje mykje smør eller anna arv å ta med seg til Bråten. Vi skal like godt ta definitivt farvel ikkje berre med Idle Sven, men med alle storbønder og anna gjevt folk på 1600- og 1700-talet. Då Andreas tok nordover, var det neppe nokon storgard å overta på Østrem. Som nemnd blei denne garden til ei heil grend, kvar ny generasjon trengte plass, og plass kunne dei berre få ved å skilje ut som eige bruk delar av det opprinnelege. Frå Ånen går det ei rett line fram til Konrad si oldemor slik at vi i allefall fram til då kan sjå ei tilknytning til det ein kan kalle hovudgård. Men frå midten av 1600-talet er det minst to familiegreiner, sikkert fleire, med etternamnet Østrem. På slektstavla flyt desse ulike greinene saman i blant, utan at ein dermed kan tale om inngifte. Det ligg generasjonar av nytt blod imellom.

Grunnen til oppdeling av garden er lett å forklare. Folketalet auka svært sterkt på 1700- og 1800-talet. Pålitelege folketeljingar har vi frå 1801 og 1850. På desse 50 åra auka folketalet i Norge med 70%, Visse delar av landet, blant anna det området som her er aktuelt å sjå på, hadde folketalsauka på over 100%. Av denne auken må vi rekne med ein god del østremar som gjorde krav på ein stad å vere. I 1735 gifta Omund Østrem seg med Anna Østrem, eit døme på to greiner som flyt saman. Desse to fekk 7 born, og om det var slik at dei to gjennom giftemål sytte for samanslåing av gardar, gjekk det fort mot oppsplitting att når dei sju skulle brødfø seg. Storgarden Østrem blei mange småbruk.

Eit anna døme på at ulike Østrem-greiner flyt saman, finn vi hos Konrad sine tippoldeforeldre Knut Østrem og Anna Østrem, men her står vi overfor ei anna form for namneskikk: Anna er rettlina etterkomar av Ånen, men Knut høyrer ikkje til noko Østrem-ledd i det heile. Han berre tar Østrem-namnet i bruk fordi han har budd på ein Østrem-gard ei tid. Slike namnebyte er velkjente også i vår tid, men for oss som ser bakover i tid, er slektsforskninga relativt enkel i motsetnad til dei problem dei forskarane som kjem etter oss vil stå overfor når ny namnelov har gjort seg gjeldande. Loven beskytter ingen namn dersom meir enn 500 menneske nyttar det. Kven som helst kan i dag kalle seg Østrem. Men dei må ikkje dermed innbille seg at dei blir i slekt med oss! Både Ogmund og Ånen og Idle Sven skal vi ha for oss sjølve.

Historia om taterblodet

Vi skal stogge litt ved denne Knut Østrem, fordi han har spesiell interesse. Det har vore spekulert i om Østrem-slekta kan ha islett av tater i blodet. Det er ikkje noko som høyrer til ei intern undring innanfor søskenflokken, det er eit rykte som har eldre røter enn som så. Bakgrunnen for eit slikt rykte kan vere mangesidig. Lysten til å flytte på seg, uroa i blodet som vi før har vore inne på, kan vere ei årsak. Det er ei kjent sak at Konrad sin far og hans onklar var reisande folk som skreppekarar og hestehandlarar. Alle dei svarthåra personar som dukkar opp innimellom, særleg dei som forblir svart gjennom heile livet utan så mykje som ein grå dott bak øyret, kan vere ein annan grunn til ryktet.

Det kan vel og ha sin grunn i at Andreas kom til ein heilt annan kant av landet og av den grunn var litt «mystisk». Han kom til overmål til ein landsdel som ikkje sparar seg når det gjeld fantasifulle forklaringar på ukjente fenomen. Verda var lita på den tida, og alt framand var rart, og det mest kjende av det framande var tater og fant. Kva skulle elles ein svarthåra framandmann vere? Klesjøde eller klokkejøde?

At Andreas blei oppfatta som ein person utanom det vanlege, fekk eg stadfesta av ein gamal mann på Stonglandet som kjende far, men som også hadde arbeidd saman med Andreas på tømmerarbeid l Tranøybotn. Han fortalte om «ein bjørn te å arbeide», men også dette: «Det va' syjnn i ma'jn som hadde sånn stugg talefeil». Den rogalandske tunge var ikkje noko ein hørte til dagleg. Ein mann med slikt språk, måtte ha eit alvorleg lyte.

Men slekta på farfar-sida er – same kva grein ein følgjer – nesten kjemisk fri for framandfolk. Der er bønder og husmenn med kjende gardsnamn over heile fjøla, med eitt einaste unnatak: slekta til Knut. Knut tok bustad på husmannsplassen Myren under Eikeland. Kvifor då nytte namnet Østrem? Han kunne heite Myren eller Eikeland – eller Flamme, det namnet faren opprinneleg hadde, eller Tjellesvik, som var namnet faren nytta.

Vi må ty til fleire forklaringar. Den første er enklast: Han gifta seg med gardjenta Anna Østrem, og dersom dei busette seg på ein Østrem-gard og ikkje på husmannsplassen Myren, har det vore naturleg å ta dette namnet i bruk. Men slik eg tolkar kjeldene har han hatt buplass på Myren også etter at han blei gift med Anna.

Då må vi ty til forklaring nummer to: Han er ikkje husmann utover det aller nødvendigaste, han hadde eit anna hovudyrke, han var bøkker. Bøkkeren var ein svært nyttig handverkar, han var høgt verdsatt og kunne i kraft av sitt yrke ha sterk tilknytning til ein gard. Han stod for produksjonen av tønner og andre tre-kar som gardsdrifta kravde, og med Egersund og sildefiske nært ved, kan det tenkast at ein Østrem-gard kunne ha tønneproduksjon for dette føremålet. Vi veit det ikkje, men det er ei mogleg forklaring, og slett ikkje utenkeleg. Med sterk gardtilknytning, har det vore legalt å ta gardsnamnet i bruk som familienamn, det har vi fleire døme på.

Og kor kom bøkkeren frå? Kor kom handverkkunsten frå? Vi må igjen berre gjette, men noko vi i alle fall veit er at mykje god kunnskap og ferdighet blir formidla fra far til son. Derfor må vi også studere faren Anders på vår leiting etter ein skikkeleg tater. Anders Flamme heitte han, og var etter tradisjonen, dvs etter det han har fortalt til folk i bygda og til «øvrigheita», frå Slesvig-Holstein. Og mønsteret er det same hos far som hos son: han tek eit nytt namn etter garden han slår seg ned på, Tjellesvik.

Denne garden har vi og kunnskaper om ettersom vi også der har ein tipp-tipp-oldefar. Det dreier seg om ein storgard med eigelutar i mange andre gardar, altså ein slik gard som kunne trenge ein dyktig handverkar til å ta seg av t.d. tønneproduksjon fra ein stor skogeigedom, så stor og så storsinna at Anders får ta gardsnamnet i bruk. Og historia stoggar ikkje med dette. Tjellesvikbonden har ei dotter som er gift til ein annan storgard, Eikeland i Lund. på denne garden finn vi ein annan tyskar, bror til Anders, Johan Just Flamme. Han har stilling som skoginspektør.

Det finst også ein tredje variant av forklaring som Rolf har funne i kjelder og den folkelege tradisjon: på Innste Østrem var det ei gardajente, litt opp i åra. Ein omreisande handelssvein kom over bygdene eit år. På Østrem-gardane snødde han bokstaveleg talt inne for vinteren, og snøen og uføret førte han inn i neste uføre, han blei gift med gardjenta. Flamme-namnet forsvann fort, han blei ein Østrem på Østrem. Denne tradisjonen forklarer hans opphav med at han var ein omreisande klesjøde frå Nord-Tyskland, den første av forfedrane våre «med sånn stugg talefeil».

Historikaren kan ikkje stadfeste korkje det eine eller det andre, men vi har gitt deg sjansen til å velje mellom taterblod og jødeblod. Vi kan i alle fall slå fast at det kom inn eit heilt spesielt element i slekta med Anders Flamme.

Før vi gir oss ut i spekulasjonar, bør vi ha med nokre historiske kjensgjerningar: I perioden 1790–1806 var det ein kolossal etterspurnad etter alle former for trelast i Europa, spesielt frå Nederland og England. Norsk skogbruk hadde den største blomstringstida historia kjenner. Tømmerprisen steig til det dobbelte av normalpris, og ein treng ikkje nytte fantasi for å forstå at skogbønder, anten dei budde på Tjellesvik, Eikeland eller Østrem, utnytta ein god konjunktur. Ein god skogforvaltar og ein god bøkker var gull verd.

Historia fortel vidare at Danmark/Norge hadde nærmast totalforbud for innvandring av jødar, og klesjøden høyrer heime i ein seinare del av historia.[4]

Men så kan vi sleppe fantasien laus og undre seg over kvifor skoginspektøren og bøkkeren kom frå Slesvig-Holstein, ein del av Europa som var snauhogd for generasjonar sidan. Vi bør kanskje, for å halde eit godt rykte levande, hugse det gamle ordtaket: «Ein blir ikkje god fant før ein kan sju handverk.» Skogforvalting, bøkkeri og skreppehandel kan vere tre av dei.

Dersom nokon etter dette skulle få lyst til å ta opp tradisjonen og namnet, set kanskje namneloven grenser for det, men sannsynlegvis vil du kome i familie med nokre du kanskje kjenner att, skal vi tru Rolf:

> Et morsomt sammentreff: I de første årene jeg bodde i Oslo var det en ung mann som alltid holdt flammende appeller 1. mai. Han var en mellomting mellom Åge, Richard, Karl m.fl. – ja, man sa at også jeg lignet ham på en prikk.
>
> Hans navn var Rolf Flamme.
>
> – Rolf

Bureisaren

Medan ein skriv ei slik historie, prøver ein å danne seg eit bilete av personane. Alle dei eg til no har nemnt, med unnatak av Idle Sven,

---

[4]Det skal I en fotnote bemerkes at kildegrunnlaget for spekulasjonene om tater- eller jødeblod er heller tynt. Det er historier som lever på folkemunne i familien. Verken jøde- eller taterkoblingen, eller at Anders skulle ha vært bror av skoginspektøren Johan Just Flamme, kan belegges. Som et kuriosum skal dog nevnes at det på en stor stein som ligger som bru over en bekk i skogen ovenfor gården Eige ved Lundevatnet, altså i skoginspektørens revir og et steinkast fra Tjellesvik, er en utydelig men fullt leselig inskripsjon på hebraisk. Jeg har selv sett den. EØ

er fjerne menneske. Men med eitt står eg andlet til andlet med ein eg dreg kjensel på, og nærmast sjølvsagt må eg gje han plass i boka som skal handle om bureisaren på Bråten.

Bureising var ein offentleg politikk på 1920-talet, og vi knyter gjerne namnet bureisar til denne perioden. Men historia kjenner til to liknande periodar der det offentlege på ein eller annan måte stimulerer til aukt bureising. Far hørte til den siste perioden, hans far Andreas til den forrige, og jamen har vi ein også frå den første perioden på ættetavla vår, ein person som faktisk har fått yrkestitelen «bureisar» i dokumenta.

Jens Nilson Mageland rydda eit heilt nytt bruk. Det er vanskeleg å tidfeste hans rydningsarbeid, men dersom vi seier 1650, er vi temmeleg nær sanninga. Det som skjedde på denne tida, var ikkje først og fremst nyrydding i eigenleg forstand, det var snarere re-dyrking av tidlegare bruk som var blitt liggjande øyde i tidlegare nedgangsperioder. Mange av desse bruka var rydda før Svartedauden, og dei var meir eller mindre blitt tillagt dei gardane som var i hevd. Den norske adelen og dei store gardeigarane fekk eller tilegna seg slike «tilleggsareal». Mageland kan ha vore ein del av Østrem, men mest sannsynleg har det vore eit sjølvstendig bruk langt tilbake i tid.

Gardsdrifta på 1600-talet var vesentleg annerleis enn i dag. Drifta var ikkje berre knytt til det dyrka arealet, mest like mykje av det produktive arealet var utmarksslått, og øydegardane var ofte nytta til slike føremål.

Kristian Kvart var ein konge med mange idear, ikkje berre om å byggje opp Norge att etter nedgangstider, men også om å byggje opp seg sjølv og skaffe krona større inntekter. Dette kunne han gjere med endring i skattereglane for bøndene. Skattegrunnlaget hadde tidlegare vore svært vilkårleg. Det var garden som var skatteobjekt, ikkje bonden, og storleiken på garden blei rekna på mange ulike måtar, først og fremst ut frå «landskuld», dvs den leige bøndene måtte betale til ein stor adelsmann som eigde jorda, eller ut frå storleiken på det dyrka arealet. Eit nytt skattesystem tok meir omsyn til det faktisk disponible arealet som låg til ein gard. Dermed blei det større skatt for dei gardeigarar som tviheldt på retten til å disponere øydegardane. Dermed blei det lønsamt å skilje ut desse bruka frå hovudgarden, og dette var den direkte årsak til at det blei eit stort oppsving i å dyrke opp desse øydegardane.

Men gardeigaren gjorde ikkje dette utan vederlag, og nydyrkaren måtte rekne med å betale leige. På bureisars vis hadde korkje Jens eller andre i hans stilling anna å betale med enn si eiga arbeidskraft, og det var såleis ikkje stor skilnad på desse nye bureisingsbruka og husmannsplassane. Leiglendingar var dei uansett korleis dei bar seg åt. Jens lukkast ikkje med å gjere Mageland til sjølvstendig bruk. I 1664 er bruket registrert som husmannsplass under Østrem.

Jens hadde neppe nokon son som tok over bruket. Men han hadde ei dotter som brukte opp tre menn før ho kjem flyttande heim til Mageland med sin fjerde, og desse to fører drifta av Mageland vidare. Ho var 37 år då ho gifta seg og hadde som sagt tre kull ungar med seg til Mageland. Mannen Tollak var 22 år. Han hadde kanskje mykje større grunn enn nokon annan til å seie seg lei for at verda går så opp og ned. Han var ein relativt nær etterkomar til storbonden Leiel Haukland, han med alt det smøret, med eigedomar over heile Rogaland. Men heller ikkje Tollak fekk noko glede av den arven.

Men pytt, pytt, bonde eller husmann, det kom kanskje ut på eitt. Husmannsvesenet på Vestlandet arta seg noko annerleis enn austpå. Bønder og husmenn er meir på like fot på desse kantar av landet, og det ser ikkje ut til at det er store standshindringar når det gjeld ekteskap mellom husmannsgut og gardjente, eller omvendt. Dottersonen til bureisaren på Mageland fekk dotterdotter til storbonden Knut Tjellesvik. Far hennar er bonden på Eikeland, han som tilsette skoginspektøren frå Slesvig-Holstein.

Dei innerste ringane

Etter ei lang vandring frå korsfarar og fram til personen som blei grunnleggjaren av det nord-norske Østrem-dynasti, bør vi ta ei førebels oppsummering av dei nære slektningar til Andreas då han drog ut i verda. Dette er først og fremst mynta på dei som ønsker å føre si eiga slektstavle og er av den grunn gjort detaljrik:

ANDREAS'
FARFARS FAR: *Knut Andersson Østrem*, døpt 26. februar 1755, d. 7. februar 1828. Husmann og bøkker med framande røter, truleg Slesvig-Holstein. Ein nevenyttig mann, muligens svarthåra.

FARFARS MOR: *Anna Torsteinsdotter Østrem*, døpt 20. mars 1767, død 1834. Gardjente med ætteline tilbake til Ånen, han med stemplet og lagrettesmebetet.

FARMORS FAR: *Karl Jonsson Skjeggestad*, døpt 11. januar 1761, død 9. mars 1830. Storbonde på Skjeggestad med sterke røter i embetsverket (lensmann, prest og til og med ein degn?) og i nær familie med Hovegarden og andre store gardar.

FARMORS MOR: *Anna Ommundsdotter Lagestrand*, døpt 8. mai 1773.

MORFARS FAR: *Jens Tollakson Mageland*, døpt 4. september 1741, død 6. mars 1824. Dotterson til bureisaren Jens som rydda Mageland. Han gjorde slutt på husmannslivet og fekk skøyte på garden i 1786.

MORFARS MOR: *Berta Andersdotter Eikeland*, fødd 1743, død 1826. Gardjente, men ikkje frå den store Eikelandgarden, sannsynlegvis frå eit utskilt bruk av Eikeland.

MORMORS FAR: *Isak Visland*, f. 1756. Ein yrkesfelle til bureisaren på Mageland, bureisaren i Sandvika og bureisaren på Bråten. Han rydda seg bruk i

Bakke ved Sirdalsvatnet, høgt opp, ein skikkeleg heiegard.

MORMORS MOR: **Todne Ommundsdotter**, f. 1753.

Og dette var Andreas sine besteforeldre:

FARFAR: **Anders Knutson Østrem**, født på Myren under Eikeland i Moi, døpt 5. juni 1796, død 17. november 1873. Son til den før omtalte Knut Østrem, bøkker, tater?

FARMOR: **Gunhild Karlsdotter Skjeggestad**, døpt 30. oktober 1796, død 25. desember 1874. Gardjente med solide bonderøter. Desse to besteforeldra døydde omlag på den tid Andreas er meldt å opphalde seg i Nord-Trøndelag, så det er heilt klart at han har vokse opp med nært forhold til besteforeldre. Men Gunhild hadde 11 born, så det var sikkert tett med barnebarn som skulle ha plass på det fanget.

MORFAR: **Tollak Jenson Mageland**, fødd 29. januar 1777, død 3. januar 1829. Småbrukar på Mageland, og skal elles ha nokre ekstra ord. Dei som vonar å finne ein slektning som har gitt frå seg nokre musikalske gener, lysten til å blåse fløyte, saksofon, trombone eller slå på tromme. Det kjem frå morfar Tollak. Han var *tambur*.

MORMOR: **Gunhild Isaksdotter Visland**, fødd 1792, død 26. oktober 1862. Ho var Tollaks andre kone, og dei var gift berre få år då Tollak døde, men dei rakk å få tre born. Gunhild levde til ho var 70. Andreas var då tretten år, så han har også møtt henne.

Og så er vi inne ved dei innerste ringane, ved Andreas sine foreldre, Konrad sine besteforeldre, våre oldeforeldre på farssida.

Vi som er yngst i ein stor søskenflokk måtte finne oss i å aldri få sjå ei skikkeleg bestemor eller bestefar, men denne lagnaden kunne også ramme den eldste i ein barneflokk når avstanden gjorde eit møte umogleg. Vi får derfor gjere som han: prøve å danne oss eit bilete av personane ut frå dei kunnskapane vi kan samle.

Todne Tollaksdotter Mageland blei født 18. august 1827. Ho gifta seg i Lund kyrkje 28. august 1847, altså mest på dagen 20 år gamal. Ho døde på garden Østrem 30. mai 1876, året etter at eldste sonen hadde forlatt sin heimstad og tatt på nordtur. Om det hadde ordna seg slik at Konrad nokon gong fekk kome til Moi, ville han likevel ikkje fått møte bestemora, Ho var død før han kom til verda. Dette er stort sett det meste vi veit om vår oldemor. Men det er mangt vi kan dikte om henne. Ho sette ni born til verda, det fortel i seg sjølv ganske mykje om hennar livssoge.

Intuitivt er det, etter å ha arbeidd med så mange namn, Todne som er blitt «mi» oldemor. Det har kanskje noko med namnet å gjere. Då Andreas gifta seg og fekk barn, kalte han opp mora, men ikkje som Todne eller Tone. Han nytta den meir nordnorske varianten og kalte to jenter Tonette Kristine.

Kristian Andreasen Østrem blei født 20. april 1820 og var altså sju år eldre enn kona, men overlevde henne med mange år. Vi har ikkje nøyaktig dødsdag for han, men han blei ein gamal mann. Om denne oldefaren veit vi ganske mykje. Då han hadde levd som enkemann nokre år, gifta han seg omatt, sannsynlegvis i ein alder av 65 år, og forlot Østrem og flytta til garden Rusdal som ligg nokre mil nord for Østrem, på vegen mot Gydal. Den nye kona hans seiest å skulle vore svært ung, under 30 år, og vår gamle oldefar var sprek nok til å starte omatt og fekk eit nytt kull born.[5]

Desse opplysningane har eg fått munnleg og har ikkje fått stadfesta dei. Men Per, som har besøkt slekta i Moi, har fått fortalt at då han fekk ein son i det nye ekteskapet, så kalte han sonen Andreas, enda han hadde ein Andreas frå før. Den nye Andreas fekk rett nok

---

[5]Kristian ble gift 30. mai 1884 med den 24-årige – altså førti år yngre – Tonette Torjesdatter fra Sollid i Sirdal. EØ

etternamnet Rusdal. Dette kan kanskje tyde på at utvandringa var så definitiv at den første Andreas nærmast var å sjå på som ein bortkomen son.[6]

På Østrem-garden var det som nemnt ni born. Sonen til ein av desse, altså eit søskenbarn til pappa med namnet Karl Østrem, har Rolf vore i kontakt med, og han har fått mykje direkte informasjon om garden og om far sine onklar.

Rolf har skrive ned etter minne ein samtale med denne «onkel Karl», og det dreier seg om handelsverksemd, Vår bestefar Andreas var kjent for å vere ridd av ein «handelsgir» og var dyktig med kjøp og sal, og det er derfor interessant å høyre «onkel» Karl sin versjon:

> Handelen spilte en stor rolle her oppe i bygdene før krigen. I bygda sa folk at det var penger på kistebotnen på Østrem. Hvordan det nå var med det, vet jeg ikke. Vi klarte oss. Men det var ikke bare garden som skaffet inntektene. Vi hentet dem inn der de var å finne. Vi hadde kontante penger, mer enn folk ellers.
>
> Jeg drev sammen med far, som var en ivrig handelskar. Han handlet med alt, men det som det ble litt penger av var krøtterhandelen, Jeg har gått mange mil i min tid bak drifter. Inne i Ryfylke – ute ved øyene – helt nord til Hardanger har jeg vært med.
>
> Da far ikke orket med det, ble det jeg som fortsatte. Jeg var heldig og begynte for meg sjøl i noen gode år. Jeg drev alene og kunne ikke drive for stort, men jeg drev også på part med andre slik at jeg gjorde det bra i de gode årene.
>
> Jeg hadde tenkt å slå meg til i Stavanger da garden her ble ledig. Det ble til at jeg løste den ut – og det har jeg ikke angret på. Det er så kavete i byene.

---

[6]Eldste sønn i det nye kullet heter Tønnes Andreas (f. 25. september 1884, etter et *meget* kort svangerskap). «Tønnes» kommer fra morssida, det samme heter f.eks. Tonettes eldre bror. M.h.t. etternavn har han nok senere kommet til å hete Rustad, men ved dåpen heter han faktisk Østrem, fordi det har vært foreldrenes bopæl på det tidspunkt.

Dei innerste ringane

Men hadde jeg vært ung, skulle jeg nok ha drevet forretning. Du og du hvor mye penger det er å tjene om du vil satse litt og bruke litt fantasi!

Men det var ikke alltid det gikk som man ønsket. Jeg husker spesielt ett år far tapte mye penger. Han ble nødt til å selge for tidlig, Det lærte meg å aldri ta større sjanser enn ryggen er sterk til. Spenningen var jo også noe som betydde noe. Er du gårdbruker, vet du sånn noenlunde at du får i forhold til det du sår ut, men likevel er alt på det jevne. I handel er det ikke sagt at du får tilbake det du har sådd. Men du kan også få hundrefold igjen.

Jasså, faren din var ikke handelskar?

Nei, de er ikke det mine heller. De liker bedre andre ting. Jeg har ikke angret at jeg sluttet med handel, men det var det første jeg ville prøve meg på igjen om noe skulle gå galt med det andre. Men det var andre tider den gang. Du kjøpte ei ku og gikk der og leide henne og lurte på om du fikk pengene dine igjen. Når du skulle selge, begynte du høyt og gikk nedover. Du kjente en veldig glede hvis slakteren ikke prutet. Men da visste du med en gang at du måtte gi mer for neste ku du kjøpte på bygdene. og forkjøpte du deg neste gang, kunne fortjenesten din ryke. Jo, vi ble litt lure etter hvert. Men vi løy aldri og snøt aldri en stakkar. Det var bare å holde seg orientert om hvordan prisene steg og sank og så spekulere i dette.

– Rolf

Dette er ikkje berre ei god oppteikning med fin tidskoloritt, det er samstundes ei forteljing om eit sikkert levebrød som oldefar valde seg, og vi kan vel heller ikkje fri tanken frå eit samband mellom ein viss Flamme som snødde inne med skreppa si og ein oldefar som selde kyr.

Som arveeigenskap kan ein undre seg over kor det blei av handelsgiren. Den som har drive det lengst i den retning er kanskje herverande forfattar som i si tid selde Per sine konfirmasjonskort med bra forteneste, bortsett frå spetaklet og julingen etterpå. Det imponerande ved det salet er ikkje sjølve handelsfantasien, men den fantastiske kjensgjerning at det var mogleg å finne kundar for kort der det stod «Kjære Per, må lykke og hel følle din vei til livets kvell». Han ville likt seg, han oldefar, hadde han sett det!

Vi skal avslutte vandringa mellom forfedre før vi gir oss til å bli betre kjent med fars foreldre med å prøve å trekke ein sum av det heile. Og summen må bli denne: At vi har røter i god gamal bygdekultur, frå storbonde til småkårsfolk, og mest det siste, at vi har islett av gener fra nokre spanande menneske, nokon som prøver noko nytt, nokon som ikkje greier å styre sine aggresjonar, nokon som blir fanga inn av styre og stell, nokon som flytter på seg og reiser, nokre jenteglade som held koken langt opp i alders år – og ein som spelar tromme. Kjenner du deg att? sjølvsagt er du ein del av dei. Når alt dette klumpar seg ihop og blir til *du*, skal vi ikkje undre oss over resultatet. Men dei gir oss jo eit hav av gode unnskuldingar?

Andreas Kristiansen Østrem

Andreas blei født 17. mai 1849, men vi kan ikkje av den grunn påstå at han blei ein hurragut. Men datoen er lett å hugse, vi etterkomarane har feira han med fest og salutt kvart einaste år utan å vere klår over det.

Vår kunnskap om bestefar er begrensa. Han døde i 1908, lenge før nokon av oss kom til verda, så det blei ingen av oss forunt å danne noko bilete av han. Overleveringar kan gje oss eit visst inntrykk, noko vi skal kome tilbake til. Ein person som gjer det han gjorde, bryt opp frå det kjende og heimlege og ut i det totalt ukjende, vil for etterkomarane bli ståande som ein spesiell person. Som vi alt har nemnd, blei han kanskje også oppfatta som spesiell og mystisk i det nye miljøet han kom til. Vi må gjerne dyrke draumen om ein bestefar som var framifrå, ein Isak Sellanrå, ein Cleng Peerson. Sanninga er kanskje likevel at han var ein heilt alminnleg jærbu som søkte levebrød der det kunne tenkast, ein mann som ikkje såg noko framtid i å bli på ein liten heiegard i Lund der åtte søsken også skulle ha plass og livberging. Kvifor drog han nordover?

Vi veit svært lite om slike beveggrunnar, bortsett frå den mest kjende: armod og tronge kår. Men det forhindrar ikkje at både hans etterkomarar og andre har landa på mange forklaringar. Ei av desse forklaringane er at han tok «flukten» då faren gifta seg omatt og sette i gang med å lage enda fleire småsøsken som trengte forsørging. Denne teorien kan vi avlive straks. Då faren Kristian gifta seg omatt, var Andreas alt på plass i Troms, og dersom det er rett at Kristian var 65 år då han gifta seg omatt, må dei to ha gifta seg omtrent samstundes.

Ein annan versjon av forklaring fortel at han reiste som sjømann i sine unge dagar og på sjømanns vis traff ei trønderjente som blei med barn. Denne teorien kan vi verken avkrefte eller stadfeste. Opplysningane vi kan hente frå bygdeboka i Lund seier at han i 1875 oppheldt seg i «Nord-Trøndelagen». Det kan vere ei unøyaktig forklaring, men det kan sjølvsagt også vere rett. Han var i alle fall reist frå Lund på denne tida, og det går åtte år før han dukkar opp som ektemann og fastbuande nording.[7]

Vi kan ikkje spekulere for mykje på kva han gjorde desse åra, men det var sjølvsagt fullt mogleg å ha ein mellomstasjon i Nord-Trøndelag. Historia om denne «mellomlandinga» er ikkje sugd av eige bryst, ryktet om dette trønderbarnet «gjækk» innanfor familien lenge

[7]Forklaringen er enkel nok: 1875 er et sentralt år i norsk slektsforskning, fordi det var et av folketellingsårene. Andreas opptrer faktisk to ganger i 1875-folketellingen: først og fremst i Sørreisa, hvor han faktisk oppholdt seg, men det er også en notis under Østrem i Lund, hvor han er oppført som fraværende, med «Kløven, Nordre Trondgjems Amt» som antatt oppholdssted. Det er dette bygdebokforfatteren i Lund har tolket som Nord-Trøndelag. Denne notisen har lagt opp til hele den mytologi om mellomlandinger Trøndelag og mulige sidesprang og farskapssaker på de trakter som det hentydes til i de følgende avsnitt, men det kan altså skrinlegges. Notisen inneholder dog to interessante opplysninger: Andreas er oppført som fisker, og hans oppholdssted er presist angitt. Det bør i det minste bety at det har vært kontakt mellom ham og den gjenværende familien i Lund i mellomtida. EØ

Vi vet ikke mer nøyaktig *når* han kom til Nord-Norge, men det har sannsynligvis ikke vært lenge før 1875. Han var på det tidspunkt en ung mann på 26 år, og han står anført som «Logerende» hos Lars Olai Pedersen Gottersjord. EØ

før vår tid, blant hans eigne. I Nord-Trøndelag finst det nokre menneske med etternamnet Østrem. Vi har sjekka denne Viknagreina, men dei har solide røter i Lindås i Hordaland. Vidare leiting etter ein eventuell onkel langs den lange norskekysten vil sannsynlegvis vere fånyttes. Det er blant anna lite sannsynleg at dette barnet, om det skulle vere noko i ryktet, ville bære faren sitt etternamn. Og om så var tilfelle, veit vi at Andreas brukte både Østrem og Kristiansen som familienamn, og vidare leiting etter stadfesting av eit laust rykte vil vere som nåla og høystakken. Men er du fascinert av muligheita å kunne finne eit trøndersk søskenbarn eller tremenning ein vakker dag, så får vi ønskje deg god jakt! Og vil du ha med eit forskartip på vegen, så kan du starte med å sjekke kvifor det i Lund finst oppteikningar om ein opphaldsstad i 1875. Det *kan* jo vere ei innkalling til farsskapssak.

Ein tredje teori om flyttegrunn går ut på at Andreas drog av garde for å slippe unna militærteneste. I så fall må han ha gitt seg i veg nokre år før 1875. Denne teorien er også basert på munnleg overlevering frå hans eigne barn, så det kan vere noko hold i opplysninga, ei slags førstehandsopplysning. Men forklaringa har lite for seg likevel. Det stod ikkje så ille til med nordnorsk forvaltning at ein person ikkje ville bli oppspora dersom han var på flukt frå myndigheita. Mi forklaring på at eit slikt rykte oppstår, har eg alt vore inne på. Det knytte seg mystikk til folk som kom frå andre breiddegrader. I Nord-Norge var det gamal tradisjon på å tenke i retning av brotsverk eller desertering i samband med framandfolk. Historia fortel om ein landsdel som i si tid blei nytta som forvisningsstad, så desertørar var ikkje noko ukjent fenomen Men alle med framant tungemål var dermed ikkje dersertørar. på dette grunnlag avliver vi også myten om militærnektaren, sjølv om vi kvar for oss kan kose oss med tanken på at vi kanskje er runnen av gode pasifistiske røter.

Dersom vi så forlet alle desse eksotiske årsaksforklaringar og plasserer den utflytta Andreas inn i den samtid han levde i, er det mykje enklare å finne ei forklaring på kvifor han tok på flyttefot. Som vi alt har sagt, var det på 1800-talet ein sterk auke i folketalet i Norge, spesielt i det området Andreas kom frå. Det var heilt tvingande nødvendig å flytte på seg. Dei små gardane kunne ikkje brødfø alle. Folk måtte finne anna levebrød, og i distriktet indre Agder/indre Rogaland oppstod det nye former for sesongarbeid. Ungdomane drog inn til byane, særleg Kristiansand. Her fanst det bybønder med krøtter inne i byen, men med jordteigane utanfor. Gjødsla måtte flyttast frå byen til landet, og mang ein ungdom frå dei indre bygdene starta sin yrkeskarriere som gjødselbærar. Vi nemner dette som eit døme på korleis arbeidslivet kunne arte seg, men Andreas og hans søsken var neppe i ein situasjon som gjorde den slags arbeidsval nødvendig. Som vi alt har høyrt, var Østrem-folket relativt velståande på grunn av handelsverksemd. Det er rimeleg god grunn til å rekne med at Andreas har deltatt i denne verksemda saman med faren før han reiste frå det heile.

Fattigdom og arbeidsløyse førte til generell utvandring. Dette er velkjent frå historia. på den tid Andreas drog ut, var utvandringsbølgja til Amerika på ein topp. Men ein del av emigrasjonshistoria er litt mindre kjend. Det gjeld den «indre flyttinga», arbeidspendlinga frå stad til stad, som til slutt resulterte i at folk tok seg ny bustad ein heilt annan stad i landet. Spesielt i det området Andreas kom frå kan ein frå folketeljingane sjå dette fenomenet klårt. Statistikken opererer med nemninga «heimfødingar», dvs. personar som bur i den bygda dei blei født i. I perioden 1865–1875 falt denne prosenten dramatisk i mange bygder og ikkje minst byar. Når tilflyttinga blei stor, gjekk prosenten «heimfødingar» ned. I bygder med høg «heimfødingsprosent» var det liten tilflytting, resultatet var drastisk nedgang i folketalet. Andreas sin heimstad høyrte til desse, medan landsdelen han kom til fekk færre og færre heimfødingar og fleire innflyttarar. Nord-Norge hadde den mest markante folkeauke av alle landsdelar. I 1845 budde 8,5 prosent av landets folkemengde i Nord-Norge. I år 1900 var denne delen 11,5 %, eller sagt på ein annan måte: I 1845 var kvar tolvte nordmann ein nordlending, i 1900 var kvar åttande nordmann busett nordpå.

Andreas følgde med andre ord mange andre nordover. Det er litt uvisst kva som trakk folk nordover. Det vi veit, er at det tidlegare var drive kampanje for kolonisering av Bardu og Målselv, og sjølv om denne innflyttinga kom tidlegare, var det sikkert velkjent at det i nord fanst dyrkingsjord og sjanse til levebrød.

Det høyrer sjølvsagt ikkje med i denne forteljinga å gje seg inn på temaet i sin full breidde, men denne delen av nordnorsk historie er eit svært interessant kapitel. Når ein tenker på kommunikasjonane, må det ha vore sterke og dristige folk som gjorde denne lange reisa. Til våre kantar kom det fleire. Folket som først bygde på Skjærnes var innflyttarar frå Dovre. To søsken, ganske unge av år, ga seg på vandring, og dei gjekk til fots det meste av vegen frå Dovre til Espenes.

Andreas kom ikkje nordover til fots, han kom sjøvegen. Vi kan godt kalle han «sjømann», men det er ei halv sanning. Vi skal også forklare dette historisk:

Av dei arbeidsoppgåver som var tilgjengelege for unge menneske som ikkje lenger kunne brødfø seg på ein trong heiegard, var sjøen eit godt alternativ. Norsk skipsfart var på dette tidspunkt på eit høgdepunkt. I 1878, omlag på den tid Andreas reiste, var det 60.000 sjøfolk i Norge. Det er det høgste tal som nokon gong er registrert, vi har aldri seinare hatt så mange sysselsette i denne næringa. Men flåten var ikkje samanliknbar med dagens flåte. Det var stort sett små skip. Vår ære og vår makt har hvite seil oss bragt. Men det var likevel berre ein liten del av norsk flåte som i 1870-åra seilte verda rundt. Så seint som i 1865 seilte berre 9% av den norske flåten utanfor europeiske farvatn. Hovudtyngda av skipstrafikk gjekk innan Europa, og for Norges del var det ein betydeleg innanlandsk skipstrafikk. Det var gode sjansar for ein arbeidssam unggut å få arbeid ombord. Men yrket var likevel sesongarbeid. Kystfarta var vår- og sommararbeid. Når haustmørket kom og hauststormane, då var det ofte for risikabelt å ta barken eller briggen ut på opent hav. Kombinasjonen krøtterhandel og arbeid til sjøs kan godt ha vore Andreas sin første yrkesbakgrunn. At reiser også gjekk til Nord-Norge like så vel som til Danmark eller Hamburg, er svært sannsynleg. på 1870-talet var det relativt stor Nord-Norge-trafikk. Hurtigruta kom rett nok ikkje før i 1894, men før dette var det faste ruter til Nord-Norge, mest sommarstid. Då hurtigrutefarta kom i gang, var det framleis berre 28 fyrlykter heile leia frå Brønnøysund til Kirkenes, så det var svært risikabelt å reise nattestid og i mørketid.

Tradisjonen vil ha det til at Andreas kom til handelsstaden Kløven[8] med «3-ruta» eller «2-ruta». Dette var det folkelege namnet på dei dagars rutegåande skip på Nord-Norge. Staten hadde i 1820-åra starta rutefart langs kysten med eit ti-tals skip, og det var relativt regelmessig trafikk heilt opp til Hammerfest. Desse tidlege dampskipa «Constitutionen», «Prinds Carl» og «Prinds Gustav» var populære gjester langs kysten. Gradvis kom private selskap inn i denne såkalla Nordlandsruta; frå 1853 blei ruta utvida heilt til Vadsø. Både Bergenske og Nordenfjeldske Dampskipsselskap hadde rutegåande transport Hamburg–Kristiansand–Hammerfest. Desse selskapa hadde og kjente skip, nokre av dei gjekk seinare inn i hurtigrutefarta: «Jupiter», «Kong Halfdan», «Haakon Adalstein» og fleire. Vi kan halde det som sannsynleg at ein av desse var arbeidsplass for Andreas.

Med dette har vi tatt for gitt at han var matros ombord, ikkje passasjer. Det er fleire grunnar til at vi kan dra den slutning. Dei mange åra frå han forlot Lund til han dukka opp i Sørreisa fortel at han har vore sysselsett med noko, og sjølivet er ein svært sannsynleg arbeidsplass. Som vi seinare skal kome inn på, hadde han kunnskaper om sjøen som han mellom anna formidla til sin son. For det tredje verker valet av Klauva som stopp ikkje heilt tilfeldig. Kolonistane til Bardu og Målselv fortsette å kome heilt opp mot 1880-åra, og matrosen hadde gjerne både sett og snakka med dei før dei steig av i Klauva. Dersom han var matros ombord, var det ikkje ein første-tur innom Klauva då han steig av.

I denne forklaringa er det mange gjetningar, men vi har forsøkt å kome nærast mogleg det sannsynlege. Vi veit meir om denne skipsfarten som sannsynliggjer vår framstilling enda meir. Skipa seilte berre i dagslys. Når kvelden kom, og skipet ankra opp for natta, var det ofte stor festivitas. Det var folkefest, kaia var smekkfull av folk,

---

[8]Kløven eller Klauva var på 1800-tallet et blomstrende handelssted på innsida av Senja, rett overfor Finnsnes. Det ligger altså et (riktignok langt) steinkast både fra Paulsrud og fra Gottersjord, hvor Andreas i følge folketellinga befant seg i 1875. Det skal sies at når navnet Kløven overhodet dukker opp i denne historia, er det på grunn av angivelsen i folketellinga for Lund; det betyr ikke at han faktisk har oppholdt seg der.

ein tradisjon som vi alle hugsar var godt halde i hevd også på Espenes-kaia når «lokalen» kom. Kapteinen, styrmannen og dei mest prominente av passasjerane blei invitert på land til kalas med taler og skåler. Og mannskapet? Dei hadde landlov, dei kunne delta i folkefesten, dei kunne kikke etter jenter, både i Klauva og i Nord-Trøndelag.

Denne skikken med invitasjon til «nessekongen» på land, er gått inn som ein vittig del av kultursoga gjennom nedteikningane til fyrdirektør Diriks, som fortel om ei reise der kapteinen måtte på land ein stad tidleg på dagen for å gjere avtale med presten om ein ny anløpsstad. Då samtalen var slutt og kapteinen ville gå ombord, sa presten: «De vil da vel ikke forlate mitt hus uten å ha oppholdt Dem natten over? Det ville være noget som aldrig har hendt meg i min lange embetstid her oppe».

Dersom vi no har resonnert rett, kan det vere sannsynleg at møtet mellom Andreas og Ingeborg Anna har skjedd fleire gonger under slikt landlov, og at avhoppinga ikkje var ei spontan avhopping, men meir planlagt.

Så står vi att berre med spørsmålet: stakk han av frå skipet, eller mønstra han av? Dersom vi også her held oss til historiske fakta, kan vi kome fram til eit svar. Norsk skipsfart på 1870-talet hadde eit fundamentalt problem som i stor grad gjekk ut over lønsemda til tross for gode konjunkturar og høve til store inntjeningsvilkår. Problemet var overbemanning. Og overbemanningsproblemet hadde igjen samanheng med rømmingar. Rederia måtte simpelthen kalkulere med at nokre sjøfolk ville forsvinne i løpet av ein tur slik at dei måtte ta med ekstra mannskap. Tungt slit, dårlege lønsvilkår og det forlokkande med nytt liv på land var årsaken. I Drammen og Kristiania registreringsdistrikt rømte det i åra mellom 1870 og 1900 ca. 17.000 sjøfolk. Gjennomsnittleg rømingstal var 800 årleg for heile flåten. Rømingane skjedde hovudsakeleg utanlands, men den innanlandske trafikken var ikkje heilt utan problemet den heller. Med dette som bakgrunn, dreg vi den slutning at Andreas følgte eit normalt mønster slik han hadde lært det blant sine yrkesbrør: Han hoppa av.

Og dermed står han med føtene planta i nordnorsk jord, og vi avsluttar med det historia om hans forfedre medan vi kastar blikket over mot Senja og jenta han traff. Ho hadde og sin bakgrunn og sine røter.

Ingeborg Anna Christensen af Paulsrud

Vi starta dette arbeidet med heilt blanke ark når det gjaldt stoff om vår bestemor og hennar bakgrunn. Men ved å mobilisere felles krefter, kom vi fort på sporet etter henne, og ikkje berre det, vi kom også inn på festlege blindspor. Vi startar med blindspora. Karen fann i ei gamal bygdebok frå Lavangen, skrive i 1931 med namnet «Lauvangr» følgjande opplysning:

> Hans datter, Ingeborg, blev gift med Øststrøm ved Skøvatnet i Dyrøy.

Det verka som eit klart og greitt spor, bortsett frå at vi aldri før hadde hørt om noko familiær tilknytning til Spansdalen. Det dreidde seg om ei jente, Martha Spandsgård, som blei gift i Barbogen i Torsken. Då ho blei enke, flytta ho tilbake til Gammelheimen i Lavangen med sine søner og ei dotter. Ein av desse sønene fekk dottera Ingeborg. Boka er litt uklår på dette punkt, kven av sønene som var far til dottera, men vi blei jo ganske sikker når vi fekk følgjande karakteristikk av den eine:

> En av Marthas gutter het Jens. Han trallet og sang og spillet på kam, og folk kalte ham derfor Tralle-Jens.

Vi sa straks: «Der har vi karen! Der har vi oldefaren som først fann på det, det er han vi har det etter!» For eventuelt uinnvidde, får vi ta med ein kort anekdote om dette spesielle familietrekket. Ei lærerinne kom til Brøstadbotn og fekk Richard og Karen som kolleger. Richard tralla og song gjennom korridorane og blei av elevane kalt «den glade vandrer». Karen nynna og tralla når ho satt på arbeidsrommet med sitt. Ein dag kom lærarinna til Finnsnes. Der stod det ein mann og lesste varer inn i bilen sin. Han sang så det ljoma utover Finnsnes-vatnet. Ho gjekk bort og sa: «Du må no være en Østrem!?» Og det var det. Det var Svein som var på innkjøp.

Men diverre: Tralle-Jens er og blir eit blindspor. Korleis det er oppståtte, har vi ikkje greidd å finne ut av. Vi får difor halde oss til dei kjelder som er pålitelege, og gir derfor ordet til Rolf:

Ingeborg Anna – en hemmelighetsfull farmor

Barneår kan ofte være harde å komme igjennom. Unger har utviklet egne teknikker for å overleve. Har du ingen venn, skaper du deg bare en Karlsson på taket. Jeg hadde en bestemor i bislagkråa ved navn Ingeborg. Hun var alltid snill og grei og hun var bare min. Egentlig tror jeg hun mislikte mine søsken like inderlig som jeg gjorde til tider. Det jeg husker var at hun var spinkel og ikke særlig stor, hadde en lys flette – men jeg er redd jeg lånte identitet fra både Ingeborg på Østgård og fra min storesøster.

Men hvordan var hun egentlig – denne vår farmor? Hvordan henger det sammen at vi visste mer om fars-familien hundremils veg borte enn om den familien som vi hadde rundt oss på alle kanter?

Riksarkivet kommer sikkert til å bli min framtidige hobby. Jeg har ikke vært der så mange gangene – det er som å gå på fisketur: Noen ganger kommer du hjem med «hånka» full, andre ganger er det svart hav. De gamle bøker kan det ha vært sølt kaffi på, sider kan mangle helt, eller prest og klokker har en skrift som ikke er leselig i det hele tatt. Bl.a. har det ikke lykkes meg å påvise at Ingeborg Anna og Andreas i det hele tatt var gift. De fikk sitt første barn i 1884, som både ble døpt og begravet, men ekteskapsprotokollen med deres navn finnes ikke. Kanskje de ble gift i f.eks. Lenvik?[9]

Men la meg begynne i andre enden først: Jeg sitter med mitt barnebarn Thomas på fanget og han er snart to år. Navnet har han etter sin far Thomas, og sin farfar, Thomas... Hvor langt tilbake Thomas Hoy har eksistert i Liverpool, vet jeg ikke. Men gutten er

---

[9] Nesten rett – de ble gift i Tromsø den 16. september 1883.

ogsa sønn av Bjørg Irene, datter av Rolf, sønn av Konrad, sønn av Ingeborg, datter av Christen, sønn av Anne Margrethe, som var datter av THOMAS! Det som ikke går i ætta, det kryp i ætta, sa de gamle. Til og med navn.

Konrads oldeforeldre

Hvis vi begynner med Christopher – slik er nemlig hans navn nedtegnet – så hørte han hjemme i Møkelbostad, Dyrøy. Han bar navnet Hemmingsen, og han var fisker og gårdbruker, og det var trolig på sjøen han ble borte som ganske ung. Han hadde så vidt det var sett sin sønn Christen, som til konfirmasjonen opererte med fosterforeldre: Jørgen Hanssøn og hustru Elisabeth Marie fra Lille Vinje.[10]

Christopher giftet seg annen juledag 1812 med Anne Margrethe Thomasdatter, som ble født i 1794 på Flagstad i Torsken. Hun ble konfirmert i 1810, gift i 1812 og sannsynligvis enke i 1814.[11] Ved konfirmasjonen får Anne Margrethe påskrifen «ærbar pige» samt ros for leseferdighet m.m.[12]

---

[10]Det er riktig at sønnen Christen er oppført med fosterforelde ved konfirmasjonen i 1831, men det er ikke fordi Christopher er død. Det skjer først i 1840, da han nok ikke lenger kan kalles «ganske ung» (og det er ikke konkrete belegg for at han skulle ha blitt borte på havet). Mer sannsynlig er det vel at Christen, som eldste sønn i en stor søskenskare (åtte barn, den yngste født i 1832, året etter Christens konfirmasjon), har delt skjebne med Andreas og Konrad: det har vært for trangt hjemme. EØ

[11]Som nevnt ble hun ikke enke før i 1840, så hennes ekteskapelige historie var ikke fullt så dramatisk som Rolf har antatt. EØ

[12]Tranøy-Presten på denne tiden gjør noen ganske utførlige og individuelle bedømmelser av konfirmantene, som gir et unikt og uvanlig skarpt bilde av alle disse forfedre som ellers kun er navn og datoer i kalenderen. Om Christopher får vi for eksempel vite at han «blev for to Aar tilbagevist i Haab om nogen forbedring, men har gjort kun liden Fremgang, har et meget slet Syn, læser nogenledes i Bog, kan de 5 parter i Katekismus udenat, men saare lidt mere. Paa hans forhold ved man ellers intet at klage.» Om hans sønn Christen står det: «Læser saavidt i Bog, og kiender godt sin Religion. Viste stedse megen Flid og Sædelighed.» EØ

Svend Johnsen (ett sted oppført som Svend Olsen Laxfjord) var gjennom sitt 80-årige liv trolig en markant personlighet. Jeg lurer på om han ikke hadde en slags predikantstatus. Han hjemmedøpte i hvert fall et stort antall barn, og jeg får inntrykk av at han var en mann som ble budsendt i bygda når noe sto på. Han ernærte seg ellers på en etter måten stor gård, som jeg tror han giftet seg til. Paulsryd eller Paulsrud antar jeg tilhørte slekta til Randi.

Mon ikke Randi Paulsdatter på Paulsrud var i 30-årsalderen da den spreke Svend dukket opp? Han var seks år yngre og fikk leve åtte år lengre på denne jord enn henne. Men «kårkone Randi Paulsrud» ble 78 år og døde i 1864. Svend døde i 1872, 80 år gammel.

Konrads besteforeldre

Christen Christophersen var født på Dyrøya 15. mars 1813. Han var atten år gammel da han ble konfirmert i Holm kirke, der han også var døpt. Han reiste sannsynligvis mye omkring på fiske som ung. Alt tyder på at også han giftet seg til gård. I 1840 hadde han truffet Pauline Svendsdatter af Paulsrud.[13]

Hvis det har vært velstand i noen av våre opphavs hus, tror jeg det måtte ha vært på Paulsrud. Som forlover ved bryllupet er oppført klokkeren på Refsnes, herr Tomesen. Den andre forloveren var hans likemann Svend Johnsen Paulsrud. Forklaringen kan være at Christen ikke hadde satt seg inn i sakene og at klokkeren bare måtte rykke inn og skrive sitt navn. Den første versjonen tilfredsstiller vår forfengelighet bedre, derfor holder vi fast ved den.

Gift ble de i hvert fall, men i siste liten. Pauline og Christen ble gift 19. oktober 1840. Datteren Randine ble født 10. august samme år. Hun ble ikke innskrevet som «uægte», men foreldrene ble

---

[13] Ved bryllupet er deres bosteder angitt som «Paulsryd» for Christens del og «ditto» for Paulines – ganske urettferdig, når det nå var Paulines morfar som hadde ryddet og gitt navn til Paulsrud.

innskrevet som «ungkarl» og «Pige».¹⁴ Den gamle Svend har kanskje gremmet seg?

Pauline Svendsdatter af Paulsrud synes meg å være et grepa kvinnfolk. Med henne rekker vi opp i vår egen tid. Hun var til stede – og var fadder – da farmor Ingeborg skulle ha sin førstefødte til dåpen. Ved folketellingen i 1891 levde hun i beste velgående på Paulsrud, som «føderådsenke».

Pauline ble konfirmert i 1835, 16 år gammel. Hun sto nr. 3 på kirkegulvet av jentene, bare overtrumfet av Jomfru Joachime Holst og Ingeborg Corneliusdatter. Førstnevnte var uten tvil «conditionered» – dem nyttet det ikke å kappes med. Men Pauline blir berømmet for at hun «læser godt i Bog og ha en særdeles god Religionskundskab.» Hun blir også gitt karakteren «Bra Pige» i Bogen. Og til det tror jeg det skulle mye til, ikke minst det å ha bra foreldre!¹⁵

Etter å ha satt ti barn til verden ble det kanskje så som så med velstanden til Pauline og Christen. Men i 1891 hadde gården et imponerende tjenerskap i tillegg til ugift søster «som væved og spant», og en kårenke som gjorde forefallende arbeid.

Det var flere gårder på Paulsrud. Fra nabogården kom navnet Lind Paulsrud. Da farmor Ingeborg ble døpt, sto Anne Sofie Lind Paulsrud fadder. Hun forekommer meg også å være noe spesielt.

Rundt denne familien kommer navn som Heitmann, Hagerup og Johnsgaard inn, det virker som om man lukter handelsmenns blod.¹⁶

---

¹⁴Dette stemmer ikke: barnet *er* faktisk «uægte» ifølge kirkeboka.

¹⁵Den nøyaktige ordlyden er: «Læser færdig i bog og har god Religionskundskab – en brav Pige». «Brav» skal leses som «gjæv» eller «dyktig, flittig», og har nok hatt mindre av assosiasjonene i retning av «fin familie» enn hva teksten antyder. EØ

¹⁶Den store Paulsrud-familien, farmor sine mange søsken, er så nær i slekt med oss at nokon kanskje bør gå vidare i denne slektsgranskinga. Vår eiga mor påstod ein gong vi snakka om forfattaren Kristian Kristiansen og boka *Hvem skal havren binde* at han var «i slekt med han pappa». Vidare meiner eg å hugse at ein annan Senja-forfattar, Jens Hagerup, hadde røter i Paulsrud-miljøet. Dette kan vi ikkje verifisere i denne omgang, men til dei

Ingeborg Anna

Ingeborg Anna ble født 23. desember 1855. Det manglet altså bare litt på at hun hadde fått sin fødselsdag på julekvelden, slik Andreas fikk sin på 17. mai. Fødselsåret er i kirkebøkene oppgitt til å være både 1854, 1855 og 1856, det er forskjell mellom protokollen for det gamle Tranø og for kirkeboka i Dyrøy. Men 1855 er den sannsynlig riktige opplysning.[17]

Jeg spekulerte i begynnelsen på om Ingeborg hadde vært et svakelig barn alt fra starten siden hun ble hjemmedøpt i huj og hast. Teorien ble forkastet fordi de fleste vinterbarn faktisk ble hjemmedøpt. Dessuten likte Svend Johnsen å døpe barn.

Hun skal ha vært et stille vesen, kanskje ikke særlig robust fysisk, men et intelligent og elskelig menneske. At hun var intellektuelt velutrustet bekreftes ved at hun tidlig ble konfirmert. Alderen for konfirmanter i Tranøy kunne gå helt opp mot 33 år på den tiden. Sjelden var det noen konfirmanter som var under 18 år. Ingeborg Anna Christiansdatter af Paulsrud var bare 17 år. I kirkeboken gjorde av og til presten en merknad om konfirmantens kunnskaper, som f.eks. «svag i læren om Salighedens veje.» Ingeborg Anna slapp lett og tidlig for presten, noe som kan tyde på at hun også hjemmefra hadde de fornødne kunnskaper om Salighedens veje. Svend Johnsen, morfaren og hjemmedøperen, hadde vel hatt sin påvirkning.[18]

Ett sted i kirkeboka er vår farmor oppført med navnet *Ingebørg*. Kanskje det var måten å uttale navnet på? Hun ble oppkalt av mange og på mange måter; kanskje fars måte – Ingebjørg – var den riktigste?

---

som vil prøve seg seier vi god jakt! KØ

[17] Kirkebøkene er faktisk hjertens enige om at hun ble født i 1855.

[18] Man skal nok være forsiktig med å bruke konfirmasjonsdatoen som bevis for intellektuell kapasitet. Aldersmessig var hun ganske gjennomsnittlig for sitt kull. Den kortfattede bedømmelsen lyder: «Kristendomskundskab: næsten udmærket god, Flid og forhold: meget god.»

Ingeborg Anna traff sjømannen Andreas. Korleis dei traff kvarandre, veit vi ikkje, men vi går nærmast sjølvsagt ut frå at Ingeborg var i teneste i Klauva, på den store handelsstaden. Trondheimaren Knud Moe dreiv Klauva på denne tida, og han dreiv stort. Der var ferdsel, handel, eksport til utlandet, jektetrafikk, ikkje minst med hans eiga jekt med det fantastiske namnet «TALLE NEKOLINE KJÆRE JONETTE DEN FROMME». Klauva var ein hovudstad i Troms, eit lite Tromsø. Moe var ordførar, Moe var rik. Han hadde ein tenarstab på eit tjuetals menneske. Ingeborg Anna, det åttande av borna til Pauline og Christen, måtte som andre ungjenter ut i teneste, og ein høveleg arbeidsplass var å finne i Klauva. Her var ho da treruta «Prinds Carl» ankra opp og ein av sjøfolka fann å ville gå i land.[19]

Her set vi sluttstrek for forhistoria. Vi vonar du har hatt noko igjen for denne historiske reisa og møtet med så mange menneske, noko av det Rolf gir uttrykk for i sin avslutning om sin farmor:

> Jeg kalte dette eposet «en hemmelighetsfull farmor». Hemmeligheten ligger i at jeg ikke kjente henne i det hele tatt før. Nå stiger hun fram for meg som et vanlig menneske på alle måter. Hun opplevde de mange sorger, mistet flere barn, levde kanskje litt isolert i utgrenda og døde til slutt fra sine små. Kanskje hun opplevde mange gleder også som ingen kirkebok eller protokoll har tatt opp i seg. Gården med dyr, hund, hest og buskap ga kanskje den harmoni i livet som mange moderne mennesker søker i dag. Bjellene i skogen, blomstene i vinduskarmen, barn som leker seg – kanskje hun også var lykkelig? Hun døde ung, bare 40 år gammel. Hadde hun som sin mor blitt 78 år, ville jeg kanskje ha husket henne. Men om hun hadde vært like grei som bestemor Ingeborg i bislagkråa er likevel en høyst tvilsom sak.
>
> – Rolf

[19] I 1875 var Ingeborg Anna i tjeneste i Laukvika på nordsida av Laksfjorden. Paulsrud ligger i bunnen av fjorden, så hun har ikke reist så langt. Det er selvfølgelig ikke *umulig* at de to har møttes i Klauva, men det eneste som knytter noen av dem til handelsstedet – ved siden av at det ligger like i nærheten av deres oppgitte bopæler – er folketellingsnotisen fra Lund, på den andre kanten av landet. Vi vet at de begge har oppholdt seg i nærheten – av Klauva, men også av hverandre. Det burde være nok.

Eyolf: Er vi nordlendinger?

«Ingeborg Anna Christensen Paulsrud» – selve navnet bærer med seg mange av de spor som gjør Ingeborg Anna til den person i slekta med den mest komplekse slektshistorie. Vi har en *-rud* – altså en nyrydning, noe det har vært rikelig av i de generasjonene; en Christen, som åpner en helt spesiell side av slektshistorien; og en Anne, som får representere det nesten anonyme.

Oldeforeldre

Ingeborg Annas oldeforeldre er en broget skare: selv om de bare er åtte personer, representerer de stort sett alle utgaver av sosial og geografisk mobilitet som har vært tilgjengelige på 1800-tallet.

Dels er det paret **Paul** og **Tora**. De kom fra en karrig fjellgård i skortene mellom Sel og Dovre, og til slutt tok de beina fatt og vandret nordover.

Som det ser ut, har Paul og Tora bodd på nabogårder i øvre Sel – i ytterste utkant av Kristin Lavransdatter-land, der hvor veien i dag såvidt får presset seg gjennom det første juvet opp langs dalen og fjellturistene kan svinge av langs serpentinene opp mot Høvringen fjellstue. Det ser ut til at faddere og – så langt gjetningene rekker – forfedre har kommet fra det samme området i flere generasjoner. Vi er altså i ytterkanten av et stabilt bondesamfunn, som til sist ikke kan holde liv i alle sine barn lenger; noen presses ut og bort fra fjellsprekkene. Man kan bare forestille seg hvor karrig det må ha vært; det at de har kastet seg ut fra bonderotsystemet og ut i en usikker tilværelse som nyryddere på en øy i Troms, er en god indikator.

Det var Poul som ryddet Paulsrud og gav gården navn.

Deres datter **Randi/Rønnoug** er født ca. 1789, i året for den franske revolusjon, mens familien fortsatt bodde i Dovre. Ti år senere befinner de seg i det nordenfjeldske, hvor de graver seg ut en ny gård i landskap som kanskje kan minne om det de er vant til, bare mye flatere, våtere og kaldere.

Vi har også **Ingeborg** og **Anders**, som kommer fra Tynset og har med seg Ingeborgs lausunge, **Svend**. Vi kjenner ikke noe til Svends far, annet enn at han bør ha hett John, siden Svend er oppført som Svend Johnsen. Ved Svends konfirmasjon i 1807 er han omtalt som uekte barn som bodde med sin stefar og sin mor. Vi vet ikke hvorfor de reiste, men det er jo nærliggende å tenke seg en historie lignende Paul og Toras – trange kår i ugjestmilde strøk – denne gang eventuelt med sosial utstøtthet som ekstra krydder.

«Svend» er en uvanlig navneform i Tynset-trakten. Hans opprinnelige navn har høyst sannsynlig vært «Bersvend».

Videre har vi den fattige fiskerfamilien **Thomas** og **Marta** fra ytre Senja, som ad skjebnens irrganger sammenstråler med det som står igjen av den adelige **Trane**-familie.

Flagstad (i dag: Flakkstad), der Thomas og Marta bodde, ligger naturskjønt til på yttersida av Senja, med en formidabel utsikt. Men spesielt *frodig* synes det ikke å ha vært, på deres tid i hvert fall.

Ifølge folketellinga i 1801 var det tre husstander i Flagstad på det tidspunkt. De to første var befolket av «finner», og det er spesielt angitt at de har «lidt agerbrug, faae kreatur, lever af fiskerie». Når vi så kommer til Thomas, på gård nummer tre, står det at han er «Bonde, lever ligeledes mest af fiskerie». Ifølge kartet er det relativt myrlendt terreng, så beskrivelsene virker rimelige.

På gården bor også Thomas' mor og søster, «Begge svagelige og datteren vanfør, nyder almisse af sognet.» Alt i alt tegnes et bilde av nød og elendighet – og så har det nok vært en mager trøst at utsikten fra kjøkkenvinduet har vært noe man ville betale dyrt for to hundre år seinere.

Nød og elendighet har vi også hos det fjerde par oldeforeldre, men av annen karakter. **Hemming Christophersen** er nok den av de nordnorske forfedre som er rikest beskrevet i kildene – og ikke av positive grunner. Han og hans bror, Christopher, ble domfelt flere ganger, for vanskjøtsel av gården (som var krongods), og for hjemmebrenning og slagsmål.

I korte trekk er historien følgende: de har bodd under samme tak i Dyrøyhamn, med koner og tjenestefolk. Det har en gang vært en viktig plassering på grunn av den gode, naturlige havna som har gitt gården navn. Kirka har også ligget her. Men det har åpenbart gått utfor med stedet; i løpet av 1770-tallet avvikles den falleferdige Havn kirke og ny kirke bygges på Holm, litt lenger nord på øya.

En morgen kommer de glade brødre opp og slåss om en skål melk den ene av dem har villet drikke fløten av – 1700-tallsutgaven av tettemelk eller rømmekolle, som den dag i dag kan vekke sterke følelser hos brødrenes etterkommere. Det ender med slagsmål, hvor Hemming drar Christopher ut av senga etter håret. Han ender opp sprellende på golvet, naken, med føttene fortsatt i senga. Pinlig.

Saken, så triviell den enn måtte virke, var til behandling på tre ting. Dommen falt 22 Nov. 1779, og den var knusende:

> man kand anslaa dem lige gode begge til at begynde denne Krig om saa ringe Ting, saa derfor de bør begge straffes med at bøede Slagsmaals Bøeder hver mand 9 rd for Slag og Haardrag, og da man veed de ere Stømpere som ej kand betale deres Skatter, langt mindre har noget til Bøeder, så hører det Amtmandens Myndighed til at ordinere deres Corporlig Straf i Steden for Bøederne.

Christopher hadde vært hos fogden før: et par år tidligere sto han tiltalt sammen med en hel rekke andre i hva som ser ut til å ha vært en hjemmebrenningsrazzia i distriktet. Hjemmebrenning ble forbudt i 1750, men det var fortsatt vanlig, ikke minst i Nord-Norge, hvor kontrollen har vært mindre rigorøs.

Man kan lett komme til å felle en for hard dom over brødrene på Hamn. De har kanskje vært drikkfeldige «Stømpere» og gått hverandre på nervene i sin lille overbefolkede stue. Men det er også mulig å fortelle en annen historie.

Begge brødrene har faktisk vært gjengangere blant de åtte edsvorne lagrettemenn på Dyrøy-tinget (Christopher var til og med lagrettemann ved samme ting hvor han selv sto tiltalt for hjemmebrenning!) – de må altså ha nydt en viss respekt, tross alt. Når vi dessuten vet at Christopher døde av spedalskhet, i en alder av 34 år, og at han ved tingbehandlingen bedyret at den «Pande med Hatt og Piiber» som ble funnet på gården under razziaen, kun hadde vært brukt i fiskeriet, kan man – hvis man vil – i stedet se en utvikling hvor sykdom gradvis har brutt ned en ellers velfungererende familie.

Hvorom allting er: det gikk nedenom og hjem med dem. Hemming måtte til slutt gå fra gården. Han var en stund i tjeneste i Faksfjord, en utilgjengelig bukt lengst syd i sognet, og døde der, åtte år etter sin bror. Han ble 46.

Det er i dette selskap vi finner vår **Trane**: Åshild, eller **Aasille**, som det står i kirkeboka. (Jeg leste det første gang som «Ursille», og jeg tenkte: det var et navn med schwung i! Jeg falt selvfølgelig pladask for henne, og det har vært et langt og ulykkelig forhold.)

Navnet og familien **Trane** kommer opprinnelig fra Viborg i Danmark. Derfra har de fulgt makten og pengene via København og Trondheim, til nessekonge-status i Salten. Åshilds oldefar var Christian Michelsen Trane, velstående Trondhjemsborger og handelsmann.

For *vår* grens vedkommende gikk det støtt nedover i løpet av et par generasjoner, og fordums adel mister siste rest av standsmessig verdighet på den tid hvor de stolte Traner møter de fattige fiskerne ved alteret.

Åshild ble gift med Hemming, den udugelige «Stømperen». Etter Hemmings død tjente hun på forskjellige gårder rundt om på Dyrøy, og i 1801 er hun oppført som tjenestefolk på Hamn – den selvsamme gård hun hadde vært husfrue på atten år tidligere.

Det er hva man får for å forelske seg i feil mann.

Besteforeldre

De to dølene, **Randi/Rønnoug** fra Dovre og **Svend** fra Tynset, fant hverandre der nord. De ankom Senja omtrent samtidig, men har sannsynligvis først møttes etter at familiene hadde etablert seg der.

Har det vært en faktor, at de har hatt samme bakgrunn, som innvandrere fra innlandske dalfører, og at de må ha hatt lignende dialektbakgrunn? Hvem vet. De fant hverandre i hvert fall.

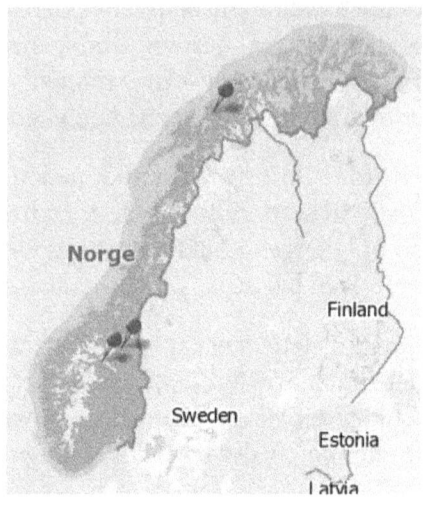

Det er så heldig at presten i Tranøy på denne tiden, Nils Norman, gjerne skrev korte karakteristikker av konfirmantene. Derfor vet vi for eksempel at **Christopher Hemmingsen**, sønn av slagsbroderen Hemming i Havn, ikke var noe skolelys. Han sto som nummer 20, nest sist blandt guttene, da han endelig ble konfirmert i 1806, i sitt 21. år. Presten skriver:

> blev for to Aar tilbagevist i Haab om nogen forbedring, men har gjort kun liden Fremgang, har et meget slet Syn, læser nogenledes i Bog, kan de 5 parter i Katekismus udenat, men saare lidt mere. Paa hans forhold ved man ellers intet at klage.

Det er en karakteristikk som kan smelte hjerter: Halvblind har han vært, og dum som et brød, langt over vanlig konfirmasjonsalder, men han har tydeligvis vært snill som dagen er lang, tross sine handicap.

Gudbrandsdølen **Randi Paulsdatter** sto faktisk for presten samme år som Christopher. Hun var 17. Om henne heter det:

> Læser godt i Bog, synes at have tungt Nemme, hvorpaa hun med sin Flid søger at raade Bod, og var i Sæder stille og sagtmodig.

Da sto det bedre til med hennes blivende ektemann, lausungen **Svend** fra Tynset, som var i ilden året etter, i 1807. Han sto som nummer tre av nitten gutter. Han –

Eyolf: Er vi nordlendinger?

læser godt i Bog men med en læsbende Udtale, skriver læseligt, læser godt Skrift, har gode Religions Kundskaber, og anbefaler sig med Beskedenhed og et fromt Aasyn.

En liten talefeil – det ble visst sagt om den rogalandske innvandreren et par generasjoner seinere også. Men har man bare et fromt åsyn, så skal det nok gå.

Foreldre - og så videre

For Ingeborg Annas foreldres vedkommende viser jeg i hovedsak til Rolfs redegjørelse i forrige kapittel. Men en ting er verd å føye til. **Pauline** fra Paulsrud, hun med samtlige aner i Dovre og Tynset, ble altså gift med **Christen Christophersen**, med *sine* aner hos omflakkende fattigbønder og -fiskere på øyene.

De ble boende på Paulsrud og ble gift – etter at første barn var født – men de stoppet ikke der: ti barn ble det til sist, hvorav Ingeborg Anna var nummer tre nedenfra.

Dette er det verd å fremheve, som noe spesielt. Ikke fordi det ikke forekom store barnekull også før Bråten-klanen; vi kan sagtens finne større barnekull andre steder i slekta. Det spesielle med Paulsrudungene er at de alle sammen overlevde barndommen. *Det* er uvan-

Kilde: Folketelling 1865
Delt notat: Folketelling 1865 - Kristen Kristoffersen (Tranø : Paulsrud, matr. 158a)

Personnr.	Førenamn	Etternamn	Fam. stilling	Yrke	Sivilstand	Alder	Kjønn	Fødestad	Hestar	Stort kveg	Får	Bygg	Poteter
1	Kristen	Kristoffersen	hf	Gaardb. Selveier	g	53	m	Tranøy	1	4	10	3/5	2
2	Pauline	Svendsdatter	hans Kone		g	47	k	Tranøy					
3	Svend B.	Kristensen	deres Søn	hjelper Faderen med Bruget	ug	24	m	Tranøy					
4	Kristofer	Kristensen	deres Søn	hjelper Faderen med Bruget	ug	24	m	Tranøy					
5	Kristian P.	Kristensen	deres Søn	hjelper Faderen med Bruget	ug	22	m	Tranøy					
6	Alert	Kristensen	deres Søn	hjelper Faderen med Bruget	ug	18	m	Tranøy					
7	Pauvel J.	Kristensen	deres Søn		ug	13	m	Tranøy					
8	Adolf P.	Kristensen	deres Søn		ug	3	m	Tranøy					
9	Randine	Kristensen	deres Datter		ug	25	k	Tranøy					
10	Jørgine	Kristensdatter	deres Datter		ug	17	k	Tranøy					
11	Ingeborg A.	Kristensdatter	deres Datter		ug	10	k	Tranøy					
12	Nikoline	Kristensdatter	deres Datter		ug	6	k	Tranøy					
13	Svend	Johnsen		Føderaadsmand	e	81	m	Tønset Præstegjeld					

lig. Ellers finner man alltid en håndfull barnebegravelser innimellom alle barnedåpene. Men ikke på Paulsrud.

I folketellingen fra 1865 står de oppført alle sammen, og selv om det i utgangspunktet har alle forutsetninger for å være akkurat så tørt og kjedelig som 150 år gammelt statistisk materiale gjerne er, er det likevel merkelig rørende å se dem der samlet, alle ti ungene, den eldste 25, den yngste 3, og med gamle Sven fra Tynset som rosinen i pølsen; han lever faktisk på gården ennå, som «Føderaadsmand». Christen står oppført som «Gaardbruger, Selveier» og de fire eldste sønnene «hjelper Faderen med Bruget». De har fire kyr, en hest og ti sauer. De ser ut til å ha hatt det godt. I hvert fall sammenlignet med brødrene i Hamn, Hemming og Christopher.

*

Jeg begynte med et spørsmål: er vi nordlendinger?

Genetisk sett kan man sagtens trekke vår status i tvil hva det gjelder: av Konrads åtte oldeforeldre er seks søringer og en har danske aner. Jenny redder selvfølgelig noe av æren for neste generasjons vedkommende, men helt fullblods kan vi knapt kalle oss.

Hvis det altså var blodet det kom an på. Men spørsmålet er ikke stilt for å trekke noe i tvil, men ut fra en dyp fascinasjon over hvordan mennesker fra så vidt forskjellige bakgrunner likevel, mot alle odds, har forflyttet seg, møttes, forent seg, formert seg, og dermed formet seg, og formet deg og meg, oss – nordlendinger, søringer, svaksynte, lespere, drukkenbolter og fromme. Som Jan Erik Vold sier det:

> SORRY BRØDRE, DET BLE MEG
> JEG FÅR PRØVE Å GJØRE SÅ GODT JEG KAN.

SANDVIKA

Vi har ingen dato eller årstal som fortel eksakt når Andreas steig i land og blei nordlending. Vi har heller ikkje dato for bryllup. Men den første barnefødselen pleier å gje ein god indikasjon på når det heile starta, og når første barnet kom 13. april 1884, tar vi neppe mykje feil dersom vi reknar med at bryllupsklokkene klang ein sommardag i 1883.[20] Men sikre kan vi ikkje vere. Det er eit gjennomgåande fenomen gjennom heile slekta at dei har ualminneleg korte svangerskap, spesielt for det første barnet.

Dersom vi reknar med at det før bryllupet fanst ei forlovingstid og ei planleggingstid, blir eit sannsynleg årstal for ilandstiginga 1881 eller 1882. Vi må innrømme guten så pass tid til å omrøme seg. Kva skulle ein ny-flytta rogalending ta seg til? Kva hadde han å tilby ei ung kone?

Første bustad: Nygård i Sørreisa

Vi held det ikkje for sannsynleg at Ingeborg Anna og Andreas kunne rote seg til på Paulsrud. Ho var langt ut i rekka av søsken, der var simpelthen stint av folk, har vi høyrt, og det kunne neppe vere plass for eit nytt ektepar.

[20] 16. semptember 1883, for å være nøyaktig. De ble viet i Tromsø.

Derimot trur vi Andreas hadde ordna seg med bustad før han gifta seg. I alle fall veit vi sikkert at det unge paret flytte inn som forpaktarar på ein gard i Sørreisa. I kyrkjebøkene finn vi garden nemnt fleire gonger og under fleire namn: Nygaard, Moen, Nordstrøm. Det kan forville oss til å tru at ungfolket flytta mykje på seg dei første åra, men det er ikkje tilfelle. Det var ein og same gard. At garden låg i Nordstrøm, er direkte feil. Det er vel Andreas sjølv som har opplyst dette til presten, og rogalendingen har kanskje ikkje lært seg himmelretningane enno. Garden heitte Nygård og var ein del av Moen-gardane i Sørstraumen. Med dei gode kunnskaper du alt har fått om gard-deling, treng vi ikkje å gå nærmare inn på korleis ein gard blir til fleire, også til ein Nygard. Vi du vete enda meir om dette aller første farfarhuset, kan du berre reise opp til Tertelveita, det øverste vassfaret som renner inn til Reisavatnet, og der ligg Nygård den dag i dag. Det høyrer kanskje med til historia at to av Andreas sine etterkomarar har hamna på kvar si side av Nygård. Svein bur like nedanfor, Borgny Østgård bur like ovafor. Om det ikkje nett var minne om farfar som trakk dei, kan dei i alle fall tråkke i hundre år gamle spor etter han.

Forpakting er ei mellombels løysing, og det er lett å forstå at ein innflyttar må ty til ei slik løysing. Om målet var å finne ein stad i straumen og slå seg ned på, veit vi ikkje, men vi kan gå ut frå at han temmeleg fort har starta leitinga etter ein plass til sitt eige bruk.

Så kan vi undre kvifor han valde Sandvika, avsides, veglaus, i ville marka så å seie. Det er kanskje enklare å forklare enn det høyrest ut til. Når vi legg vekt på vegar og kommunikasjonar, er det eit moderne fenomen. På den tid var det stort sett veglaust over alt. Det som betydde noko, var to ting: Det eine var å finne god jord, det andre var å finne jord som var ledig. Han freista nok å stette begge desse krava, men helst blei det til at det siste var avgjerande. Bygda Sørreisa, Skøelvdalen og vidare oppover var utbygd. Sandvika var ledig.

Men før vi går inn i Sandvika og ser på livet der, må vi gjere oss ferdig med åra i Straumen. Vi går ut frå at dei slo seg ned på Nygård i 1883, og i 1887 var dei på plass i Sandvika. I desse 3–4 åra i Straumen skjedde det viktige ting, ikkje minst viktig at det kom to born til verda. Først kom ein gut som fekk namnet Kristian. Han blei boren til dåpen i juli 1884 med stor festivitas, med besteforeldre Pauline og Christen til stades, med onklar og tanter – og med namn etter gamle Rogalands-bestefar. Men guten var ikkje forunnt å få bli her. Berre eit år etterpå slokna han. Livet starta ikkje bra for den nye familien. Sjølv om barnedød var vanlegare i dei dagar enn no, gjekk det neppe mindre inn på ei ung mor, i dette høvet ei ung mor som berre fire veker før dette tragiske dødsfallet hadde fått det andre barnet, ei jente denne gong, Det blei barnedåp og gravferd omlag samstundes. Den nye jenta fekk namnet Tonette Kristine. No er det farmor Todne som skal oppkallast, i tillegg begge bestefedrane. Det var enkelt såleis når det eine heitte Kristian og den andre Christen. Men heller ikkje Tonette skulle få noko langt liv. Ho døde i Sandvika i sjuårsalderen.

I desse få åra i Sørreisa finst det nokre få spor. Mellom anna kan vi sjå frå kyrkjeboka at Andreas var forlovar i eit bryllup. Her står han oppført med yrkestitelen «løskarl på Furø». Dette fortel oss to ting: Det nyflytte ungfolket er blitt integrert i bygda, så pass at det oppstår både venskap og tillit nok til å vere forlovar. For det andre strever den nyetablerte familiemann med å finne livberging så godt det let seg gjere, etter boka som lausarbeidar på ein annan av Sørrelsa-gardane, men i tillegg som forpaktar og kanskje eit kvart anna.

Seinare veit vi han deltok regelmessig på fiske, kanskje gjorde han det alt medan han budde i Sørreisa. Kanskje dreiv han litt handel? Kva veit vi. Vi har alt nemnt tømmerhogst i Tranøybotn. Det var arbeid i samband med etableringa i Sandvika. Byggevirke til garden skaffa han seg ved å kjøpe Tranøy-tømmer på rot som blei frakta sjøvegen til Sørreisa og vidare med hest opp til Sandvika. Dette tømmeret frå Tranøy kom aldri fram dit det var tenkt. I Gumpedalen var det meir bruk for tømmeret, kan Svein fortelje:

> Kristian Westgård blei rammet av fjøsbrann, og behov for nytt fjøs blei større hos naboen enn hos han sjølv, og tømmeret blei solgt til Westgård. Denne fjøsbygningen står der den dag i dag.
>
> – Svein

Til Sandvika

Om det ikkje blei gard av Tranøy-tømmer i første omgang, gard blei det i alle fall. Nøyaktig tidspunkt for flytting har vi ikkje, men neste barn som blei boren til dåpen var busett i Dyrøy. Flyttinga må ha skjedd mellom 1886 (då han var forlovar med bustadadresse «Sørstrøm») og 1887.

Vi skal stogge ei bittelita stund mellom alle faktaopplysningar og prøve å framkalle synet av desse to vaksne med to små born på flyttefot inn til det framande og ukjente. Sikkert med lite bagasje, men med stort mot?

Det er så spanande syn at vi kunne skrive ein roman om det. Men nokon har gjort det før oss. Hamsun skreiv om Andreas Østrem, men kalte han Isak Sellanrå.

> «Manden er stærk og grov: han har rødt jærnskjæg og små ar i ansigtet og på hænderne – disse sårtomter, har han fåt dem i arbeide eller i strid?
>
> Om morgningen står han foran et landskap av skog og beitesmark, han stiger ned, her er en grøn li, han ser et skimt av elven langt nede og en hare som sætter over den i et sprang. Mannen nikker som om det just høver at elven ikke er bredere end et sprang.
>
> Det værste hadde været å finde stedet, dette ingens sted, men hans; nu blev dagene optat av arbeide. Han begynte straks å løjpe næver ... han la næveren i pres og tørket den, når han hadde en stor bør bar han den alle milene tilbake til bygden og solgte den til bygningsbruk.
>
> gik stien frem og tilbake og bar og bar. En født bærer, en pram gjennem skogene, å det var som han elsket sit kald å gå meget og bære meget, som om det ikke å ha en bør på ryggen var en lat tilværelse og ikke noget for ham.

Og slik kunne vi halde fram, og det ville passe. Så kan vi berre vise til *Markens grøde* for vidare informasjon. «sterk og grov ... en pram gjennem skogene», det er ein karakteristikk som høver. Andreas var ein kraftkar, Stor av vekst, brei over skuldrane, «en født bærer».

Til Sandvika

Han skulle få god bruk for kreftene sine.

Umiddelbart etter flyttinga til Sandvika kom far til verda. Fødselsdagen hans står bokført både som 10. og 11. juni 1887. Vi får aldri vite kva som er den rette datoen. Han visste det knapt sjølv, foreldra var heller ikkje sikre. Det var kanskje heller dårleg med både klokke og kalender for nybrotsfolket. Ved innskriving til dåp og konfirmasjon maste presten om denne datoen, og då hugsa ein vel så cirka litt før midt i juni, eit par veker før Sankthans.

Då far fylte ut skjema for søknad om lån til å byggje hus, skreiv han fødselsdag 11.06. Vi går ut frå at han då hadde bestemt seg.

I dåpen 21. august fekk han namna Konrad Pauli. Begge namna høyrer heime på morsida. Konrad-namnet finst ikkje i dei aller næraste ledda, hos besteforeldre eller oldeforeldre, men det må ha vore ein Konrad som skulle kallast opp, for omlag på same tid får Ingeborg sin bror ein son som får namnet Konrad.

Etter vanleg skikk skulle ein vente at denne nye guten skulle hatt namnet Kristian ettersom den førstefødte ikkje blei forunnt å kunne bere farfars namn vidare. Det var også vanleg å kalle opp barn som var gått bort, noko vi skal kome attende til ganske snart. Kvifor denne skikken ikkje blei fulgt i 1884 skal vi la vere å spekulere på. Vi berre konstaterer det symbolske i namngjevinga: Han fekk eit sjølvstendig namn, frikopla fra all familietradisjon. Han skulle gå egne vegar, ikkje føre noko familiedynasti vidare. Han skulle vere etla til å danne sitt eige dynasti.

Men heilt frikopla var han ikkje. Han fekk også Pauli-namnet. Paul var morslekta sitt hovudnamn, heilt attende til han som først tok dei første spadetaka på Paulsrud. Vi må seinare lage ein ny krønike med tilsvarande ættetavle som det vi har gitt for Andreas sin familie, men vi rekk ikkje det no. Men det blodet som blei blanda i Sandvika, inneheldt meir innvandrarblod enn det rogalandske. At det slang ein dyrøyværing innom og tynna litt ut det gode dølablodet, rokker ikkje ved det faktum at det flaut godt og tjukt gudbrandsdalsk blod i Konrad sine årer.

I den store koloniseringsbølgja som er blitt kjent som busettinga i Bardu og Målselv, var det slett ikkje slik at alle som tok på reis nådde fram til det koloniseringsområdet Holmboe hadde lagt til rette. Mange hamna på Senja. Grendene Torsli, Halvardsli m.v. var Senjavarianten av koloniseringa, – og Paulsrud.

Randi Paulsdatter af Paulsrud, Konrad si oldemor, var ikkje født på Senja, ho var frakta nordover saman med faren Paul. Paul kom frå Gudbrandsdal og bygde Paulsrud. Dei kom dit i 1795. Randi var då ni år.

Randi fekk dottera Pauline som fekk dottera Ingeborg som fekk sonen Pauli. Sjølvsagt skulle han heitt Paul. Konrad Paul. Men i den ubrotne line av gode gudbrandsdølske tradisjonar sneik det seg inn uroelement frå Torsken, Dyrøy, Laksfjord, desse nordnorske fantastane utan sans for gode tradisjonar, dei som skal pynte på alt, dei som ikkje kan strikke vanlege grå raggsokker men må strikke inn ein rød og ein grøn bord i rangbandet.

Ein «i» ekstra pynta opp. Dessutan hadde ein hørt gamle predikant og bestefar Svend Johnsen meir enn ein gong predike Pauli ord og formaning, så kom ikkje der! Skulle guten ikkje få eit kristeleg namn? Og måtte han i Herrens namn få lov til å vekse opp!

Slik omlag kunne ho ha tenkt, Ingeborg Anna. Og lat oss no vere samde med henne. Ho laga eit festleg namn, ein god variant som vi skal leite lenge for å finne maken til. Om ikkje nokon av dykk skulle finne på å kalle opp?

Vi skal i rikeleg mon møte Konrad Pauli att i denne soga, så vi går vidare med å følgje familien i Sandvika. Knapt to år etter kom neste barn. Gurine Karen Tonette blei født 3. mars 1889. Om henne skriv Rolf:

> Tante Gurine har vi alle gode minner om. Hun var enestående, hyggelig og snill. Vi var heldige som hadde «folk» i Tromsø – og vi sto i gjeld til henne. Mannen, som vi aldri kalte «onkel Johan» – bare «Johan Olsen» – hadde ord på seg for å være litt grinete. Men jeg husker ham som en grei kar. Han hadde ikke hatt lykken på sin side, var ufør og familien hadde dårlig råd. Litt bitter var han kanskje, men

Til Sandvika

til meg var han grei og interessant. Han laget modellbåter og fortalte om sin storhetstid på Ishavet. Barna var Gudrun og Haakon.

– Rolf

Mange vil skrive under på denne karakteristikken. Ho hadde astma, ho røykte i tru på at det var god kur mot pustevanskane, og ho hadde eit fantastisk humør og lo pipande og hikstande mellom anfalla. Men det spesielle ved henne var ikkje tillitsvekkande for alle. I følgje Knut representerte ho første møte med tateren:

> Eg var fire år og fekk vere med Ingebjørg til Malangen på raking. Turen gjekk om Tromsø. Der skulle vi ta innom tante Gurine. Ho var svart. Lita og svart, ho lo, men ho peip. Ho gjorde rare rykk med kroppen – og ho røykte pipe og var så svart så svart. Fireåringen var redd. Så gjekk vi i byen, og det var kjekt, men så kom ordren: Vi skal tilbake! Men guten sa: Eg vil ikkje tilbake til finnkjerringa! Men det gjekk over, skrekken forsvann, for der var ein snill mann med stokk og milde auge som heitte Joa Nolsen. Han var mild og ufarleg.
>
> Mange år seinare gjekk eg ofte innom finnkjerringa. Ho var like svart, hg peip som før, røykte pipe som før, men ho var heilt ufarleg. Ho var vidunderleg, ho var eit fyrverkeri av godt humør, og ho hugsa historia om fireåringen og finnkjerringa, og ho lo og sa: Ja, kem sku tru at den svarte finnkjerringa sku bli mor tel en professor! og så gjekk ho nesten i koma i eit anfall av latter og åndenød.

– Knut

Vi må vidare i Sandvik-soga, to år vidare, til 1891. Då kom eit nytt barn til verda, ein gut som fekk namnet Andreas etter faren. Dette veit vi ikkje, det er ei opplysning som er basert på ein sju-årings kanskje tvilsame, men kanskje briljante minne. Vi lar Knut forklare:

> Mi interesse for slektsgransking starta i svært ung alder. Den mystiske familien i Sandvika som vi hadde så lite kontakt med, pirra min lyst til å få vite. Ein dag saumfor vi kyrkjegarden i Skøelv, Svein og eg, på leiting etter slekt. Vi fann ei nedgrodd grav. Djupt nedi graset låg eit avfalma trekors der det stod – innskoren med kniv,

«Andreas Østrem», og så eit årstal. Gledesstrålande sprang vi til Bratlia der mor var og fortalte at vi hadde funne grava til bestefar.

«Nei,» sa ho. «Det er ikkje bestefar, det er ein bror til pappa som døde då han var bitteliten.»

– Knut

I dag er kyrkjegarden i Skøelv rydda og flidd, det ligg neppe noko trekors i graset som kan stadfeste sjuåringens minne. Kyrkjeboka seier: «Dødfødt gutt». Så det kom eit barn til Sandvika i 1891. Kvifor skal du då tru meir på kyrkjeboka enn på sjuåringen? Guten var ikkje dødfødt, han levde og fekk namn. I brøkdelen av eit menneskeliv skulle han føre bestefarnamnet vidare, men mislukkast.

To år vidare i historia – det var god rytme i barnefødslane – kom neste tante. Ho fekk namnet Tonette Kristine, født 12. januar 1893. Det var ei Tonette frå før, men ho var gått bort. Vi veit ikkje når det skjedde. Ved folketeljinga i 1891 levde ho i beste velgåande, i 1893 er ho borte, og ei ny søster får overta namnet. Dødsfallet kom ein gong mellom desse to årstala. Jenta blei altså 6–7 år. Det er først da vi sette i gang med dette arbeidet at jenta har fått namn og ein plass i historia. Ingen av Andreas sine etterkomarar har hørt om denne lille jenta før. Men kven skulle formidle inntrykket av ei fin søster som brått gjekk bort? Konrad? Han var 4–5 år då ho døde, og kunne kanskje ha glimt av minne etter henne. Gurine? Nei, ho var berre 3–4 år.

Bestemor? La oss prøve å tenke oss inn i hennar situasjon på dette tidspunkt, i åra mellom 1891 og 1893. Ho har ei jente på seks år, ein gut på fire og ei jente på to. Så får ho eit nytt barn som dør som spebarn, og like etterpå dør den fine seksåringen, kanskje medan ho går og ventar på den neste nedkomsten.

Kva skulle ho formidle til sine små born? sorga over at ho i løpet av dei første 6–7 åra som mor har følgt tre born til grava?

Så langt i den nye familiens liv synest gledene å kome langt bak i leksa i tevling med sorgene. Vi trur det må ha vote eit beinhard slit for gode farmor Ingeborg, ikkje minst psykisk. Det fysiske slitet var

Til Sandvika 65

kanskje ikkje mindre, men kjeldene fortel oss at gardkona fekk hjelp både inne og ute. Ved folketeljinga i 1891 er det på garden registrert ei fast tenestejente, Grete Stina Isaksdotter frå Sappero by i Sverige, og ei eldre som var ansvarleg for «kreaturstell» og i følgje registreringa «var paa besøg».

Grete Stina trur eg vi skal greie å identifisere raskt. På nabogarden budde han Henrik. Han var son av dei som rydda garden Grønli i Salangen. Grønlifolket var flyttsamar. Dei budde i Sappero i Sverige, og var fastbuande i Grønlia berre delar av året. Andreas gjekk til Henrik og spurte: Du veit ikkje om ei taus til oss? Og det visste Henrik. Ei Grete Stina kunne kome å vere hjelp for Ingeborg.

Men vi skal tilbake til vogga hennar Tonette Kristine. Ho brukte som vaksen aldri namnet Tonette. Det var som «tante Kristine» vi hugsar henne, dei få som i det heile har eit minne om henne. Ho mista tidleg kontakt med Sandvika. I 1901, då det var krise i heimen etter at farmor Ingeborg gjekk bort, var det ikkje anna utveg enn at Kristine måtte oppfostrast hos andre, ho blei «sett bort» som det heitte i den tidas språk. Jenta var 8 år. Ho kom visst aldri tilbake til Sandvika og søskenflokken. Likevel var ho søster og tante, ho hadde kontakt. Den nye heimen hennar i Medby i Salangen var ikkje så avskrekkande langt unna, men med dei kommunikasjonar som den gongen fanst, blei det heller dårleg med kontakt.

Vi trur at storebror Konrad heldt kontakt med denne søstera. Ho vaks opp saman med ei Ingeborg som blei gift på Espenes, og mannen hennar var det som i si tid solgte Hesjebogen til Konrad. Det kan vere tilfeldighet, det kan vere ein nær samanheng, Det vil vi aldri få vite, men det vi veit, er at Kristine var ei like nær tante som alle dei andre. Ho blei gift på Ankenesstrand, nær den store byen, og var i vår verden ei urbanisert tante, i følgje Rolf:

> Jeg husker tante Kristine som en uhyre spennende bydame som besøkte oss en gang. Hun var smilende, elegant og verdensvant etter mine begreper. Det mest eventyrlige var at hun *klemte* voksne. Det var rart og ikke så lite fremmedartet.
>
> – Rolf

Vi går nye to år fram i tida, til 18. august i 1895. Då kom ei ny tante til verda, Anna Ingvarda heitte ho. Tante Anna på Østgård. Ho hadde kanskje grunn til å tenke på sin barndom med noko bitter undertone: Morlaus som 6-åring, farlaus som 13-åring, og deretter, så fort ho kunne greie å gjere nytte for seg, ut i «teneste», ut i hardt arbeid, anten på vedhogst heime eller som slitar hos andre. Men det er ikkje som dette vi hugsar henne. Ho hadde fått del i den same gåva som mange av dei andre: eit sprudlande humør. I Gumpedalen, der ho hadde sine første arbeidsøkter, blei ho også gift med John Østgård. Dei fekk tre born, Peder (Per), Ingeborg og Borgny. Vi lar Rolf gje også tante Anna ein kort omtale:

> De var relativt velstående og hadde orden på alt, både ute og inne. John Østgård var en lun og koselig mann. Anna likte mennesker rundt seg og hun hadde en godmodig ertelyst og en rungende latter.
> – *Rolf*

Så er vi framme ved den yngste av Ingeborg sine born, Kristian, som blei fødd 18. mai 1898. Han er den einaste attlevande av det første kullet i søskenflokken. Kristian blei sjuk i attenårsalderen og har heile livet vore psykisk ufør. Det hindrar oss ikkje i å sitte att med gode minne etter han. Han var arbeidskar, han hadde sine tokter, men det såg vi som stod utanfor lite til. Å ha ein onkel som var annerleis enn alle andre var både mystisk og spanande, og vi vaks opp i ei tid då slikt ikkje skulle omtalast. Men mystikken gjorde at vi danna oss våre eigne forestillingar. Det er derfor mykje essens i Einar sin observasjon frå ei reise til Sandvika då han var berre 5 år:

> Det eneste jeg husker som spennende, var å komme til Sandvika og møte onkel Kristian. Han hadde ord på seg for å være gal, men han skuffet stort. Han oppførte seg som et helt alminnelig menneske.
> – *Einar*

I ettertid kan vi kanskje beklage på Kristian sine vegne at han ikkje møtte fleire som Einar på sin veg. Vi skal ikkje dvele mykje ved hans psykiske problem, men ser vi på den starten han fekk i livet, var det ikkje rart at han fekk ein psykisk knekk. Han var 2 år og 9 månader då mora døde. Så skulle han tilpasse seg ei ny mor, som tiåring gjekk også faren bort.

Farmor Ingeborg sleit seg gjennom eit liv med stor motgang. Skal vi gjenta Rolf sitt spørsmål: Kanskje ho også var lukkeleg? Vi kan ikkje svare, dei som kunne gitt eit svar er borte. Ein av dei har gjennom sine born formidla inntrykket at dei hadde ein god og harmonisk bardom heilt til faren døde. Då starta vanskane og slitet.

Det var ikkje motgang, barnefødslar, sorg, eit slitsamt liv som tok knekken på farmor Ingeborg. Lungebetennelse sette sluttstrek for eit kort slitsamt liv.

Denne sjukdomen er i dag sjeldan og relativt ufarleg. Men det er fordi vi har medisiner som effektivt avverger katastrofen. Men ved hundreårsskiftet var det annerleis, og folk bukka stadig under. Det var ein merkeleg sjukdom. Mikoorganismane utløyste høg feber, men temperaturen blei til slutt så høg at bakteriane sjølv bukka under. Diverre var temperaturen då på eit nivå som heller ikkje den menneskelege organismen greier. Feberen nådde eit høgdepunkt, eit krisepunkt. Då blei det avgjort kven som gjekk av med sigeren, livet eller døden. Anten kvikna pasienten til som ved eit under – eller det var slutt. For Ingeborg Anna bikka det den gale vegen, 18. februar 1901.

Ny familie-etablering

Vi stoggar kort og vurderer situasjonen denne februardagen. Andreas er blitt ein mann på 52 år. Han sit att med ein barneflokk, 5 i talet, alle mindreårige, den eldste 14 år, den minste knapt tre. Her er krise. Her trengst i alle fall kvinnfolkhjelp, ei god «taus» som det heitte i dei dagar.

Tausa var der, ho hadde kome til Sandvika før Ingeborg døde, kanskje i samband med den siste fødselen, kanskje før. Ja, var ho «taus»? Neppe. Folk kalte henne «tauskjerring», og det var noko heilt anna. Taus var ein heilt alminneleg yrkestitel for det vi i dag ville nemne som hushjelp. Ei tauskjerring var ei ugift mor, ei som hadde små sjanser til å gå inn i eit vanleg ekteskap med dyd og goodwill. Det var ingen spøk i dei dagar å ha eit «uægte» barn. Det var eit stempla tilvære. Som beste alternativ kunne ein vone på ein huspost der det også kunne vere forsørging for barnet, unntaksvis kunne det vere ein enkemann som såg litt stort på det.

I Sandvika var det derfor ikkje 5 born, der var 6. I tillegg til dei vi har nemnt, var det også ein Einar, ein halvbror til dei borna som kom seinare. Han glei naturleg inn i søskenflokken, han blei utruleg godt integrert. I familien rundt hadde dei truleg romslegare grenser i høve til dei moralske normer som elles var gjengs. Per Østgård fortel at han som born fekk god orientering om familietilhøva, men han fekk strengt påbod om å seie «onkel Einar» til tross for at der ikkje fanst blodsband mellom mora og Einar.

Jenta som av bygda blei kalt tauskjerring, heitte Katrine og var omlag 30 år då ho gifta seg til Sandvika. Vi veit ikkje noko dag for dette giftemålet. Men vi veit ganske eksakt at den førstefødde i neste kull kom til verda i 1902, nøyaktig 14 månader etter at Ingeborg var gått bort.

Vi trur at bygda var bebreidande mot denne raske etableringa av eit nytt ekteskap. Det var ikkje god skikk å inngå eit nytt forhold så like etter at kona var gått bort. Nokre myter om personen Andreas kunne vel danne seg med bakgrunn i denne hendinga. Men i ettertid er det lettare å forstå at situasjonen ikkje tilsa at det kunne bli høve til noko langt sørgeår. Born og gard kravde at livet så fort som mogleg måtte bli harmonisert.

Ingvart var første gut i det nye ekteskapet. Ingvart Andreas, fødd 18.juli 1902. Om han har Rolf denne karakterisitkken:

> Ingvart kunne sikkert gått rett inn på tunet på heiegården i Rogaland og alle ville tatt ham som tilhørende gården. Han er en typisk Østrem,er. Ingvart og Jenny bodde i slettlia, en gård de gjorde det maksimale ut av. Det var ofte vi stakk av melkebilen og gikk opp til onkel Ingvart og den andre Jenny østrem vi kjente. vi ble godt mottatt. Ingvart satte aldri ned farta han heller, Han var alltid opptatt

med noe, så vi rak nok helst inn til tante Ane som hadde bedre tid til samtale.
– Rolf

Ingvart vil du også i dag sjå fullt opptatt med stell i fjøs eller ute også når alderen nærmar seg 85 – «...som om det ikke å ha en bør på ryggen var en lat tilværelse og ikke noget for ham», for enda ein gong å sitere Hamsun.

Kanskje høver sitatet enda betre her. Vi har god grunn til å tru at Andreas var ein maurflittig mann, og nyekona Katrine hørte til ein familie som hadde ry for det same. «Tobias-folket» hadde berre eitt bod hengande over seg: Arbeid! Desse nye søskena fekk vel arbeidshåtten inn i dobbel dose.

I alle fall må vi kunne seie det om neste gut i rekka, Tobias som blei fødd i 1904. Han blei odelsbonde til Sandvika då eldstemann takka for seg og starta med eige nybygg. Fortsatt er det Rolf som kommenterer:

Mer ekte bonde skal du lete lenge etter. Til Sandvika kom jeg først etter at jeg ble voksen. Det ble Hulda jeg snakket mest med. Hun var rolig, vennlig og glad. Blomster og farger elsket hun, og det var en stor glede å sitte ned med henne og en kaffekopp mens Tobias gikk til og fra med en setning i forbifarten dann og vann. Hulda lo og sa: – Ja, slik er han! Men jeg syns jeg lærte ham godt å kjenne, tross hans ordknapphet.
– Rolf

Så er vi framme ved siste skot på stammen. Ane blei fødd i 1906. Sjølv insisterer ho på at ho heiter Anne, men for oss har ho alltid vore tante Ane. Ein eller annan av oss sat med ein kryssordoppgave der stikkordet var «slektning», og han sa: – Korsen kan de som lager kryssordoppgave vite at vi har ei tante som heite Ane?

Det kunne dei saktens vite fordi ho var den av våre tanter vi hadde mest kontakt med, ho både søkte kontakt og blei oppsøkt. Ho har alltid hatt stor interesse av familien og har samla ikkje så reint lite data om den. Ho var kanskje den første som tok kontakt med slekta på den andre sida av Norgeskartet og korresponderte med ei Josefine Østrem fra Moi inntil denne jenta for til Amerika, då brast kontakten. Vi lar Rolf fortsette:

> Hun var svært ivrig etter å holde kontakt med oss, og vi var alltid hjertelig velkommen til henne og Angel, som var bror til John Østgård. Ane er streng og from, meget pietistisk og rettroende, men hun har et strålende humør og et pågangsmot som savner sidestykke. Klassisk er beretningen om hvordan hun bestemte seg for å lære å kjøre bil – og hvordan hun gjennomførte sine forsetter i høy alder og ble en habil sjåfør.
>
> – *Rolf*

Karakteristikken skulle kanskje også hatt med ei kort line om hennar handarbeid. Det var strikking og hekling i kvar ledig stund der i huset, og på hennar eldre dagar er skuffene fulle av nuperelleslåtte dukar og løparar.

Ny familie-etablering 71

PÅ MOEN. Biletet er tatt på Setermoen, årstall usikkert. Det har vore reist tvil om dette verkeleg er bilete av far. Påskrift på baksida med blekk er heilt forsvunnen, men ein kan tyde «fra Konrad», så det er nok eit av bileta som kom på jentehender.

OPPVEKSTVILKÅR

Vi har no gjort greie for heile familiebakgrunnen. Her var altså 11 søsken i alt, i tillegg ein halvbror. Tre av desse gjekk bort i ung alder. Dette er tilstrekkeleg bakgrunn til å forstå at det ikkje var feite tider på denne garden, tvert imot må ein heller kalle oppveksttilhøva for karrige. Det var ein brattlendt gard, ein gard som kravde stor innsats. Men garden ber preg av at den er bygd opp av maurflittige folk. Likevel var han ikkje stor nok til levebrød aleine. I tillegg til gardsdrifta dreiv Andreas med anna inntektsgjevande arbeid. Per fortel følgjande:

> En bonde i Vesterålen som eg arbeidde hos fortalte at han hadde rodd fiske i Lofoten bl.a. sammen med en kar fra Rogaland som bodde i Sørreisa. Eg syntes det kunne minne om min farfar. En bekreftelse herpå fikk eg også da jeg nevnte det for min egen far som sa at det kunne sikkert stemme for han hadde rodd i Lofoten sammen med noen Hadselfjæringer i flere år.
>
> – Per

Vi kan vel med bakgrunn i dette seie at rogalendingen gjekk inn i det alminnelege nordnorske næringsliv og følgde spelereglane slik det var vanleg: Noko jordbruk, noko fiske, noko anna. Vi har tidlegare vore inne på mogleg handelsverksemd, men har få konkrete døme på at han verkeleg dreiv «tuskhandel» i noko særleg stor stil. Noko anna er dei produkt han kunne omsette fra garden. Vi har alt nemnt tømmerdrifta fra Tranøybotn som blei seld, men det var helst som nabohjelp å rekne. Men på garden blei det hogd ganske mykje famneved som blei kjørt til Sørreisa eller Brøstadbotn for sal. Dette var arbeid som ungane tidleg blei sett til. Tante Ane fortel at ho berre var knapt 14 år då ho heilt åleine fekk ansvar for å køyre eit lass famneved til Espejord i Brøstadbotn. Det var tøff jobb for ei lita spinkel jente. Tante Anna har fortalt noko tilsvarande. Ho var berre tolv år då ho fekk ansvar for å hogge og kløyve famneved gjennom ein heil vinter. Hjelpesmannen var Kristian, 9 år gamal. Dei større jentene var i teneste, Konrad var borte på fiske, faren låg sjuk.

Bortsett frå desse overleveringane om hardt slit og barnearbeid, har vi få minne om at far formidla noko frå sin eigen barndom. Det synest å vere eit gjennomgripande trekk, men nokre har vore flinkare. Var barndomen så pass vanskeleg at han ikkje fann grunn til å formidle noko av det? Var åra lite lukkelege? Med bakgrunn i det vi no har fortalt, kunne vi dra den Slutning. Det var ein oppvekst prega av sjukdom og død og store omveltningar: Ei mor gjekk bort, ei ny overtok hennar stad, ei søster blei sett vekk til ein stad langt borte frå heimen.

Men til tross for dette, har Anna til sine born formidla inntrykket av ein god barndom. Så lenge faren levde, hadde borna det bra. Ho hugsa han særleg som ein rettferdig far. Det går vel særleg på det tilhøvet at det var tre kullsøsken som skulle sameinast til ein familie. Ho har vidare formidla bilete av ein mann som ikkje var spesielt streng i sin haldning overfor barna, kanskje heller mild? Kanskje det då er slik at sonen vi skal møte seinare ikkje var Så reint ulik far sin? Eit kjenneteikn synes dei i alle fall å ha felles: Andreas var ein tålmodig mann.

Ei historie som er blitt formidla fortel kanskje ikkje så reint lite om faren og sonen, den fortel kanskje om ei haldning som kom til å prega eit barn. Historia er nedtegna av Rolf:

> En dag rundt århundreskiftet tok far mot til seg og lot seg vise for min bestefar, patriarkens åsyn. Guten var 13 år og bønnen og begjæringen var å få en kniv av faren. En tollekniv dengang var neppe et leketøy for en trettenåring. Det var en nødvendighetsartikkel, men naturligvis også et statussymbol.
>
> – Far, kan du kjøpe meg en tollekniv?

Gamlingen, i godlag i bordenden, var sikkert mett og fornøyd. Sønnen hadde saktens valgt tidspunkt med omhu, Likevel kommer avslaget i to ord, to korte støt med stemmebåndene:

– Kagå fysst!

– Rolf

Med alle moglege atterhald for dei haldningar som ligg i sjølve formidlinga her, står vi kanskje her framfor ei programerklæring, eit strengt bod: Først mat, siden alt det andre. Dersom framstillinga er rett, kunne det kanskje formidlast litt mindre gjerrig til ein trettenåring. Det høyrer med til historia at guten ikkje blei ståande rådlaus. Han smidde seg kniv sjølv av ein gamal ljå.

Inntrykket av ein person vil ofte vere avhengig av kor informasjonen kjem i frå. Ingvart var 4 år da faren blei sengeliggande og 6 år da han døde. Han kan ikkje ha danna seg inntrykk av faren i særleg grad, men har vore avhengig av kva andre meinte. Og han formidlar eit meir negativt inntrykk frå ein litt mindre lukkeleg barndom. Fra han har vi denne utsegna:

Man ska ikkje snakke stugt om far sin, men dem sa han va gla i breinnvin og gla i kvinnfolk.

– Ingvart

Her har vi sikkert å gjere med eit inntrykk som er påvirka, og vi merker oss reservasjonen som ligg innebygd: «dem sa». Vi har alt vore inne på dei fordomar og myter som kunne kome i kjølvatnet av ei rask avgjerd om å gå inn i eit nytt ekteskap. «Dem sa» temmeleg mykje i den samanhengen. Så kan vi ikkje kome sanninga nærare enn å ta desse atterhalda, men står kanskje att med ein viss snev av sanning. Men augo som ser er ofte dei avgjerande.

Ein informant kan vere hans eiga mor. Vi veit svært lite om korleis forholdet mellom henne og mannen var, og vi vil vere svært varsame med å karakterisere henne fordi vi nok blei innpoda med ei negativ haldning til dette mennesket.

Vi merker oss at dei eldre søsken har gitt uttrykk for ei vesentleg endring i livet i Sandvika etter at faren døde. Dei gode dagane var ikkje meir.

I ettertid må vi kunne nytte mild forståing. Enka var 39 år, og ho sat med ansvaret for tre småborn på 2, 4 og 6 år, to gutar på 8–10 år, ei jente på 13. Kristine er reist, Gurine drog i teneste, og Konrad på 21 er mannspersonen i huset. Det er harde bod. Ikkje rart at ein parole blei dominerande: Arbeid! Anna og Kristian var kanskje dei som fekk merke dette mest.

Andreas fekk tuberkulose i 1906. Kreftene avtok raskt og han blei ganske fort lite arbeidsfør. I dei to åra som følgte var han mest sengeliggande, ei ekstra belastning på kona og familien. I 1908 var det heile slutt. Rogalendingen, innflyttaren kom definitivt i nordnorsk jord. Han er gravlagt på kyrkjegarden på Brøstad.

Konrad som ungdom

Det vesentlege ved ungdomstida er alt fortalt: Det blei ei tid prega av hardt arbeid som hovudansvarleg for å halde ein stor familie med mat og eit leveleg liv. Informasjonane vi har frå denne tida vil difor i stor grad dreie seg om arbeid. Men vi skal også sjå på andre sider ved han som kanskje er vel så vesentlege og som fortel mykje meir enn berre den vanlege historia om slitaren og arbeidsmauren.

Men «kagå fysst»! Han måtte tidleg ut i arbeidslivet. Sannsynlegvis starta han sin yrkeskarriere som fiskar saman med faren. Dette må ha skjedd i åra mellom århundreskiftet og til faren blei sengeliggande, altså då guten var mellom 14 og 19 år. Kunnskaper om båt, fiske, segling og hav som vi skal høyre om seinare i boka, fekk han nok grundig inn i denne perioden i livet.

Då faren gjekk bort, fortsatte far som fiskar. Ingvart fortel at far som 18–19 åring var med Anders i Skaret på Finnmarken. Karen har skrive ned Ingvart si framstilling:

Konrad som ungdom

På heimturen fikk de et fryktelig uvær over Lopphavet. Mannskapet kraup under dekk. «Nån gråt og nån baintes og nån ba te Gud», og han Konrad ble alene om å prøve å berge båten til land, og han klarte det. Da de kom inn til skjervøy lå hurtigruta der, værfast på andre døgnet.

– Karen

Vi kjem seinare attende til far som yrkesmann og konstaterer berre no at vegen hans blei staka ut alt i ungdomen. Det gjaldt også hans karriere som vegarbeidar og hans yrkestitel «vegformann». Karen fortel vidare:

Vegen gjennom Skøelvdalen var ferdig til Lanesbrua. I 1911 skulle den bygges videre. En eller annen fikk igjennom at de skulle starte fra Skøvatnet og arbeide seg nedover, sikkert for å berge veien helt fram. Far fikk arbeid på vegen. Det ble satset på å få denne vegen raskt ferdig og det ble etter hvert fire arbeidslag. Far ble formann for et av laga. Vegen ble bygd i løpet av 1911–1912. Han var altså vegformann i en alder av 24 år.

– Karen

Heime på Bråten hang det få bilete på veggane, men eitt som hang der var av båten «Kometen». Denne arbeidsplassen var og ein av dei som kom tidleg inn i biletet. Karen fortel vidare:

Etter vegarbeidet bar det tilbake til fisket igjen. I 1913 begynte han hos Simon Nikolaisen på Hundstrand. Far var fast mannskap hos han til 1919. Først hadde Simon en mindre båt, men kjøpte så «Kometen». Under krigen 1914-1918 fisket de godt, og det var god pris på fisken, «så han tjente goe pænga» i følge Ingvart.

– Karen

Men lat lss forlate arbeidslivet for ei stund og sjå på andre sider ved karen, Kjem du til Gumpedalen nokon gong og møter ein riktig gamal ein som hugsar tllbake til 1910–1920, så vil du kanskje ganske fort få høyre mange andre historier om han Konrad . Han var ingen kvensomhelst i bygdemiljøet, har var snarare ein einar, ein ressursrik ungdom som nytta sine ressursar godt, til glede for seg sjølv og andre.

Vi startar med tidleg barndom, forteljinga om ein glup gut som lærte seg å lese. Karen har gjort nedteikninga:

> I Sandvika var veggene på kjøkenet tapetsert med aviser. Sikkert for å holde trekken borte fra plankeveggene. Etter hver rundvask ble det klistret opp nye aviser. Der lærte Konrad seg å lese. Han var da i 4–5 års alderen. Etter hvert som leseteknikken forbedret seg, vaks interessen for innholdet bak orda. Det sies at han kunne veggene utenat, også når en avis stod opp ned. Da stod han på hodet for a lese.
>
> – Karen

I tillegg til å merke oss det interessante ved pedagogikken her, må vi og ta ein kort stogg ved det faktum at det i Sandvika fanst aviser då far var 4 år, dvs. i 1890. Det er en interessant opplysning, fordi aviser på den tida enda ikkje var allemannseige. Først i 1890 kom ein fram til trykketeknikk som gjorde det mogleg å gjere avisen til eit masseprodusert og billig produkt som var tilgjengeleg for folk med små inntekter. Først opp mot 1. verdskrig blei det almmneleg med aviser som dagleg post rundt i «de tusen hjem». Vi kan illustrere dette ved å vise til at landets største avis i 1890, Morgenbladet, hadde eit opplag på 16.000, og det var ein riksdekkande avis. Dei små lokale aviser – i Sandvika måtte det kanskje dreie seg om «Tromsø» eller «Lofotposten», for «Nordlys» kom ikkje ut før i 1902 – hadde svært små opplag og blei kjøpt av «spesielt interesserte», dvs. folk med kulturelle og politiske interesser litt i overkant av det som var vanleg. Sandvik-folket har kanskje hørt heime i denne gruppa.

Far blei konfirmert i Dyrøy kirke i 1903, 16 år gamal. Det var konfirmasjon berre anna kvart år l Dyrøy på den tida, så det er vanskeleg å seie om dette var tidleg eller sein konfirmasjon. Alternativa ville vore 14 år eller 18 år, så konfirmasjonsalderen var vel dermed så nokolunde normal. Vi noterer elles frå kyrkjeboka ein «Meget godt» i kristendomskunnskap.

Alle Sandvik-ungane var konfirmerte i Dyrøy, unntatt Kristian som stod for presten i Sørreisa, sannsynlegvis samstundes med mor Jenny.

Korleis var ungguten Konrad elles? Vi har mange kjelder å ause av, og kan danne oss eit bra bilete. Karen fortel vidare:

> Han var populær blant jentene. Katrine Østrem, datter til Ingvart, som nå arbeider i hjemmesykepleien i Sørreisa, treffer ennå gamle damer som blir blanke i blikket og gjerne snakker om Konrad. «Han va så pæn». Noen av dem trekker fram bilde og viser. Hos en av dem fikk hun et bilde.
>
> – *Karen*

Vi må ta eit kort avbrot, berre for å markere at det er langt fleire enn forfattarane som står bak innsatsen til denne boka. Biletet Katrine fekk, er det som pryder innleiinga til denne boka. Vi syns jo det er ein liten godbit dette at medan vi leiter etter fakta for å lage minneskrift, sit andre – de unge piger – i godstolen med gamle fotografi og held si minnestund om ungdom og draum. Vi lar Karen halde fram med forteljinga om ein draum som nesten blei realitet:

> Han hadde jo også kjærest på Furstrand, Lise, som dro til Amerika. kanskje ligger det et bilde i en skuff der borte også. Jeg husker vi filosoferte over det da vi var unger. Hva med oss om han hadde giftet seg med Lise? Da hadde vi vært i slekt med Myrholtungene. Det var en god tanke, men så dukket den skremmende kjensgjerning opp at da hadde ikke vi vært til. Det ville i tilfelle vært helt andre unger.
>
> – *Karen*

I denne saka må vi gje ordet til Einar. Han sit inne med førstehandsopplysningar om kvifor det aldri blei noko av denne forlovinga i USA og kvifor vi blei som vi blei og ikkje oppspedd med Mekkalblod. Hans kjelde er Mikara, søster til Lise, som under ein biltur avga denne tilståinga:

Hun dro til Amerika, og meningen var at hun der skulle spare opp penger til billett slik at han kunne komme etter. Sparsommeligheten var så stor at brev til forloveden ble puttet i posten til familien på Furstrand med ønske om videreforsendelse. Dessverre, eller heldigvis for oss, brevene ble åpnet og lest av familiens yngre medlemmer og kom aldri fram til adressaten. Naturlig nok kjølnet forholdet etter hvert, og det kom aldri noen billett. Det *kunne* ha blitt Chicago eller Seattle i stedet for Bråten og Hesjebogen.

– Einar

Det *kunne* ha blitt, ja, men når ein tenker på alle dei kjærestebrev som seinare, av etterkomarane, er blitt produsert – og som vitterlig også kom fra til adressaten – så er det utruleg mykje som *kunne* ha vore. Ei barnesjel kan bli forvirra av mindre, så vi får halde fram med det som faktisk var og er, og vi lar Karen fortelje vidare om ei side som for dei fleste av oss er ukjent og kanskje overraskande:

> Jentene likte han i alle fall. «Dæ va så artig når han Konrad kom på besøk og va på en snei», sa en av dem.
>
> Det er nok en kjensgjerning at han var «på en snei» av og til. Ingvart bekrefter det og mener at det hadde han etter far sin, for han var glad i det sterke. «Man ska ikkje snakke stugt om far sin, mæn dem sa han va gla i breinnvin og gla i kvinnfolk».
>
> Det med å være på «en snei» ble det nok slutt med da han kom under mors innflytelse. Jeg kan huske bare en gang det ble nytt alkohol heime. Det var tidlig en søndagsmorgen at Albert Sletten kom innom. Han snakket så mye og gikk så rart, syntes jeg. Far var heime da og Albert spurte om han hadde kaffe, så skulle han få en «karsk». Mor reagerte med sinne. Her skulle ikke nytes noen «karsk» nei! Men Albert leita sjøl fram en kopp, fant fram til kjele som stod lunka på ovnen og fylte koppen halvt opp. Så dro han ei lerke opp av lomma og helte noe opp i koppen. Alt dette mens han fortalte om en annen han hadde vært innom. Han var ikke stått opp ennå, men han kom seg ut av senga, «og i uinnboksa drakk han tre karska». Far drakk «karsken», men han nøyde seg med en. Jeg var litt skremt over hele episoden. Jeg følte at noe var galt.

Nå kan jeg forstå hvorfor mor var så negativ, hun visste vel at han hadde vært svak for «karsk» i sin ungdom.

– Karen

Innblikket i ei ungdomstid slik det er framstilt her kan kanskje bli ståande for einsamt og etterlate inntrykket av ein lastefull ungdom. Det er neppe rett. Noko anna er det å sjå det i høve til ei atferd innanfor eit ungdomsmiljø som neppe var verre eller betre enn andre ungdomsmiljøer.

Kanskje litt betre, og vi er no inne på ei av dei interessante sider ved far. Han var ein primus motor i ungdomslaget i Gumpedalen. Laget hadde ei levetid på 15–18 år, og far var formann det meste av tida. Då han reiste frå Sandvika, var det også slutt med laget, og høgdepunktet i aktivitet var heilt ut knytta til hans formannstid. Laget hadde det velklingande namnet U.L. HØGATIND. Heile bygda var med, og det var stadig aktivitet, slik det var vanleg i ungdomslaga i ein viss periode.

Eit ungdomslag med respekt for seg sjølv må ha ein fane, og det sette dei i gang med på dugnad. Jentene broderte, og det blei eit praktverk. Fana symboliserte ungdomslaget: Ein høg tind der sola er i ferd med å stige over kanten. Denne fana stod lenge på skolen i Gumpedalen, men det er usikkert om den framleis eksisterer.

Aktiviteten i laget var mangfoldig, men det som hugsast best av folk er den handskrivne avisen dei hadde. Bladet heitte «Blekkspruten», og det meste som stod mellom permane var signert Konrad Østrem. I dette skriftet tok han for seg både den eine og den andre i bygda og laga smedeviser, så han vår både frykta og forhatt – og elska, slik ein god revyforfattar gjerne er.

«Blekkspruten» endte sine dagar på Østgård. Den blei lenge tatt vare på, og der var 100–150 sider tettskrive med stoff. Hadde heftet framleis eksistert, skulle vi hatt ei rik kjelde å ause av for å danne oss eit bilete av den litterære sida ved far. Men heftet er neppe meir. Under stort ombyggingsarbeid på Østgård, strauk sannsynlegvis

«Blekkspruten» med saman med mangt anna rask som skulle brennast.

Ikkje alt stoff hamna i «Blekkspruten». Han laga også viser som han sjølv framførte på møtekveldane, ikkje berre i U.L. Høgatind, men også i andre bygder. Richard har rekonstruert delar av ei slik vise. Den er ikkje komplett, og den er munnleg overlevert og kan ha gjennomgått endringar undervegs.

I dag er det ikkje lett å fatte poenget, visa er ei rein smedevise, mynta på ein person, med bakgrunn i spesielle hendingar som for oss er ukjente. Men vi tar likevel visa med, som ein illustrasjon – og som eit kulturinnslag frå ei fjern fortid. Visa er skriven i tida omkring første verdenskrig (1914–18), altså midt i den aktive ungdomslagsperioden, og det er ikkje usannsynleg at dette er henta frå «Blekkspruten»:

> Det var i det året da tyskerne kom
> til Finmarkens kyster for å se seg om.
> Blokkerte for alle som fisker seg kalle,
> og hvem tør vel gå imot tyskern og falle.
>
> Det er Andreas Rubbås vi synger om her.
> Han er nu visst en av de mange som er
> litt bange for tyskernes undervannsbåter,
> men hindres dog mest av ei kjerring som gråter.
>
> *(Han får plass på ei gammel dårlig skøyte)*
>
> Da plassen er fået han kommer ombord,
> men merker dog snart at ei farten er stor.
> Eg er ikkje vant å bli omgått av andre,
> men no må vi langt bak i kjølvannet vandre.
>
> Da han i fra Lofoten heimkommen er,
> han ser kun i toppen av høyeste trær.
> På låven var intet som høy kunne kalles.
> Av snestormen kunne de brått overfalles.
>
> *(så får han med seg noen andre, leier en åttring og reiser til Gryllefjord)*
>
> Til slutt blir han lei av å høre om fisk,
> Vi traff ham en morgen, men da var han bisk.
> Han sier: Med Neptun jeg nu skal hjem vandre.

> så nu får de ha det så bra alle andre.
>
> Så samla han med seg litt fisk i en stamp,
> og heldig han var som beholdt all sin hamp.
> Og nu vil vi ønske at gid han må finne
> at sneen er smeltet i Rundfjellets tinde.

Vi er glade for å kunne bringe denne visestubben, enda om vi kanskje ikkje forstår kva det dreier seg om. Smedeviser er tids- og situasjonsbestemt. Det er Richard som har greidd å spore opp denne teksten, og han fortel:

> Etter at jeg kom til Brøstad, har jeg truffet mange som har fortalt om vssene hans. Det var mest smedeviser om folk som var med på fiske eller arbeid, men jeg veit også at han skrev mer lyriske ting. Den eneste visa som var oppbevart på Bråten var en fin ting som var skrevet om en tur innover fjellet over Steinora.
>
> – Richard

Vi skal ta med enda eit lite glimt av inntrykk frå ungdomstida. Det er framleis Karen som rapporterer:

> Han var en god kompis. En venn av han i Sørreisa hadde kjøpt seg sykkel, og det var gjeve greier på den tida. Like etterpå måtte han til Setermoen i militæret. Etter at han kom dit, savnet han sykkelen, men han hadde ikke mulighet for å hente den. Han skreiv til far og spurte om han kunne ordne med å få den oppover. Far dro til Sørreisa, hentet sykkelen og bar den over fjellet til Setermoen.
>
> – Karen

For dei som er ukjente med kart og terreng, får vi legge til at denne vennetenesta innebar ein sykkeltur på dårleg veg i 15–20 kilometer, deretter vandring i ulendt terreng, gjennom bratte fjellurer og myrete dalar i minst 30 kilometer – med ein sykkel på ryggen. Oppfatninga at han var «ein god kompis» må vere bra korrekt.

Og her får vi sette sluttstrek for vår rapport om ei fjern ungdomstid. Gjennom desse små glimta står det fram ein glad og livat ungdom som deltok med heile seg og alle sine gode eigenskapar i arbeid så vel som i fritid.

Først og fremst handlar dette kapitlet om ein nittenåring som måtte overta ansvar for gard og forsørging av ein ungeflokk, då far hans blei sjuk og kraftlaus. Med stor arbeidsinnsats og stor tillit frå dei han arbeidde for, greldde han å bere dette ansvaret. Små søsken har gitt uttrykk for at han var «fabelaktig», og det er kanskje ein attest som er avkledd alle flosklar.

I mangel av dikt frå fars hand, lar vi ein av etterkomarane, Richard, avslutte dette avsnittet med eit av sine kort-dikt – som oppsummering og til ettertanke.

> HAN PAPPA BØTTE LÅR OG KNÆR
> PÅ BUKSENE MED SKINN OG LÆR.
> FOR OSS BLE DET EN ANNEN SAK.
> VI SLITER BUKSA BARE BAK.

Ny familie i Sandvika

Det blei ikkje Lise i Amerika, det blei ingen av dei som sat med bilete og drømte om «han som va så pæn». Friarføtene blei etter kvart styrt målretta mot Skøelvdalen, mot Bratlia. Ingen overgikk henne, Karen og Richard Rasmussen si eldste dotter.

Ved eit seinare høve får vi kome tilbake og formidle kunnskaper om denne morssida i familien, ein like spanande familie som den vi no har fortalt om og med stoff nok til ei heilt ny bok.

I denne omgang må vi nøye oss med å kort fortelje at den nye alliansen oppstod mellom to unge menneske som hadde ein familiebakgrunn som i det ytre kunne likne kvarandre. Bratlia var ingen storgard, den var brattlendt og tungdriven. Men garden og attåtarbeid ga rimeleg bra utkome.

Guten fra Sandvika og jenta fra Bratlia hadde noko til felles: Begge var farlause, på begge gardane gjekk ei enke med stort ansvar for

Ny familie i Sandvika

mange små born. Morfar Richard døde under spanskesjuka. Det var ein hard influensaepedemi som gjekk over landet i åra 1918–20, og berre i 1918 mista nærmare 8000 nordmenn livet på grunn av denne sjukdomen. Richard var ein av dei.

Berre nokre få år før dette var heimen blitt råka av eit anna dødsfall. Mor si søster Petra gjekk bort. Ho var så vidt konfirmert. Det er vemodig å skrive om så mykje sorg og smerte, men det er samstundes ein naudsynt del av eit tidsbilete. Livet var så hardt, døden stod så nært. Det var ein realitet som ingen kunne gardere seg mot.

På Bratlia gjekk Richard bort frå ti born, den eldste tjue år, den yngste to. Eldste kar på bruket då dette hendte var berre 16 år. Dei fekk tidleg lære å henge i stroppen, Bratligutane òg.

Det var kanskje nokre planar som gjekk i knas då faren gjekk bort. Mor var kanskje etla til noko anna enn å bli gardkone i Sandvika? Vi veit det kanskje ikkje sikkert, men vi veit at ho var ei usedvanleg intelligent jente, ei jente med stor lyst til å lære, til å lese. Gamle Kvalheim, læraren, stimulerte i den retning. Mor Karen gjorde det truleg og. I alle fall blei det litt meir skole på henne enn det som var vanleg. på Finnsnes starta Heimly folkehøgskole i 1916. Ho var elev i første kull der. Det var rett nok ei kort glede. Av ein eller annan grunn fekk ho ikkje med heile kurset.

Seinare oppheldt ho seg i Oslo ei tid, ho hadde tilknytning til ein husholdningsskole, men det var vel først og fremst som hushjelp for innehavaren av skolen. Sannsynlegvis var det faren sin død som bragte henne nordover igjen, og noko påbegynt vidare utdanning blei det aldri. Ho hadde mange odds mot seg. For det første var ho jente. Skulle nokon ha utdanning, måtte det helst vere gutane. Men økonomien var for Bratlia-folket som for andre småkårsfolk den største hindringa. Skolegang var ikkje for kven som helst.

Men gifte seg kunne alle. I ekteskapet blir det ikkje kravd korkje utdanning eller økonomi. Det krevst berre ei optimistisk tru på at det skal gå så bra som berre det.

Bryllupet stod 16. oktober i 1920. Det var haust, den første snøen var alt komen. Festen var etter måten stor, heile bygda møtte opp for å ønskje dei nygifte god tur inn i ekteskapet. Ja, i høve til føresetnadene og i høve til det livet som kom etterpå, var sannsynlegvis bryllupet storslagent. «Der var mykje god mat», minnest Rasmus. Han var i oppvekstalderen og hadde blikket vendt mot den einaste gleda som betydde noko. Mor mintest bryllupet med ein bitter undertone då ho seinare sat med ungeflokken og var matlaus. Det gjekk med ein halv okse berre til den eine festen. Men kvifor ikkje sjå litt større på det? Det gjekk nok mange år før neste fest av same format.

På ein heilt uforklarleg måte kunne vi ungane ofte bli påmint om bryllupet. Innerst i skapet i stua stod klenodiane frå den gong: to tefat med fantastiske blomster og krimskrams på. Det var det einaste som hadde overlevd av eit kaffeservice, men det som var att innpoda oss stor respekt. Det var den siste fliken av fortids velstand. Det uforklarlege var at ikkje alt var blitt knust i det inferno av ungeståk som kaffeserviset skulle bli utsett for.

Brudgommen var 33 år, brura 22.

Ungkona kom til Sandvika.

Her var det folk frå før. Ei svigermor på 51 år som neppe hadde tenkt å gje frå seg nøklar og kommando til ei ungfrue. Her var tre tenåringar i alderen 14 til 18 år, og her var ein svoger som var på same alder som nyfrua, ein mann utan si psykiske helse i behold.

Overvettes mykje plass var der ikkje, sjølv om dei største drog bort på arbeid innimellom. Den nygifte ektemann kunne ikkje slå av på krava til arbeidsinnsats, det var nye plikter. Det første barnet var alt under vegs. Han fortsatte sine gjeremål, som gardbrukar og fiskar. Kontakten med «Kometen» heldt fram.

Sannsynlegvis var han nett heimkomen fra Lofot-fiske då Ingebjørg kom til verda i slutten av april i 1921. Neste haust kom barn nummer to.

Om det aldri hadde blitt flytting frå Sandvika og livet hadde «gått seg til» på ein måte, ville det aldri vore mogleg å unngå at dette måtte bli ein konfliktfylt situasjon. Skulle ny-familien underordne seg eller skulle han leve eit sjølvstendig liv? Her var mange som skulle ha meiningar. Ungfrua, til tross for sine unge år, var neppe den som sist stakk pipa i sekken. Husbonden var neppe den mest stridbare, han hørte tross alt heime der, han var ikkje eit framandelement.

Vi veit at det blei konflikt, vi veit at det blei flytting. Før vi gir oss til å forklare nærare kvifor, skal vi ta ein runde rett inn i generell norsk historie som fortel oss noko vesentleg, historia fortel mellom anna at det godt kunne blitt kort opphald og flytting frå Sandvika utan det minste snev av konflikt.

Den tida vi er inne i, og som vi vil vere inne i gjennom heile resten av denne boka, er den delen av norsk historie som har fått namnet «krisetid», ein lang periode som strekker seg frå slutten av første verdskrig til utgangen av den andre. Heile fars liv som familiemann fall saman med denne krisetida.

Arbeidsmarknaden i 20- og 30-åra braut meir eller mindre saman, og enklaste måten å syne dette på, er å ta utgangspunkt i arbeidsløysetala: I 1920 var 2,3% av den arbeidsføre befolkninga ledige.[21]

Berre 5 år seinare var talet auka til 13,2 %, og i 1930 til 16,6 %. Krisa nådde sitt høgdepunkt i 1933 da 33,4 % av arbeidskrafta var ledig. I slutten av 30-åra kom ein svak nedgang, men tala syner at kvar fjerde mann ikkje hadde arbeid og heller ikkje sjanse til å skaffe ein nokolunde rimeleg eksistens for seg og familien.

Innanfor jordbruket opna det seg alt først på århundret store muligheter for ekspansjon og meir effektiv og rasjonell drift, men desse vilkåra blei dårleg utnytta. Traktoren kom til Norge i 1910, men svært få gardar hadde høve til å ta eit slikt vidunder i bruk, og enda i 1939 var det knapt 3000 traktorar i heile landet. I 1912 tok dei første bøndene i bruk silo til oppbevaring av gras utan det omfattande arbeidet med å tørke det. Men denne rasjonaliseringsgevinsten blei ikkje særleg utnytta før i slutten av 30-åra. Grunnen var at bøndene var svært skeptiske til metoden, og det hadde dei god grunn til.

---

[21] Det var på denne tida ikkje offentleg føring av arbeidsstatistikk, så tala refererer til registrert arbeidsløyse blant fagforeningsmedlemer i prosent av samla medlemstal.

Kvaliteten på den første siloen var nok så som så. Først i 1933 blei AIV-metoden tatt i bruk, dvs. å tilsette syre til graset for å forbetre kvaliteten. Noko særleg fart i utbreiinga av siloslått blei det likevel ikkje før etter siste verdskrigen. I 1939 var det 15–16.000 siloar i bruk på i alt 200.000 gardsbruk i Norge, og vi kan merke oss som ein interessant ting at ein av desse siloane var på Bråten.

Den største forbetringa innan landbruket var likevel effekten av ny gjødsel, kunstgjødsel. «Norgessalpeteren» blei for alvor tatt i bruk frå først på 20-talet, og fram til utgangen av 30-åra blei bruken av kunstgjødsel tredobla i norsk jordbruk, Dette gav stor forbetring av fôrveksten og gjorde det mogleg å få stor auke i avkastinga.

Kunnskaper om dette nådde smått om senn fram til jordbrukaren. Åge har følgjande anekdote om dette:

> Vi hadde fått «kunsteng» i 1930-åran. Kunsteng kalte man det, I motsetning til vanlig jordbruk hvor man lot jorda vokse til med naturlig eng, av frø som kom med vær og vind, sådde nybrottsfolka jorda med timoteifrø eller annet gressfrø og gjødslet med kunstgjødsel. Dette var nytt og ga god gressavling, Men kunstenga var tung å slå. Det sies at Oliver i Gumpedalen hengte ljåen på knaggen den første sommeren han skulle slå kunsteng og så reiste han til Amerika. Hans kommentar var: «Det gikk an å være i Norge før kunstgjødsla kom».
>
> – Åge

Med betre fôrhaust kunne ein ha fleire kyr på båsen med det same jordbruksarealet. Men vel så viktig som talet på kyr, var kor mykje kvar av desse produserte. I tillegg til dei forbetringar vi har nemnt, blei det i mellomkrigstida meir og meir vanleg med tilleggsfôr. Bruken av importert kraftfôr blei firedobla i desse åra. Med desse hjelpemidla var det ikkje uvanleg at mjølkeproduksjonen for ei einskild ku auka frå ca. 2.000 kilo på 20-talet og opp mot 3.500-4.000 kilo mot slutten av 30-talet.

Summen av alt dette, som kan kallast forbetring av jordbruket, fortel om store muligheter innanfor denne næringsgreina. Men same sjanse til forbetring fanst innanfor andre næringar òg. Og vi er her inne ved noko av kjerna til det som skapte krisa. Rasjonalisering, effektivisering og større produktivitet gav i realiteten også arbeid til færre hender. Men der fanst ingen plass til dei «frigjorte» hender. Arbeidslivet utanfor jordbruket var enda mindre i stand til å ta imot overskotsarbeidskraft frå bygdene. Gardane var overbefolka. I 1910 hadde landet ei samla jordbruksbefolkning på ca. 290.000. Dette talet steig i 20-åra til over 300.000 og heldt seg konstant der til slutten av 2. verdskrig. Bygdene var «innesperra» med eit stort overskot av folk som det ikkje var bruk for til anna arbeid. Folkeoverskotet gjorde det nesten umogleg å kunne investere i nye driftsformer. Til dette måtte ein ha pengar, og det blei det lite av når masse folk på gardane åt opp smøret og kornet. «Gå heime og ete på foreldra» er eit uttrykk som skriv seg fra denne tida, ikkje som uttrykk for giddeløyse eller latskap, men som ein bitter realitet: Det var einaste mulighet for å kunne eksistere.

I alle kriseplanar som blei utvikla i mellomkrigsåra var likevel jordbruket ein av faktorane ein såg kunne hjelpe både på den generelle arbeidsløysa og på undersysselsettinga i bygdene spesielt. Både hos Arbeidardemokratane, sosialistane og store delar av Venstre blei det topp-prioritert politikk å styrke nydyrking. All overskots-arbeidskraft på bygdene burde setjast inn i nydyrking. Når lønsinntektene svikta, burde småbrukaren ha jord nok til å brødfø seg, og andre arbeidslause burde få sjansen til å bli bureisar.

Bureisingspolitikken blei offisiell norsk politikk i 1920 då Stortinget vedtok tilskotsordning for nydyrking. Statstilskotet skulle dekke halvparten av kostnaden med å bryte nytt land der bureisaren starta heilt frå grunnen av på eit nytt bruk, og til nydyrking på eksisterande bruk skulle det gjevast tilskot med 40 kr for kvart nytt mål som kom under plogen.

Denne politikken hadde gunstig verknad. For mange var statsbldraga det einaste dei såg av kontante pengar gjennom mange år. Andre lønsinntekter kunne det vere heller smått med. I perioden 1918–1948 blei det med grunnlag i bureisingspolitikken oppretta 16–17.000 nye gardsbruk i Noreg. Dei fleste av dei kom i 30-åra, einskilde år var det fleire tusen nyetablerlngar.

Det var travle tider for heradsagronomar som skulle måle ut og kostnadsomrekne alle desse nye dyrkingsfelta. Men travlast 4hadde sjølvsagt dei som skulle stå for drifta og byggje opp ein gard frå ingenting til levelege vilkår. Ein skulle ha sterk rygg og stor tru på prosjektet for å kome i gang. Ei viktig drivkraft var sjølvsagt at det ikkje var noko alternativ.

Vi måtte ta denne lange omvegen, inn i generell norsk historie for å forklare det som kan vere ei hovudårsak til at det blei flytting frå Sandvika. Den «nye» bonden var ikkje ukjent med det som rørte seg i samfunnet, tvert imot trur vi han var godt orientert. Dei var i ferd med å etablere seg, det var forlokkande utsikter som meldte seg med Stortinget sitt vedtak om bureisingsstøtte, det gav sjansen til å kome ut av armod og overbefolking på ein gard som slett ikkje var stor nok til å brødfø så mange.

I Sandvika var det ikkje godt å vere når to familiar skulle bu tett innpå kvarandre. Kvifor skulle ein vantrivast når det ikkje var nødvendig? Vi trur det unge ekteparet tidleg gjorde opp status og ville vekk frå Sandvika. Åge har denne meininga om det som hendte:

> Hvorfor valgte han å bli bureiser og nybrottsmann i ei fremmed bygd når han var odelsgutt til Østremgården i Sandvika? Om dette har det vært mange meninger, og vi kjenner til bygdesladder om at han ble dyttet ut av systemet ved triks fra sin stemor. Rettmessig skulle han kunne skubbe ut andre med sin odelsrett.
>
> Kanskje er det en stor prosent tøv i det hele. Det mest naturlige er vel at våre foreldre i full enighet valgte det slik. De ville være fri og uavhengige. En ny tid med en ny politikk var pa trappene. Staten ga bidrag til nydyrking av jord og til uthus. Bygde-Norge blomstret. Hvis vi bare tar vår egen hjembygd, vil vi finne at bortsett fra Bjørga og noen få Lavik-, Forstrand-, Espenes- og Bustusheimgårder, var resten bureisingsbruk.
>
> Vi som tilhører annen generasjon har vel aldri vært i tvil. Våre foreldre valgte det riktige. Hva skulle vi med den øde Sandvika.
>
> – Åge

Vi kan ikkje heilt underslå at der var ein konflikt og at det oppstod bitterhet på begge sider etterpå. Rolf har denne oppfatninga:

> At det ble strid om gården når enka og den nyetablerte hadde ulike interesser, er hevet over tvil. Far var en lite stridbar mann, da var nok mor et strå kvassere. Jeg husker hun fortalte at de først hadde bestemt seg for å ta utmåling pa egen eiendom – et sted som kaltes Jonhaugen. Da dette ikke gikk, flyttet de til det helt nye.
>
> *– Rolf*

Spørsmålet vi drøftar her, er for oss som skriv nokså uinteressant, og for neste generasjon er det kanskje enda mindre interessant. Men vi prøver å gje skinn av historieskriving, og då vil spørsmålet alltid vere der: Kvifor gir ein avkall på ein odelsgard? Den mest nærliggande forklaringa på dette kan vi finne ved å studere haldningar og føresetnader hos dei partar som er involvert.

Den mest sannsynlege forklaringa til ein konflikt som neppe var til å leve med var følgjande: Det skjedde ein stor kulturkollisjon då det nye ekteparet kom og skulle leve saman med enka og hennar familie. Det var ein kollisjon som kanskje også hadde vore der tidlegare, mellom Ingeborg-barn og Katrine-barn, men med introduksjonen av ei nyfrue blei motsetningane gjort tydelege.

Kollisjonen dreide seg om verdival. Nyfrua og hennar mann hadde mange interesser, dei las bøker, mora las eventyr til ungane, ho song. Richard fortel:

> Han var glad i å lese når han hadde lesestoff. Heime blei det lita tid til slikt, men når han var borte, var det alltid noen som hadde bøker med, og da blei det bedre tid til lesing. I sin ungdom hadde han temmelig mange bøker. De fleste blei skaffa på den måten at bøkene blei kjøpt på laget, og han Konrad stod for høgtlesinga. Så fikk han bøkene etter hvert som de blei utlest. Bøkene var borte før vår tid. De var utlånt og forsvunnet. Ei av dem fanns på folkebiblioteket med hans navn i.
>
> *– Richard*

Dei las bøker. Når dagens gjerning var gjort, tok dei vare på ein kulturell lomme i si sjel. på den andre sida stod enka med eit heilt anna verdisyn. Ho kunne knapt skrive namnet sitt. Plikten i livet var arbeid, arbeid var sjølve kulturen, arbeid var ikkje å synge godnattviser, arbeid var alt som kunne gjerast med hendene. Når tid blei brukt til å gjere noko utan bruk av hender, var det unyttig, det var latskap. Ein kan ikkje spikke rivetinnar eller slå nuperellar med ei bok i nevane.

Nyfrua, med god støtte hos sin mann, var lat. Bøker var styggedom og latskap.

Når vi legg dette til det øvrige vi kan slutte oss til: Dårleg plass, mange munnar å mette, lite privatliv for ungt nygifta liv, osv. så er det kanskje ikkje for sterk påstand at livet blei utriveleg. Og når staten akkurat då hadde sagt: Bygg nytt, og de skal få pengar for det! Kvifor skulle ein *då* gå og ha det utriveleg?

Det blei flytting. Men eit bureisingsbruk står ikkje klar til innflytting. Det må byggjast først. Og innan då, blir det behov for ei mellomlanding.

BRATTLIA

Mellomlanding varte i to år, stasjonen var Bratlia, bustaden var «litjestua». Her treng vi ikkje historisk gransking, sjekking av kjelder, nedstøva kyrkjebøker. Vi hadde augevitne på plass, vi hadde utsendt medarbeidar som har gitt oss levande skildring. Her skal ingenting leggjast til, ingenting trekkast frå. Heile kapitlet overlet vi til Ingebjørg.

Årle i old

Det var et kvisthull i andre speilet i døra, akkurat passelig høyt oppe til at et øye kunne rekke det når en liten kropp strakte seg på tå. Døra var skillet mellom kjøkken og «litjestua» på Brattlia. Det var på kjøkkenet de spennende tingene foregikk. Her satt alle onklene og de andre ungguttene i Skøelvdalen skrevs over stoler og vippet mens praten gikk om de mest spennende saker. Et lite øre lyttet og samlet opp de merkeligste opplevelser.

Tante Gudrun – fem år eldre – var guruen som kunne svare på alle spørsmål, forklare og legge ut om alle dunkle spørsmål i livet. Senere i livet har jeg dessverre vært nødt til å forkaste en del av guruens visdom.

På innersiden av døra bodde familien Østrem og hverdagen. Minnene herfra er mer diffuse og uklare, men de har den fordelen at de er «ekte», mens minnene fra kjøkkenmiljøet kan være ispedd erfaringer fra senere år. Kjøkkenmiljøet på Brattlia forandret seg nemlig lite i årene før krigen.

Jeg kan vel ha vært omkring 3 år da vi flyttet fra Sandvika til Brattlia. Familien besto da av mamma, pappa, meg og Richard. Åge ble født en tid etter.

Mamma var bare knyttet til litjestuelivet. Hun var varm og snill og lo mye når det kom noen på besøk. Mamma skrev brev til pappa, noen kruseduller og sikksakker på hvitt papir. Jeg ville også skrive brev og fikk et ark. Møysommelig forsøkte jeg å skrive likedan som henne, og det ble et fint brev. Mamma skrøt av meg, og jeg var mektig stolt over at jeg kunne skrive brev. Målet var å bli voksen som tantene og onklene, nå var jeg nesten voksen når jeg kunne skrive.

Mamma stoppet og stelte klærne til pappa for han skulle på tur med «Kometen». Jeg ville også hjelpe til, men da jeg ikke fant noe med hull i, tok jeg likegodt en vott og klippet tommelen av. Det ble et fint hull. Hvordan det gikk med stoppingen, husker jeg ikke, men episoden ble tatt med humør og trolig gjenfortalt flere ganger. Det er vel derfor jeg husker det så godt. Senere fikk jeg jo et mangfold av hull å stoppe, men det er en annen historie.

«Kometen»

Pappa hørte liksom ikke riktig med i litjestuetilværelsen. Han var med «Kometen» for det meste, eller på andre siden av fjellet og bygde nystue til oss. Fra skodda dukker det fram et minne. Jeg satt på fanget til pappa. Det var bare han og jeg. Opplevelsen er i minnet brun/grå, varm og uforklarlig god.

En annen gang fikk jeg være med pappa til Sandvika på besøk. Vi syklet forbi et sted hvor det sto en flokk store, svarte guttunger og glodde på oss. Kjøkkenet i Sandvika var mørkt og dystert. I golvet var det en luke over et mørkt hull. En liten, spinkel bestemor i sid kjole og blått rutete forkle kom opp fra kjelleren med en skål grønt sylte- tøy. Det merkeligste jeg noen gang hadde sett. Trolig var det den gangen «Konrad fikk 1000 kroner» til å kjøpe Hesjebogen for. Jeg var vel en god ambassadør å ha med ved en slik anledning siden jeg var oppkalt etter bestemor Ingeborg og derfor nøt en ekstra goodwill der i huset.

Richard var tykk og godslig, en kar som tenkte før han handlet. Han ble blå når han løp, hadde hjertefeil og fikk derfor spesialbehandling av de voksne. Men om dette førte til noe sjalusi fra min side, ligger utenfor mitt minnespenn. Jeg hadde jo min private guru, så oppmerksomhet fra de andre hadde vel mindre betydning.

Da skapte vel selve sykdommen mer misunnelse. Richard hadde hjertefeil, Gudrun hadde tæring, og da stilte den svakt som intet hadde å briske seg med. Etter at vi kom til Hesjebogen, fikk jeg både astma og kjertelsyke og kunne måle meg med hvem som helst det skulle være i så måte.

En dag var det kommet en ny unge i «litjestua». Fru Håland hadde lurt han dit i nattens mulm og mørke. Mamma låg dagen lang i senga og hadde spekepølse under hodeputa. Ungen var spennende fordi han skjeit svart sjit, ellers husker jeg ikke annet om hans første leveår enn at han ble «holdt fram» og fikk drite på en avis etter at han begynte å vokse fra bleiene.

Etter familien i «litjestua» var det bestemor og Gudrun som sto meg nærmest. Begge hadde tæring og sov i storstua. Gudrun kunne vi leke med så mye vi ville, mens bestemor holdt en viss kroppslig avstand. Vi kunne ikke få sitte på fanget hennes fordi hun hadde basiller.

Men bestemor var den første som førte meg inn i litteraturens merkelige og spennende verden. Hun kunne fortelle de vidunderligste eventyr om prinsesser, troll og hekser. Intet eventyr har senere hatt slik glans som bestemors eventyr.

Det gjeveste eventyret var om Færlomfinn som fikk trollduken, trollsaksa og trollklubba for bukken sin. Tenk om en hadde hatt en slik duk, eller en slik trollklubbe å sende etter Injebrekt eller andre som en so helt maktesløs ovenfor. Bestemor leste Jørgen Moes fortellinger om store-Beate, Lille-Beate og Viggo Viking – et vell av skjønnhet og dramatikk. Store-Beates sneglehus fikk et merkverdig stråleskjær som fulgte meg inn i lyse drømmer.

Men så var det basillene. Det var skumle saker som jeg tidlig lærte respekt for. Bestemor hadde sin egen kopp og skje som ingen andre måtte bruke. Jeg holdt meg på lang avstand fra de sakene. Heller ikke måtte vi drikke av andres kopper før de ble vasket. En lærdom som har fulgt meg gjennom hele livet. Som barn fikk jeg brekningsfornemmelser hvis jeg kom i skade for å drikke av en uvasket kopp, selv om det var en av familien som hadde brukt den.

Gudrun fikk 2 års stans i sin skolegang på grunn av sykdommen og var alltid for hånden. Hun ble min beste venn og eneste lekekamerat. Hun var en våken og fantasifull unge. De holdninger og moralbegreper som bestemor hadde innpodet henne, ble i fullt mon overført til meg. En av tingene som var fryktelig skammelig, var om en mann eller gutt skulle se meg naken eller i bare underbuksa. Å være redd for å vise sin nakenhet eller sitt undertøy, kaltes bluferdighet og var godt å være i besittelse av.

En gang skulle mamma, Sigrid og jeg til legen. Jeg var ellevill over å få kjøre i Litje-Esten sin bil, den eneste bilen i Sørreisa i de dage. Men gleden fikk en brå slutt da de begynte å ta av meg klærne hos legen. Jeg strittet imot, hylte og kjempet tappert for min bluferdighet. Legen ble irritert og mente at noen måtte ha skremt meg med legen, noe som ble benektet. Ingen kunne forstå min reaksjon. De fikk heller aldri vite hvor forsmedelig det var å bli kledd naken framfor en fremmed mann.

Det var et stort persongalleri knyttet til livet på Brattlia. De ble gruppert slik: de snille, de slemme og andre mer likegyldige individer.

De snille var de som snakket til et lite menneskekryp, smilte til det og regnet det som et fullverdig menneske. Den snilleste av dem alle var onkel Johannes, deretter kom tante Dina, så var det Marie, Karen og Arnold på Vennjingsbakken. Flere virkelig snille mennesker var det ikke i min bekjentskapskrets. Jo, bestemor og Gudrun selvfølgelig, men de kommer i særklasse, som tidligere nevnt.

De slemme var de som hadde stor moro av å erte og skremme folk. Det var bare to slemme, den ene var onkel Rasmus og den andre var Injebrekt på Vennjingsbakken. Hva onkel Rasmus' slemhet besto i, har jeg ikke helt klart for meg, men han brukte å brøle til oss og lage stygge grimaser.

Injebrekt var også en brøler og en ertekrok. Etter at vi var flyttet til Hesjebogen, var vi ofte på besøk på Brattlia. Hvis vi støtte på han på veien ble vi alltid møtt med: «Ka e de slags mo-vera som fer her å ræk».

Men jeg hadde et stort trumfkort som selvsagt aldri ble spilt ut, men som var godt å ha for selvrespekten: Egentlig var han bare en råttstokk og en kommunist som lot den halte kjerringa si slite, mens han selv for på bygda og prekte politikk. «Små gryter ...».

Antipatien mot Injebrekt grep om seg langt ned i rekkene av de yngre. Jeg husker Per en gang holdt på å denge løs på en stubbe med en «vævvel». Da han ble spurt hva han drev på med, svarte han at det var en stor trollunge i 40–50 årsalderen som het Injebrekt som trengte å få seg litt juling.

Den tredje gruppen var de som helt overså småunger. De var interessante nok som studieobjekt når de satt og vippet på stolene, men noe personlig forhold til disse fikk jeg ikke.

«Litjestua» var et trivelig rom ca 4 ganger 4 meter med to store vinduer mot sør. I det ene hjørnet en etasjeovn med kokehull. Møbleringen var enkel: en stor og en liten seng, vugge, det gamle rundbordet og noen stoler.

Døra til kjøkkenet var trolig låst for ungene, for når jeg skulle på inspeksjonsrunde til den andre siden, måtte jeg gå gjennom gangen, storstua og kammers. Det var en lite trivelig vandring. Gangen var lun og hjemmekoselig og luktet menneske, men storstua var kald og diger som en ørken, her bodde bestemor, Gudrun og tæringen. Kammerset var mørkt og svart. Det eneste formildende med det rommet var separatoren som ga melk i den ene spruten og fløte i den andre. Det var et interessant fenomen.

Kjøkkenet hadde trehvite plankevegger som hadde mørknet med årene, senere ble det malt blått. Her var det to vinduer som alltid var full av barbersaker og tobakksesker.

På loftet var det to bebodde rom, øverkvisten og nerkvisten. På øverkvisten lå alle tantene og på nerkvisten lå onklene. Dessuten var det to digre loftsrom som ikke ble brukt til annet enn å gro poteten om våren. Det luktet alltid død flue av vinduene der.

Ovenfor husene lå Brattlilia hvor det vokste blåbær som en kunne tre på strå. Langt oppe i lia var Storhammeren og Litjehammeren. Her var det en først kunne få øye på Nergårdskyrne når de kom settende. Nergårdskyrne var selve arvefienden. Det var om å gjøre å holde et våkent øye med lia og være først ute med å melde fiendtlige angrep. Da var det moro å se hvordan alle la på sprang for å møte bølingen før den kom for langt ned på slåtteteigene. Det var helst de yngste som måtte springe. Rasmus og bestemor sto for kommandoen og fikk fart på motstandshæren.

Bestemor hadde en hage, der vokste det noen rognetrær, ridderspore og reinfann. Hvis noen orket å spa opp bed, ble det sådd valmue, stemorsblomst og ringblomst. Men det fineste stedet på jorden var likevel steinora i Brattlibakken i skjellet mot Kristian. Mellom sleinene voksfe det kjempesvære geiterams som en kunne gjemme seg i. Stedet var et Eden, en fredet plett på jorden, langt vekk fra voksne øyne. Her var det godt å leke, men som i alle paradis var det også her en slange – Kristianbrunen, en livsfarlig hest, det sa alle.

Hvis den beitet i nærheten av gjerdet, var det best å komme seg i sikkerhet.

Ellers var Brattlibakken blåklokkeblå og morsom å rulle seg i, hvis en ikke kom for langt ned og havnet i Gropa, et skummelt og forbudt område.

Det var ikke bare Nergårdskyrne en måtte være på vakt etter og rapportere. Nei, det var lysmannen også. Han var enda farligere enn Nergårdskyrne hvis han kom uforvarende. Ble ikke han meldt i tide så onklene kunne få fjernet tyvnålene i veppa, kunne bestemor komme på straff, og det var vel det verste som kunne hende i denne verden. Når ryktene gikk om at lysmannen var i området, ble vaktholdet på Brattlibakken forsterket, Det var vi, ungene som sto for vaktholdet og rapporten. Det gikk alltid godt. Når lysmannen kom anstigende iført lysbrun vindjakke og puttiser, var det elektriske anlegget i den skjønneste orden. Jeg skylder vel å tilføye at det ikke alltid var vår fortjeneste at det gikk godt. Varslingssystemet var godt utbygd i dalen, så det var vel helst en ungdom fra nabogårdene som kom hesblesende og meldte fra. Alle stjal nemlig strøm til husbruk.

Lensmannen var heller ikke å spøke med. En dag kom han og tok tante Dina og tante Borghild med seg. Petter og Einar fortalte at nå hadde lensmannen satt dem på straff. Jeg gråt mine modige tårer helt til mamma kom og skjente på dem og beroliget meg med at de bare skulle være tjenestetauser hos lensmannen.

Men det kom heldigvis mer kjærkomne besøk også. Jeg husker særlig godt Laura i Sandvika kom, og jeg sprang i møte med henne ellevill av glede. Hun var en jente i 15–16-årsalderen, som jeg hadde kjent og sikkert var glad i mens vi bodde i Sandvika. En stund senere fortalte de at Laura var død.

I denne tiden døde også Karen i Vennjingsbakken, Hun hørte som før nevnt til de snille. Enda hun var ferdig med skolen og som voksen jente å regne, så hun seg ikke for stor til å leke med oss, og så skulle hun dø og bli borte. Gudrun og jeg satt på Brattlibakken og så begravelsesfølget dra forbi, et langt tog med mørkkledde mennesker som gikk etter vogna med kista. Senere fikk jeg være med på kirkegården og se gravene. Det var så stille der og mye blomster, nesten som i en hage. Gudrun fortalte hvordan begravelsene foregikk, og det ble opptakten til kjær lek den første tiden på Bråten.

I den løse muldjorda utenfor gammen holdt jeg mine begravelsesseremonier. En pinne ble lagt i den åpne grava, grava ble fylt igjen og overdådig pyntet med blomster. En lek fylt med undring over det uforståelige og glede over det forståelige, blomstene som dekket mysteriet.

Det var en forbudt lek. Mamma så uhyggelige tegn og forvarsler i leken. Hun skjønte ikke at det var min måte å bearbeide et savn etter to mennesker som jeg hadde vært glad i.

Den sommeren jeg fylte fem år, skulle vi flytte til et sted på andre siden av fjellet. Pappa hadde i lang tid vært der borte og bygget nystue til oss og samlet fôr til geita og sauene.

Det var spennende dager. I fantasien så jeg for meg hvor flott den nystua skulle være og hvordan det skulle se ut rundt omkring. Alfred Jakobsen skulle skysse oss dit med sjarken. Alfred Jakobsen hadde en sønn som hette Fridtjof, og han var atten år. Jeg hadde så smått begynt å lære tallrekka, men tallet atten fantes ikke blant mine tall. Det ble selvfølgellg Gudrun som måtte hjelpe meg å finne den rette plassen til det nye tallet.

RICHARD, 4 år. Biletet er tatt på Bratlia, same sommaren som flyttinga til Bråten skjedde. Klesdrakten har endra seg noko med åra, men etterkomarane til katta har framleis same pels.

Selve avreisen og turen med sjarken husker jeg ikke så mye av, enda det var første gang jeg var i båt. Det var kveld da vi kom fram. Men du for en skuffelse som møtte meg! Nystua som jeg hadde gledet meg så til i lang tid, var bare en jordhaug med en dør og et vindu. Innvendig var det golv, men bare halve huset var kledd med panel, resten av veggene besto av kvister og jord. Rundt huset var det skog og kratt. Alt var så helt annerledes enn det jeg hadde drømt om.

Alfred Jakobsen og Fridtjof ble med opp for å få seg en kaffeskvett før de dro hjemover. Og som om ikke skuffelsen over mitt nye hjem skulle være nok, så ble jeg til overmål kledd av og puttet til sengs like foran øynene på to fremmede mannfolk. Det var dråpen som fikk begeret til å flyte over. Jeg gråt og gråt den første kvelden på Bråten. Når de voksne spurte hva som var i veien, reddet jeg meg med å hulke fram at nystua var så stygg. Den egentlige årsaken var jo forsmedelsen over at de to fremmede skulle se meg i underbuksa.

Mitt drømmeslott var lagt i grus, og min bluferdighet hadde fått en kraftig knekk. Slik var min første kveld i vårt nye hjem.

BRÅTEN

Etter århundrelange vandringar på stiar forfedre gjekk, er vi endeleg komen heim, retteleg heim. Her skal vi også bli. Vi skal følgje oppbygginga av ein gard, ein familie, vi skal møte hovudpersonen dei siste tjue åra.

Kjøp av Hesjebogen

Kvifor Bråten i Tranøy, ei ukjent bygd for begge? Det veit vi ikkje, vi kan gjette oss til noko. Heilt ukjent var ikkje bygda, vi har alt hørt om friarføtene som styrte karen mot Forstrand. Seinare gjekk han kanskje dit med brev som skulle til Amerika. På vandringa såg han dei store viddene i bjørkeskogen som låg og venta på sin rydningsmann. Vi har nemnt søstra Kristine som kanskje har vore eit kontaktledd mellom seljar og kjøpar.

I tida mellom flyttinga fra Sandvika i 1923 og til første bygning stod ferdig på Bråten i 1926 har det kanskje vore rekognosering fleire stader. Knut minnest:

> Mellom oss ungane vesserte ei historie om at Molvika nord for Rubbestad på Senja var staden der dei først hadde tenkt å slå seg ned. Der var det ein del rydda mark fra før. Det hendte ofte når eg rodde den tunge færingen fra Forstrandklakken i motvind at eg tenkte: Hadde dei vald Molvika, hadde eg no hatt unnavind! Men slik

blei det ikkje, og i ettertid er eg glad for det. Molvika er også i dag avsides og veglaus.

– Knut

Sommaren 1925 kom far til Forstrand og innleidde forhandlingar med Bernhoff Johansen om kjøp av utmarksteigen Hesjebogteigen. prisen var 1.400 kroner. Halvparten blei betalt kontant, resten skulle betalast innan sju månader. I dag verkar dette som småpengar, men det var eit betydeleg beløp å utgreie i 1925. Som vi alt har fortalt, er vi midt inne i ei alvorleg krise i norsk økonomi, og det å stifte gjeld var for mange katastrofalt. For å gje eit døme på korleis gjeldsbøra endra seg, kan vi bruke ein gard i Rogaland som døme. Bonden lånte 45.000 kroner til dette gardskjøpet i 1921, og for å dekke rentekostnadene til dette lånet måtte han då selje seks slaktegrisar og to oksar. Åtte år seinare, i 1929, måtte han selje tjue grisar og seks oksar for å betale dei same rentene. Rentene steig altså desse åra meir enn 300 %.

Som det går fram av kvitteringa, har det kanskje vore problem alt i starten med å få lagt pengane på bordet. Når halvparten av 1400 er blitt til 600, må det bety at det er blitt innrømt ein henstand, kanskje i tru på betre tider når ein vender heim frå neste tur med «Kometen». I så fall var det kanskje for optimistisk. Likningsprotokollen syner at inntekta for 1926 blei 930 kroner.

Men sjølve gardkjøpet skjedde likevel utan å stifte gjeld. Vi har høyrt om Ingebjørg si goodwill-reise til Sandvika. Så vidt vi har kunne finne ut, dreidde det seg om eit slags bu-oppgjer etter flyttinga. Dei som overtok skulle gjere opp for det arbeid og dei investeringar han hadde gjort i Sandvika. Det var 15 års arbeidsinnsats som var nedlagt der, det var alle inntekter han hadde hatt desse åra, det var innkjøp av gardsreidskap: treskemaskin, kastemaskin, i det heile tatt 15 års livsverk som han forlot og som andre skulle overta. Kva blei det verdsatt til? I følgje Ingebjørg blei det «tusen kroner». Når vi har hørt om dette oppgjeret, kan det kanskje ha samanheng med at det knytte seg bitterhet til det. Spesielt dersom det blei omtalt som ei velgjerning.

Kjøpekontrakten for Hesjebogen blei underskrive 17. september 1925, men skylddelinga skjedde ikkje før året etter, 1. september 1926. Då var bureisaren alt på plass med kone og tre barn i det nye huset. Vi får ta med, slik at historia blir heilt korrekt, at innflyttinga skjedde 26. august 1926.

Skylddelingsforretning er eit høgtideleg ord, og alle som har opplevd det, har også opplevd ei høgtideleg handling. Difor har vi augevitneskildring også frå denne dagen. Ingebjørg fortel:

> En dag ble vi vasket og pyntet i besteklærne, det ble bakt kaker og ryddet og pyntet både inne og ute. Noen viktige fremmedkarer skulle komme til gårds. De ankom med hakker og andre redskaper og begynte å begi seg rundt i terrenget. Etterpå fikk de kaffe, og bordet ble ryddet for skriving. Han som skrev var en tørr fyr med flippskjegg, de andre husker jeg ikke så nøye.
>
> I mine erindringer foregikk grenseoppgangen på det viset at de gikk rundt eiendommen på geledd og slo redskapene mot hverandre så det ble en klirrende lyd. (Som israelittene da de inntok Jeriko).
>
> Etterpå lekte vi takstmann. Vi rustet oss ut med støvbrett, hammer eller hva vi kunne finne av redskaper. Så gikk vi rundt og slo tingene mot hverandre for å få fram den lyden som skulle til ved en riktig grenseoppgang.
>
> – Ingebjørg

For spesielt interesserte får vi opplyse at mannen med fippskjegget var S. Mikalsen fra Hofsøy. I alle dokument heiter han berre «S.». Dei andre grensesettarane var Sverdrup Haug og Hans Vangen.

Skjøte på eigedomen blei ikkje skrive før i april 1927, og den formelle stadfestinga av kjøpet, tinglysinga, skjedde i mai 1927. Men då var bureisaren for lenge sida i gang, søknaden om tilskot til fjøsbygning var sendt for eit halvt år sidan. Det fortel om stor iver etter å kome i gang. Det var inga tid å miste. Eigedomen kravde mykje arbeid, familien kravde mykje mat, her gjaldt det å kome i gang brennfort.

Namnet Bråten

Frå kjøpekontrakten blei underskriven og til skjøtet blei utforma, skulle ein mellom anna finne eit namn. Om dette blei gjenstand for store debattar på heimeplan skal vere usagt. Bråten var ikkje uvanleg nybrottsnamn, og det kan godt hende namnet var noko ein kom på «i farta» i det ein stod der og skulle underskrive eit dokument og dokumentet skulle ha eit namn. Vi nemner dette fordi i dokumenta opptrer garden med ikkje mindre enn fire namn i tillegg til det første, Hesjebogteigen: Bråtten, Braaten, Braatthen og Braatten. Hos sorenskrivaren er det namnet Braaten som er det tinglseste namnet, men brukaren sjølv har frå første Stund nytta namnet Bråten, og vi stoler på han.

Denne kuriositet har ikkje noko å seie for ettertida i og med at det aldri har vore aktuelt for nokon å ta gardsnamnet i bruk som familienamn slik det var vanleg at «Jensen» og «Hansen» på andre nybrottsbruk gjorde. Men vi eldre hugsar korleis desse gardsnamna blei snobba til. Når Vik blei til Wiik, og Myrset til Myrseth, så er det lite forlangt om nokon skulle insistere på å kalle seg etter den offisielle utgåva med dobbelt-a.

Namnet Bråten er interessant nok som gardsnamn, og hadde vi ikkje visst betre, ville vi kanskje sagt det var ein riktig gamal gard. Namnet skriv seg frå gamalnorsk *broti* som betyr ein dunge med nedhogne tre, og som gardsnamn finn vi det i gardssoga som *Brotin*, og det betyr eit svie-bruk, eit bruk som blei rydda ved at skogen blei brent ned og kornet blei sådd direkte i oska. Men det finst og ein annan variant av gardsnamn med rot i verbet *brjåta* som betyr «å bryte», og i den samanhengen kan ein finne namnet *gardbrjåti*, som er det same som eit nybrot. I den tydinga var namnevalet korrekt nok. Som brote-bruk eller svie-bruk var det spor etter berre eit einaste forsøk på Myrbakken, men der vaks dårleg.

Bråten-namnet kom aldri skikkeleg i bruk i bygda. Sa vi at vi kom frå Bråten, skjønte ikkje folk kva vi meinte. Garden heitte i folks medvet «Østrøm», med unntak av Lovise, ho sa «Myra», til stor ergrelse for oss.

Første bygning: gammen

Gardkjøpet var gjort i 1925, og til tross for at dei formelle sidene ved kjøpet ikkje blei ordna før seinare, tok far fatt med rydningsarbeidet straks, sannsynlegvis då snøen gjekk på forsommaren i 1926, jamfør Ingebjørg sine minne om han som var på andre sida av fjellet for å bygge nystue. Som den første bureisaren mellom Moen og Forstrand, kunne dei ikkje basere eit nytt tilvære på anna måte enn å byggje alt opp frå grunnen.

Ho som gråt seg i seng første kvelden, må få føre vidare sin rapport:

> Etter regn kommer sol. Den første store skuffelsen ble snart avløst av forskertrang og undring over alt det nye og rare en møtte. Pappa kledde gammen ferdig innvendig, og da ble den som en annen stue. Den var ganske romslig. Vi fikk en skikkelig komfyr, det ble satt opp et hjørneskap og snekret en kjøkkenbenk i tillegg til det lille vi hadde av inventar fra før. Taket ble ikke panelt, men der var det tekket med never, så det tok seg ganske bra ut.
>
> – Ingebjørg

Vi får gje oss tid til å fortelle for moderne lesarar kva ein gamme eigenleg er. «En jordhaug med ei dør og et vindu», var Ingebjørg sin karakteristikk, og det er bra korrekt. Byggevirket til ein gamme var eit reisverk av stolpar, i dette tilfelle av bjørkestammar, veggar av ris og torv og tak av same materiale.

Gamme med panelte veggar var ein svært forseggjort gamme. Rundt veggane blei det lagt opp torv. Richard minnest fleire detaljar:

> Torv-ilinga blei utført av en dugnadsgjeng fra Skøelva seinere på hausten da det begynte å bli kaldt.
>
> Ellers var vår gamme finere enn Bernt sin gamme. Den hadde nemlig bare torv-vegger uten panel. Statussymbolet er ikke oppfunnet så nylig.
>
> – Richard

Til tross for at det var fleire som budde i gamme, var det likevel eit nytt element i bygda, og folk var både nyfikne og kanskje litt urolege for korleis dette kunne gå vel. Rolf minnest:

Første bygning: gammen

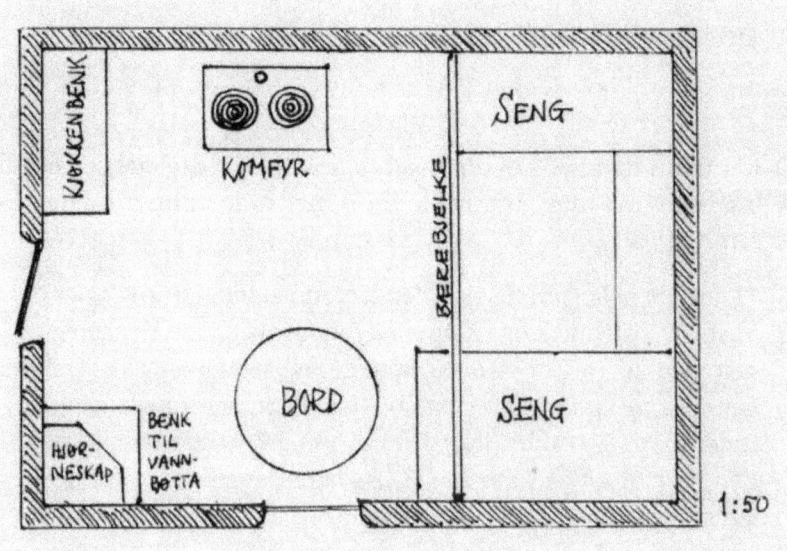

Ingeborg Moen gjorde visitt hos Jenny Østrem (mor kom aldri til å hete Jenny-Konrad som skikken skulle tilsi) da de hadde flyttet i gammen. Sjøl bodde hun dårlig på den tida, fortalte hun. Og hun tenkte på «de stakkars ongan i den gammen».

– Nei ka du trur kor koselig dæ va. Rommelig og godt med skikkelige vegga og golv, skap og møbla Nei, dæ va så jævt, så ...

Hun mente at veggene var malte, men det husker hun vel feil i, eller?
— *Rolf*

Ho hugsar sannsynlegvis feil, ja, for panelet i gammen blei seinare brukt som takpanel på loftet i nystua, og dgt var umalt heilt til det blei innkledd med plater. Vi skal også gje ordet tll ein nabo, Kåre Espenes:

> Mor mi va en sånn type som hadde veldig omsorg for korsen det gikk med folk, og ho va veldig opptatt av korsen det gikk der inne pa Forstrandmoen, så ho sendte meg innover med ei melkespann rett så det va. Eg huske godt den gammen, det va ett av de finaste husan

eg visste om, for det va så god lukt der. Det lukta ris og bjørkelauv. Det va som å komme inn i sommarskogen midt på vinteren.

— *Kåre Espenes*

Det er ukorrekt å snakke om «gammen», for det dreidde seg om fleire hus, og vi lar Ingebjørg halde fram med sine minner frå den første gammetida:

> I tillegg til boliggammen var det satt opp en fjøsgamme og et høyhus av stendere og ris og med torvtak. Vi hadde en sau og en geit med oss. Jeg tror kua ble hentet først året etter. I alle fall drakk vi geitmelk og syntes godt om den. Kua het Stjerna og var hvit med røde flekker. Sauen het Ilse, den var min. Jeg hadde vunnet den da den var lam. Ut på vinteren fikk Ilse lam. Det ene lammet ble Åge sitt og fikk navnet Ådil.
>
> Geita hette Iris og var ei ordentlig «steik» som snart lærte at gresset var grønnere på den andre sida av gjerdet. I hvert fall hadde den stor moro av å terge Lena i Myra med sine gtspekulerte strandhugg. Mamma tok det hele med stoisk ro. «Enten gjerde, eller jage», var hennes kommentar. Men så var nå hun heller aldri og hentet geita og fikk kjeft av Lena.

— *Ingebjørg*

Vi skal avbryte Ingebjørg ei kort stund for å gje ordet til Richard. Han husker godt gjerdet:

> Det var gjort et storarbeid samme sommeren som gammen blei bygd. Det var satt opp et solid tre-gjerde rundt eiendommen fra veien til fjæra på begge sider. Dette var et tydelig hastverksarbeid, for både stolpene og «rennern» var ubjerka og råtna ned i løpet av noen få år. Da jeg kom til skjells år og alder og fikk ansvaret for brenselet, tenkte jeg mange ganger på det tullstykket som var gjort. Tenk om den skogen hadde fått stå!

— *Richard*

Første bygning: gammen

og så tilbake til Ingebjørg. Gjerdet var kanskje hastverksarbeid på meir enn ein måte. Det var ikkje effektivt mot Lena sine kyr:

> Men om ikke Lena oppnådde så mye med sitt munnbruk og trusler, så tok myr-kyrne kraftig revansj innenfor vår lille innhegning. Vi hadde bare tregjerde med to–tre tverrgående rær, og det var ikke godt nok bolverk til å holde myrkyrne ute. Sommeren 1927 hadde vi fått vår første lille potetåkerlapp, senere ble det også grønnforlapper som måtte vernes med «vævvel» og skrål. Slik klarte vi å «fendre fritt» til vi fikk skikkelig nettinggjerde.
>
> Etter min vurdering nå, må naboene ha vært snille og hjelpsomme. Det kom mange på besøk for å ta disse merkelige nykomlingene i øyensyn: og de kom som oftest ikke tomhendte. Mang en melkeskvett, gommebit eller fiskehank tilfløt gammen den første tiden. Senere ble det mindre av den slags gaver. Melkeskvettene ble betalt med gjenytelser i form av spinnearbeid eller strikking i lange vinterkvelder.
>
> Lavik-kjerringene var faste gjester når de var sørover på butikkturer. De hadde ikke så mye å rutte med selv, men de delte så snart de hadde noe. Særlig skal Anna Vesterviks minne være hedret.
>
> – Ingebjørg

Det var nok ein god grunn til at innflyttinga i gammen skjedde før den siste panelen var på plass, ikkje berre det at hausten og vinteren stod for døra. Der var også ein ny verdsborgar på veg.

Karen Moen hadde vært med en ny unge en natt. Per ble han kalt. Åge som da var to år, likte ikke nykomlingen noe særlig og ville ikke se han.

Åge var forresten litt av en skrue. Han måtte alltid ha litt tid på seg for å venne seg til noe nytt, og slett ikke likte han at det ble gjort for mye vesen av han. En gang fikk han et par nye strømper av Anna Vestervik. Dem nektet han plent å ta på seg, men etter noen dager, når maset hadde lagt seg, tok han dem på av seg selv. Slik gikk det også med lillebroren. Han ble godtatt sånn litt etter litt.

Pappa var hjemme en stund utover høsten. Han drev med småjobber som vedhogst og annet høstarbeid for folk. Mamma spant og strikket til folk for en melkeskvett eller en potetkoking.

En kveld kom han hjem og fortalte at han hadde sett revespor i nærheten av gammen. Jeg skjønte ikke at han kunne sitte så kald og uberørt og fortelle om en slik fryktinngytende oppdagelse. Jeg forvekslet rev med ulv, og lille Rødhette hadde ikke hatt de beste erfaringer med den karen. Reven var et uhyre som slukte folk, og det hjalp verken vegger eller dører hvis den ville inn å spise noen.

En ettermiddag lå mamma og hvilte skjømming mens vi satt på gammegulvet og lekte. Plutselig skrapte noen fæle klør på døra. Reven! Nå var han her! Oss ville han spise først som satt nærmest døra. Som en rakett pilte jeg opp i senga til mamma med Åge i den ene neven og Richard i den andre. Her gjaldt det å berge det som berges kunne. Mamma som fikk senga full av vettskremte unger, for selvfølgelig hylende opp av sin søte søvn. Så var det bare pappa som kom hjem, og som hadde kostet snøen vekk fra trappa med limen.

Ved påsketid 1927 fikk jeg «kjertelsyke» (egentlig barnetuberkulose). Jeg ble trett og slapp og hadde dårlig matlyst, Det verste var at øynene ble betente og røde og tålte ikke lys. Jeg måtte ligge med bind for øynene og fikk ikke være ute i det fine vårværet. Brattlifolket kontaktet sin huslege, og han anbefalte en kur som bestod av tran og sjøbad. Tran drakk jeg til jeg spydde. pappa bar opp sjøvann så jeg fikk bade i hver dag. Kuren var effektiv, for etter noen uker var jeg like sprek igjen.

Det var denne sommeren vi ungene for alvor oppdaget «landet i eventyret». Tuer og stubber ble slott og riker som vi rådde over. I fjæra var det en overflod av lekesaker, skjell og steiner. Richard og Åge trivdes godt i fjæra, mens jeg var litt tilbakeholden. Jeg var redd floa, dette merkelige fenomen at havet plutselig kunne komme frøsende innover i store bølger, for så å trekke seg tilbake igjen. Floa kunne få havet til å vokse helt opp til gresstorva. Floa og båra var noe en måtte holde seg i ærbødig avstand fra.

Nei, da var tuene og stubbene tryggere lekeplasser. I skjellet mellom oss og Lorents Jensa var det noen flotte, langstrakte tuer som ble

Første bygning: gammen

våre kongeriker. Vi var konge over hver vår tue, skjell og steiner var undersåttene våre. Bak fjøsgammen var en tørr fin gresslette. Her var det en bjørkestubbe som ble fin fjøs til buskapen vår. Storbuska sto der og ventet på at vi skulle bli så store at vi kunne klatre i den.

– Ingebjørg

Kor stor må ein bli for å kunne klatre? Eit minne frå gammen som ingen av dei eldste har trukke fram i sine oppteikningar, har mamma fortalt til oss yngste fleire gonger, og hugsar vi feil, er det likevel ei god historie som er verdt sin plass i denne boka. I gammen var det ein tverrdragar, ein hanebjelke tvers over rommet. Den var slik plassert at det var lett å klatre frå senga og opp på bjelken. Det var ein spanande sport. Til og med Åge deltok. Uhellet var ute, og han ramla ned. Men akkurat då hadde mamma satt brøddeig i det store trauet. Deigen var nesten ferdigheva og var på det mest voluminøse og luftige nivå då karen kom. Han gjekk rett i trauet, deigen kvelva seg over han så guten forsvann i gjærbaksten. Det var truleg då sangen «Med deig i mine armer» blei så populær.

Dette var eit sidesprang, og vi skundar oss tilbake til Ingebjørg:

Ellers øvde vi oss i balansegang der høvet bød seg, så vi skulle beherske kunsten når vi ble så store at vi kunne gå over fjellet. Over Bjørgelva lå det nemlig en beryktet stokk som måtte forseres hvis en skulle til Brattlia. Det lå mange utfordringer i naturen rundt oss. Både Bogelva og Lorentsbekken ble oppdaget og tatt i bruk.

– Ingebjørg

Gammetilværet var spanande for små born, men korleis fortona livet seg for ei mor som sat med fire små born midt inne i tjukke skogen, langt frå folk? Det måtte bli eit liv der borna tidleg måtte lære seg til å greie seg sjølv. Ingebjørg fortel:

Det var vel ikke så greit å bo i ville skogen med fire småunger. Butikkturene var det største problemet. Til å begynne med fikk hun en av jentene i Myra til barnevakt mens hun selv var på butikken. Etter hvert måtte vi klare oss selv som best vi kunne.

En gang skulle mamma til butikken i Mohavn og vi være alene i gammen. For at vi ikke skulle ræke opp døra eller vase oss bort i skogen mens hun var borte, hadde hun satt en stokk mot ytterdøra. Da vi ikke kunne få opp døra, krabbet vi ut vinduet for å undersøke hva hun hadde gjort med den. Da vi hadde funnet svaret, krabbet vi inn igjen og lekte pent og fredelig til hun kom hjem.

Når Richard og jeg skulle til butikken, fulgte vi helst fjæra. Der var det mye spennende å fordrive tiden med. Jeg var som nevnt redd både båra og floa, og holdt meg lengst mulig øverst i flomålet. Richard syntes jeg var et ordentlig tullhau.

– Ingebjørg

Men det var kanskje ikkje alltid det blei berre fredeleg leik i gammen med aktive folk på sjølvstyr. Arbeidet ute kravde alle voksne hender. Ingebjørg fortel om då dei vaksne hausta inn for frå fjellbeite:

Mamma og pappa tok med seg Per en dag og drog opp til fjells for å høste. Vi andre ble igjen heime for å jage myrkyrne og geita fra potetåkeren. Jeg skulle rydde huset, vaske opp og vaske separatoren. Da de var vel ute av huset, begynte vi å separere vann for å se hva som kom ut av fløtespruten. Vårt forsøk førte ikke til noen vitenskapelig nyvinning, men du verden så morsomt det var. Vi separerte etter tur i timesvis. Vannet kunne jo brukes om igjen, unntatt det som fløt pa golvet. Det var bare så vidt jeg fikk oppvasken unna og golvet vasket før de kom hjem. Neste dag ble *vi* også med til fjells.

– Ingebjørg

Vi har med desse glimta gitt inntrykk av korleis dagleglivet arta seg for nybrottsfolket, sett med barneauge. Livet var kanskje litt mindre ldyllisk, men Inntrykket blir likevel at dei første gamme-åra er prega av optimisme og stor innsats og tru på ei rik framtid. Gammen var ei mellombels løysing. Når nye, permanente hus var på plass, var gamme-tida definitivt slutt. Åge fortel om gammens endeligt:

Jeg har bare svake erindringer fra den tiden. Men jeg minnes da den ble revet. Far sendte ekstra bud på meg at jeg skulle komme og se

Første bygning: gammen

når gammen datt. Han hadde da fjernet alle innervegger og all «torv» på tak og vegger og tatt bort alle skråstivere. Han stod med øksa i handa og ventet til jeg kom. Så ga han den ene hjørnestolpen et kraftig slag med øksa og dermed ramlet hele vårt første barndomshjem i grus.

– Åge

Bureisingslån og fjøsbygging

Det gjaldt å kome i gang så fort som mogleg med oppdyrking som kunne gje fôr til krøtter, og har ein først kyr, må det og vere hus til dei. Var boliggammen ei mellombels løysing, var det ikkje mindre mellombels for dyra. Men alt kan ikkje skje på ein gong. Dyr og folk får finne seg i felles bustad for ei tid. Det var eit heilt vanleg alternativ for ein bureisingsbonde. Åge fortel om dette:

> Det var løsningen for alle nybrottsfolk at man bygde uthuset først. De fleste brukte da stallen som bolig og selve fjøsen som fjøs. Det var tilfelle hos Artur, Heitmann og Bernt i Lavika. Våre foreldre gikk den motsatte vei. I fjøsen hadde vi god plass. Det stod senger langs veggene, et bord midt på golvet, og som ildsted var det både komfyr og gruve.

– Åge

Grunnen til at ein måtte ta oppbygginga av garden etappevis, var sjølvsagt økonomien. Dei lån bustadbanken ytte, dekte ikkje kostnaden til både fjøs og våningshus. Når ein skulle gjere eit val av kva bygning som skulle kome først, var også dette gitt på førehand. I den bureisingspolitikk som Stortinget hadde vedtatt i 1920, inngjekk det også statstilskot til driftsbygning på 1.500 kroner. Difor måtte fjøset kome først, det ga startkapital.

Far handla raskt. Berre to månader etter innflytting i gammen låg kalkylen for fjøsbygningen klar frå Simon Nyheim si hand, og samstundes blei søknaden til Småbruks- og bustadbanken utforma.

Simon Nyheim var eksperten. Han var heradsagronom, han hadde greie på fjøs, og «gjødsel kjeller støpes av betonn, 40 cm tykk ved foten og 30 cm tykk oppe», skreiv han, og slik blei det. Eller ein kneip kanskje litt på tjukkleiken på muren for å spare sement. Sementen kosta 15 kroner pr tønne. I det heile kneip ein inn dei fleste stader for å få endane til å møtast. Noko av det som var med i den opprinnelege kalkylen blei aldri bygd. Det skulle vere både tak og golv i «torvstrørommet», der skulle vere «lovebru m/bjelker og fot», kalkulert til 170 kroner.

Men dyrt blei det i alle fall. Heile kalkylen er på 5.850 kroner, og då er ikkje ein einaste time til arbeidshjelp rekna med.

Eigedomen blei pantsett som tryggleik for lånet. Det var vanleg at bureisaren starta med to tomme hender, og krav om anna tryggleik blei sjeldan stilt, til tross for at pris på jord fall dramatisk i 30-åra. Men sjølve bureisingspolitikken var basert på denne offentlege risiko. Likevel har det nok vore eit krav, eller kanskje rettare eit ønskje om å kunne stille tilleggstrygding. Difor dukkar det opp i samband med denne lånesøknaden eit spor som syner at det er komen inn ein viss form for morsarv frå Bratlia. Dette er kanskje ein ukjent del av gardssoga.

Først i dette århundret foregikk ein utstrakt jakt etter mineralar i norske fjell. I Sørreisa-fjella blei det registrert malmforekomster, vurdert til å vere drivverdige. Det blei utferda såkalla mutingsbrev til skjerparen, eit tysk firma som var representert gjennom ein Bodø-advokat. Han kjøpte rettane til malmleiting frå grunneigarane i Skøelv for 6.000 kroner. Ein av desse grunneigarane var Johannes Rasmussen, mor sin farfar. Mutingsbrevet inneheld vilkår som kan gje grunneigarane inntekter seinare dersom det blei gruvedrift. Dei skal i så fall ha 15 øre pr. tonn av den masse som blei utvunnen. Det er såleis eit verdibrev for garden, og gammel-Johannes sin rett blir via Bratli-folket overført til henne. Dermed inngår det som ein dei av Bråten og står kanskje den dag i dag bokført hos sorenskrivaren som ein mogleg verdi for garden. Då gardkjøpet på Bråten skjedde, kunne det vere god grunn til å sjå dokumentet som ein stor verdi, for prøvedrift pågjekk omtrent på den tida. At prøvedrifta blei ein fiasko, kunne ein ikkje vite då «verdien» blei pantsett.

Bureisingslån og fjøsbygging

I samband med konkursen på Bråten seinare, skapte nok dette mutingsbrevet ein del vanskar. Vi har imidlertid for dårlege kjelder til å gå inn i kva som faktisk skjedde og lar det bli med dette.

Lånesøknaden blei behandla og panteobligasjon blei tinglyst samstundes med skjøte og skylddelingsdokument, og frå 9. mai 1927 var Jenny og Konrad formelle eigarar av eit bruk, med gjeldsbyrde 3.000 på ein gard utan annan verdi enn ein torvgamme. Likningsvesenet fastslår formuen til å vere 1.100 kroner. Normalt var eigaren insolvent alt på dette tidspunkt, men kvar tredje småbrukar i landet på denne tida delte skjebne med han.

Bygging av fjøs kunne starte. Lånet var klart til utbetaling i januar 1928. Ingebjørg hugsar dette godt:

> Det var sommeren 1928 de store tingene begynte å skje. Det ble ryddet og gjort kjørbar en vei på Normannteigen – fra fjæra og opp til husene. Det kom sement og annet byggemateriale som ble kjørt fra fjæra. Jakob Mikalsen bygde fjøsen. Ellers var det virksomhet med grøfting og jordrydding. Stein og sand til grunnmuren ble kjørt opp med leid hest.
>
> – Ingebjørg

Og skal vi først skrive historie, er det sjølvsagt ikkje berre Jakob Mikalsen som skal heidrast. Sandtransporten er eit interessant kapitel av gardshistoria. Bjarne Hansen Moen stod for hestetransporten. Vi gjengir hans forteljing:

> Vi var mange som arbeidde med å få fram sand til fjøsmuren. Transporten foregikk på den måten at vi rodde ein stor dorry til Forstrandfjæra. Det gjorde vi på fjæra sky slik at båten var fullasta til floa kom slik at den kom flott. Så var det å boksere det tunge lasset til støa på Bråten, og der var det det samme: Vi måtte passe på å lande når det var høgst flo slik at båten blei liggende tørr mens vi tømte han. Mens vi venta på neste fjære, kjørte vi sanden opp til tomta. Det var ikkje store lass vi kunne ta om gangen, for veien var temmelig dårlig, men den blei ganske god etter hvert.
>
> – Bjarne Hansen Moen

Sementen blei tatt frå Mohamn på same måte. Men det største arbeidet med fjøsbygningen stod kanskje likevel bonden sjølv for, aleine, i bratt bakke: Ingebjørg fortel:

> Utover høsten på barfrosten drog pappa selv opp svære steiner fra fjæra på et selvkonstruert steindrag, en kort kraftig kjelke. Steinene ble murt opp rundt ytterveggene der det ikke var støpt mur, og muren under djupstålet. Hvis den muren er tilgjengelig ennå, er den verd et studium. Det er her det står – monumentet over seig og innbitt innsats og vilje til å klare det en hadde tatt på seg.
>
> – Ingebjørg

Klare det ein hadde tatt på seg, ja. Fjøset blei ferdig, det blei innflyttingsklart til sommeren 1929. Gammelivet var slutt, fjøslivet starta. Det blei litt romslegare plass, men det kunne trengast. Det var alt fem born som skulle ha plass. Men ein av dei, Per, drog til Bratlia, og kom att først som seksåring.

Stor optimisme – og meir gjeld

Det finst i dokumenta frå denne første Bråten-tida eit døme på kor tronge dei økonomiske rammene eigenleg var, og døme på kor smertelege gjeldspostar kunne vere i ei tid då dei økonomiske tilhøva var heilt i ulage.

Bakgrunnen er sjølve etableringsåret 1926. For å kome i gang, ha litt pengar til materialer, innbu og kanskje til litt restgjeld hos seljaren, blei det tatt opp eit lån hos sparebanken. Lånesummen var 200 kroner. I våre dagar er det eit beløp en kan sjå småungar springe rundt med rett som det er. Den gongen var det eit skræmeleg høgt beløp. Avdraget, tjue kroner om gongen pluss renter, var ein konstant trusel. Heilt fram til 1939, i tretten år, måtte dei plagast med dette lånet før det var heilt innfridd.

Stor optimisme – og meir gjeld

Ein slik røyndom blir sitjande djupt i siela. og det er vel i dag slik for dei fleste vaksne menneske som har minne tilbake til trettiåra at dei er skeptiske til å pådra seg for mykje gjeld.

Men til tross for vanskane, er det tydeleg at ny-folket på Bråten starta med stor optimisme og tru på framtida. Dei hadde ein offentleg politikk i ryggen. Denne gjekk ut på å satse på primærnæringane, få meir ut av norsk jordbruk, få fleire hender i arbeid på nydyrka bruk. Og i tillegg var det ei anna primærnæring som kunne gje same effekt, nemleg fisket.

Motor i båten ga større aksjonsradius, lettare tilgang til fiskefelta og større effektivitet. Kombinasjonen småbrukar og fiskar var ei populær – og nødvendig – løysing. Det var denne kombinasjonen som gjorde at særleg Nord-Norge fekk den store auken av nydyrkingsbruk. Einskilde kommunar i Finnmark hadde meir enn fordobling av dyrka areal gjennom mellomkrigstida. Dette var rett nok ikkje berre effekt av jordbruks- og fiskeripolitikken. Andre politiske motiv låg også bak. Nydyrking var eit vesentleg element i fornorskningspolitikken som blei nytta overfor Finnmark. I tidlegare kriseår hadde det vore stor fråflytting frå Finnmark, og det var stort sett den norske delen av folket som drog. Stimulering til nydyrking skulle stogge denne utviklinga og hindre at fylket blei reint samisk.

Kombinasjonen fiske og jordbruk var nok langt framme i tankane hos far då han satt i gammen og planla si framtid. Å drive fiske var ikkje noko ny geskjeft, har vi høyrt frå hans ungdomssaga. Han reiste med andre båtar, men den fri og uavhengige stilling på eigen gard fekk nok fram ønskje om å kunne drive fiske med eigen båt. Ingebjørg fortel:

> Jeg kan tenke meg at mamma og pappa gък på med stort mot nå da de endelig hadde fått sitt eget å stelle med uten innblanding fra noen. Det ble kjøpt båt.
>
> Bernt i Lavika var en annen nyetablert bureiser som i likhet med oss bodde i gamme den første tiden. Han, hans bror Eliot og pappa gikk sammen om å kjøpe en gammel åttring av Akim Andreassen, handelsmann i Vangsvik. Som alle fiskere har gjort både før og

siden, drømte de vel om egen båt og større utbytte når de slapp å svare båtlott.

Mamma var imot båtkjøpet. Hun mente at de to kompanjongene ikke var til å stole på og at båtkjøpet var for dyrt nå som de var i startfasen.

– Ingebjørg

Åge har også sine minner om draumen og fiaskoen:

Sjarken het «ÅGE». Jeg var stolt av navnet, og nummeret hadde vært T-25-TN. Motoren var demontert og sjarken ble utrustet med seil. Den skulle i første omgang brukes som mobil rorbu på Lofotfiske og ble også benyttet til dette en sesong. Men så kom nedgangstiden, og dessuten var sjarken temmelig lekk der den lå fortøydd på Mo-bogen. Hermod Andreassen kom ofte med beskjed om saken. Han var en gutt i ti–tolv-årsalderen og stammet når han snakket, især når han var ivrig.

«Bå-bå-bå-ten sø-ø-ø-økk!» sa han.

Så var det å få noen voksne karer til å henge seg på pumpen.

– Åge

Ingebjørg fortel vidare om kvifor sjark-kjøpet ikkje blei den suksess som var venta, snarere tvert imot:

De to brødrene trakk seg etter første sesong. Bortsett fra at de ikke hadde penger til å dekke sin del av båtkjøpet, tror jeg at en medvirkende årsak til at samarbeidet sprakk, var at pappa ikke var helt tilfreds med innsatsen til de to andre. Selv var han jo en maur og en jerv når det gjaldt å henge i og krevde det samme av andre. Det mest ufordelaktige han kunne drive seg til å si om sin neste, var at de ikke var skikkelige arbeidskarer.

– Ingebjørg

Stor optimisme – og meir gjeld

Om sjarkens vidare skjebne har både Ingebjørg, Richard og Per kunnskaper, men vi lar Åge summere det heile, korleis det gjekk når ein ikkje gadd pumpe lenger:

> Sjarken ble omsider satt på land i Hans Myre-fjæra. De brukte spill og trakk båten på land. Der ble den skoret opp og stod i noen år og gjorde nytte som lekestue for oss unger, inntil en kraftig vestavindskuling ved springflo sprengte alle støtter og endevendte skuta. «Åge»s videre skjebne ble at den havnet som stubbloft i nystua, som materialer til potetbinger og kubåser samt som elvehus for Hans i Myra.
>
> – Åge

Når vi har gitt sjarken «ÅGE» så stor plass i denne framstillinga, er det fordi vi trur dette båtkjøpet blei ein større katastrofe enn det vi før har vore klar over. Det var etter måten ei stor investering. Når dei to andre trakk seg frå samarbeidet, sat kontraktskrivaren åleine med ansvaret. Vi bør reservere oss når det gjeld spørsmålet om kor vidt det har dreidde seg om eit felles kjøp. Det er etter dokumenta Konrad Østrem som har inngått kontrakt med Akim Andreassen og står sjølvsagt eineansvarleg for å innfri kjøpekontrakten. Noko tilsvarande kontrakt med dei to andre finst ikkje, og det er rimelegvis basert på em munnleg overenskomst. Båtkjøpet blei ordna med ein panteobligasjon, og det er Bråten «med grunn, påståande og oppførendes husbygninger, samt i tilfelde ildsvåde bygningernes forsikringssum» som er pantsett, ikkje nokon annan gard.

I etterpåklokskap kunne vi kanskje seie at kjøparen burde ha lytta til sin kone og gardert seg litt betre i høve til sine kompanjongar, han burde ha sett at båten var lekk som ein sil og i dårleg forfatning. Men som gode etterkomarar veit vi at vi her har å gjere med eit karaktertrekk. Vi har sjølv vore innom både bruktbil-kjøp og andre kostnadskrevjande investeringar som har synt seg å ikkje svare til forventningane, så vi forstår kjøparen. Å bli lurt kan hende dei beste, og kanskje i særleg grad dei. Å bråke meir om slikt ligg ikkje til vår natur. Vi betaler.

Vi bgtaler når høvet byr seg. Gjeldsbrevet til Achim Andreassen Vangsvik blei Innfridd og sletta den 4. februar 1928, ti dagar etter at bustadbanken utbetalte fjøslånet. Av eit lån på 3.000 til ein stor driftsbygning, gjekk 500 kroner rett ut vinduet. Ikkje rart at bygningen måtte få nokre innsparingar i høve til kalkylane.

Optimismen fekk seg kanskje ein aldri så liten knekk?

Nydyrkinga

I tillegg til å planlegge fjøsbygg, søkje lån, gje seg i kast med tvilsame båtkjøp med meir som det første året på Bråten var fylt av, skulle også framtidig rydding planleggast, og då snøen reiste om våren 1927, var det klart til rydding av første område som skulle bli åker og eng. Ein dei rydding av skog var alt gjort i samband med bygging av gammane og trong for vinterved gjennom den første fyrlngssesongen.

Simon Nyheim, aktiv og høgrøysta heradsagronom, blei tilkalt, og det første nybrottslandet blei utmålt. Det strekker seg frå gammane, dvs. der fjøs og «gamalstue» ligg i dag, og opp til vegen. Totalt dreier det seg om eit areal på 4,8 mål, kanskje ikkje stor rute sett med dagens auge når ein traktor eller bulldozar ville gjort unna arbeidet på ein dag eller to. Men med berre nevane var det noko heilt anna. Skog skal ryddast, der er stein, «Endel stene blir å minere», seier Simon, og ikkje minst: der er vatn som må leiast i grøft. Hjelpemidla er øks, spade og spett. Grøftearbeidet åleine kravde sin mann. Ikkje mindre enn 500 meter grøft skulle gravast, steinsetjast og leggjast igjen. Steinsettinga var eit problem i seg sjølv, fordi det mangla stein. Richard minnest at desse første grøftene difor blei sett igjen med ris.

Arbeidsinnsatsen for heile arealet er rekna til 1.033 kroner. Av dette skal halvparten kome som stønad frå staten. 515 kroner for å rydde nesten fem mål jord, eit arbeid som måtte krevje full innsats og ikkje ga rom for store inntekter i tillegg. Men så skal ein også sjå det i samanheng med inntekta frå året før, som nemnt 930 kroner. Med litt ekstra innsats i vinterhalvåret treng ikkje dette å bli verre enn før.

Ein bonde skal ikkje tøve med nybrot i det uendelege. Då søknaden om støtte blei innvilga 8. januar 1928, blei fristen for ferdig utført arbeid sett til utgangen av 1929. Det er lang tid på papiret, men i røynda skulle arbeidet gjerast på to korte sommarmånader, med spade, innimellom at ein måtte skaffe seg inntekter til det daglege brød. Så det var ingen latmannsjobb å gje seg i kast med nybrot. Men fristen blei overhalde, bidraget kom, og armoda flytta seg nokre meter unna gammeveggen.

Desse 4,8 mål dyrka jord er ein god start for sjølvberging. Det gir potetåker og plass for andre vekstar. Det blir gras, kunsteng, til å fø fram kyr til mjølk og sauer til kjøt. Men dette var ikkje den første grasvollen som blei hausta. Vi har alt høyrt Ingebjørg fortelje om ein sau og ei geit som følgde med på flyttelasset alt i 1926, og våren 1927 var også kua Stjerna på plass. Innhausting av vinterfôr må difor ha starta alt då gammen blei bygd. Graset blei henta i utmarka. Åge har minne om dette:

> De første høyonnene på Bråten har jeg ingen erindring av. Men jeg kan minnes merker etter den første høsting. Oppe på Myrbakken, ovenfor nåværende grustak, var det en spesiell parsell hvor det ikke vokste naturlige planter som røsslyng og blåbærris. Det var mer avsvidd og det vokste gress og blomster der. Særlig begeistret var jeg når jeg blant disse fant forglemmegei. Denne blå lille har siden i livet alltid vært min yndlingsblomst, kanskje på grunn av vårt første møte på Myrbakken.
>
> – Åge

Sakkunnskapen om dei første innhaustingane må vi hente hos dei eldste, først Ingebjørg:

> Sommeren 1917 ble kua hentet og vi fikk separator. Kuforet måtte hentes i Fålfinnstien. Foret ble samlet og trukket på sloge ned til Fjellmobakken. Her ble det tørket i en innhegning, og tørrhøyet ble båret på ryggen ned til Myrbakken hvor det ble satt i stakk for viderebefordring på vinterføre.
>
> Frøene fra fjellplantene drysset ned på bakken i vinterens løp, og sommeren etter var innhegningen blitt en nydelig fjellhage.

– Ingebjørg

Per kan heller ikkje hugse utmarksslåtta til tross for at han i følgje Ingebjørg var med til fjells, ti månader gamal. Det høyrer forresten med ei dramatisk hending knytta til innhaustinga i Pålfinnstien som ingen av augevitna har tatt med i sine minnebøker, men kan fritt gjengjevast etter farmor: Denne babyen skulle sove, og dei fann eit godt kjerr og plasserte han i. Men slåttearbeidet foregikk over eit stort område, og det var tett i tett med kjerr. Då kvelden kom, fann dei ikkje att korkje kjerr eller unge, og dei måtte få hjelp frå Myra for å gå manngard. Men til tross for alderen, må deltakaren innrømast rett til å få eit ord med i laget, han har i alle fall livslang røynsle med å vurdere for:

> Hvordan var det med fôr for feet i den første tida? Eg veit det ble høstet i fjellet, i Pålfinnstien. Eg husker restene av et tregjerde på Myrbakken. Det hadde stått rundt en høystakk. Men det var visst ikke særlig lukrativt med den utmarksslåtten. Dårlig gras, mest bregner. Etter noen års slått kom det bedre gras, men da tok beitefeet det, har eg hørt. Det stemmer godt med det eg sjøl har lært om agrikultur. Ellers ble det vel høsta på udyrka mark rundt gammene, antar eg. Da Edvard Solfjell starta i 40-årene, høsta han også mellom tuver og trær. «Det der kan du spare deg», sa ho Jenny, «Dyran vil ikke ha den der sorten». Solfjell lyttet ikke til rådet, men fortsatte ufortrødent med slåtta for siden å erfare at ho Jenny hadde rett. Og korleis kunne no ho vite det?
>
> *– Per*

Dyra ville kanskje heller ikkje vete av høyet frå Pålfinnstien. Men det var ikkje det einaste innhaustingsarbeidet som foregikk dei første åra i følgje Richard:

> Det blei også høsta hos Jens Jensen i Lavika (der Albert Sletten bodde seinere) og på et par inngjerte stykker hos Jakob Mikalsen. I begge tilfelle ble det høsta «på halvpart».
>
> *– Richard*

Nydyrkinga

Men det var ikkje berre slåttearbeid som blei starta før det første offisielle nyrdyrkingsarealet var kartlagt av Simon Nyheim. Alt første våren, i 1927, blei det sett potet i eigen åker, i følgje Ingebjørg:

> Våren 1927 gjorde pappa våronn hos Karl Espenes. Om kveldene og nettene spavendte han potetåker til oss. vi hadde ikke penger til potetgrev, derfor spikket han til en trehakke av en forvridd bjørkegrein. I årene som fulgte var det vanlig rutine at han gjorde våronn hos andre om dagen og hos seg selv om natta. Som betaling for våronnarbeidet fikk han hestehjelp til pløying og harving av egne åkerlapper.
>
> – Ingebjørg

Det første nyryddingsarealet låg altså ferdig rydda og tilsådd ved utgangen av 1929, og det er ikkje lang pause før neste utmåling er i gang. Hausten 1930 er Simon Nyheim på plass att, og denne gongen skal heile 7,5 dekar under plog. Området blei i ettertid heitande «Littjemyra», det er jordene nedanfor bakken og omlag halvvegs til sjøen. I dette utmålet var også flaten nedanfor fjøsen med.

Ryddinga starta i 1931 med skoghogst og stubberydding. Sjølve grøfte- og pløyearbeidet gjekk føre seg sommaren 1932, og då med leigd hjelp. Åge hugsar om dette:

> Han arbeidde på «statsveien», dvs veien mellom Espenes og Finlandskrysset. Han hadde nå mulighet for å sykle. Samme året bygde han hus og hadde Ingolf og Colin i sin tjeneste til det arbeidet. Samtidig dreiv onkel Meyer i Lavika og Peder Hagerup med plog og hest for å bryte opp jord, og Erling i Myra var leidd som grøftegraver. Trekvart av littjemyra, bakken og flaten mellom vasshollet og mellaveien ble lagt under plog det året. Det kom 2 kyr på båsen + noen sauer og geit.
>
> – Åge

Husbygging, nydyrking og grøftegraving samstundes, og sjølv på fulldags jobb – det var stordrift i ein hektisk sommarsesong. Som vi alt har sagt, blei det meir enn ei ekstra økt på nybrotet etter dagens tørn på veganlegget.

Innomhus kom det eit barn til verda denne sommaren, og tante Sigrid var hushjelp for å ta seg av nykomlingen og alle arbeidskarane. Karen gir dette biletet, gjengitt etter Sigrid:

> Materialene til stua kom den dagen Konrad ble født. De kom i slep med båt og ble buksert i land i støa. Han bar dem på sin rygg opp til tomta.
>
> *– Karen*

Det skjedde altså mykje på ein gong. Det måtte skje, det var garden som skulle gje berginga, inntektene frå anna arbeid var lite å stole på. Som nemnt var årsinntekta i 1926 på 930 kroner. I 1930 var ho gått ned til 795 kroner for så å auke igjen i 1931 til 1.160 kroner. Svingningane fortel både om vanskar med å skaffe seg lønsinntekt og om at fulltids arbeidsinnsats var billegsal av mannskraft. Det var krisetid, og i dette lyset må vi sjå statstilskotet til dyrkinga. For arealet på 7,5 dekar blei det 915 kroner i tilskot, like mykje som ei årsløn.

Dette fortel i klårtekst kor viktig bureisingspolitikken var. Utan denne stimuleringa av nydyrking ville det neppe blitt noko Bråten eller andre bureisingsbruk.

Ein parentes – eller ein sykkeltur midt i nydyrkinga

Vi prøver skrive ei samanhengande historie om framveksten av garden Bråten, men minnene frå denne tida vever seg så tett saman med andra fakta at vi bør ta ein pause frå nydyrkinga. Det store rydningsåret 1932 var eit spesielt år då mykje skjedde. For ungar var det store ting, men den aller største tingen var likevel at pappa kjøpte sykkel. «Han hadde nå mulighet for å sykle», fortel Åge, og vi bør ta med heile sykkelhistoria:

At Bråten ble drevet primitivt – den eneste maskin var vel separatoren – skyldtes vel ikke at han ikke fulgte med i den tekniske utvikling, men det var et økonomisk spørsmål. Som ungkar hadde han vært eier både av treskemaskin, kastemaskin og sykkel.

Jeg minnes at det ute i bislaget på den gamle Bratli-stua hang en gammel sykkelramme. Det ble fortalt at den tilhørte vår far, og at det var en levning etter en sykkel som han hadde eid som ungdom. Et eller annet sted skal det finnes et ungdomsbilde av ham og visstnok John Østgård som syklister, tatt en gang i 20-åran på Setermoen.

Man syklet i blådress og med sikspensen eller kasjett på hodet. Det som man imidlertid var nøye med, var at buksebeina var innspent med sykkelklemmer. Det viser også fotoet.[22]

Etter det vår mor fortalte, fulgte det også med en viss seremoni når en syklist skulle starte og lande. Til startbane behøvdes en veilengde på ca. 100 meter. På denne strekningen stod syklisten med venstre bein på «kranken» samtidig som han sparket med høyre. Når farten så var kommet dithen som syklisten anså var høy nok for å holde balanse, kunne iakttakeren se at høyre bein løftet seg fra bakken og gikk 45 grader til værs og havnet etter noen sekunder på den motsatte «krank», samtidig som syklisten var godt forankret på setet.

– Åge

Her må vi smette inn eit avbrot. Karl påpeiker at det reint teknisk må vere umogleg å kome over sykkelramma med å løfte høgrebeinet berre 45 grader. Det må vel heller vere 90 grader? Dessutan har Richard denne korrigerande opplysninga:

De gamle syklene var utstyrt med en spesiell «stigpinne». Det var en forlengelse av akslingen på bakhjulet. Det var den syklisten sto på med venstre fot mens han gjorde de nødvendige fraspark med høyre

---

[22]Redaktøren har gjort anstrengelser for å skaffe til veie dette bildet til boka, men har ikke lyktes å komme på sporet av det.

for å få fart og for å komme over sykkelen. Kranken skulle nemlig spares.

— *Richard*

Vi godtar korrigeringane, Åge? For så kan vi halde fram med di forteljing:

Han eide altså sykkel i sin ungdom, og i så måte fulgte han altså med tiden, for å være «syklist» den gang var visst noe man enda til tok med i forlovelsesannonsene og lysing.

Vi var altså stolte av sykkelramma, berettet om den til Myrholt- og Moen-ungene og håpet på at den engang skulle bli utstyrt med hjul, styre og noe vi ikke visste helt hva var, nemlig den omtalte *krank*.

Den forble nok bare en ramme og gikk vel i støypen når Bratli-gutan fikset gamle kjellermurer og behøvde armering. Bautasteinen som Petter og Einar fant i 1934 gikk jo samme veien.

Isteden investerte vår far i ny sykkel i 1932. Han skreiv til Knut Skurtveit, Tyskerbryggen 5, Bergen, og sykkelen kom nordover med hurtigruta og videre med lokalbåt til Espenes i Senja som det het den gang. Sykkelen kostet 120 kroner og ble betalt med 30 kroner kontant og resten skulle betales med kr. 7,50 pr måned i ett år.

Imidlertid var det minus på betalingsbalansen, for lensmann Salomonsen kom en dag med sin hvitmalte motorbåt og bakket opp utenfor støa. Han kom og hentet sykkelen.

— *Åge*

Sykkelen var ei storhending, mange hugsar han, Kor langt tilbake er det mogleg for eit vaksent menneske å minnast? Dei fleste vil ende i ein diffus graut av små hendingar frå femårsalderen, dersom det ikkje dukkar opp ein sykkel frå Bergen og ein lensmann.

Karl fortel:

Det vil alltid være et skjønnsspørsmål hvor langt tilbake i tid minnet rekker. Vi vet alle at noen ganger er minnet forsterket ved at hendelsen gjentatte ganger er blitt repetert gjennom årene. Dessuten vil minnet fra tidligere barneår være diffust. Små brokker av opplevelser blir satt sammen til et hele som en tror er et riktig minne. Det kan like snart være en kombinasjon av minne og fantasi.

Mitt minne går tilbake til en opplevelse som sannsynligvis må være fra 1982 eller deromkring. Jeg var 4 år, og jeg sitter den dag i dag igjen med små glimt av en episode som omtrent er slik: Jeg tusler bortover en tildels gjørmete kjerrevei. Alt omkring virker stort og skremmende. Selv Bogelva var en nøtt å komme forbi. Men all risiko er prisen verdt. Jeg hadde et mål med min vandring. Antakelig var jeg blitt fortalt at pappa var på vei hjem fra arbeid. Jeg skulle møte ham, på sykkel. Møtet var gjevt. Han var stor og trygg og blid. Han hadde slirekniv i beltet, og det ga trygghet om så reven skulle komme. Jeg tror jeg fikk sitte på stanga hjemover.

Jeg har også en følelse i meg av sorg over at han ikke fikk beholde sykkelen. Den gikk med i 30-årenes krakk. Det eventyret som jeg opplevde, sluttet nærmest før det hadde begynt.

– Karl

For at du betre skal forstå det store og betydningsfulle ved å eige ein sykkel i 1932 – og forstå kvifor det var vanskeleg for ein mann å unngå at Salomonsen reiste med heile herlegdomen – så minner vi deg om det Åge fortel om prisen på denne sykkelen: 120 kroner. Sjå dette i samanheng med ei årsinntekt på i underkant av tusen kroner, så ser du kanskje at eit sykkelkjøp den gong var noko heilt anna enn det er i dag.

Vi kan dokumentere dette ytterlegare, meir presist ut frå offentleg statistikk. Tekniske innretningar var relativt dyre i den første halvdelen av dette hundreåret. Rekna ut frå inntekta til ein industriarbeidar, måtte det arbeidast 500 timar for å kunne kjøpe ein sykkel i år 1900. Med tida blei det litt meir overkomeleg, men enda i 1935 gjekk det med 137 arbeidstimar i industrien for å kunne kjøpe sykkel. I 1975 kosta sykkelen berre 31 timeverk, og i dag vil industriarbeidaren få ein god 10-speed sykkel for ein innsats under 30 arbeidstimar.

Med dette som bakgrunn er det lettare å forstå at eventyret starta før det hadde begynt. Det blei i meste laget sjølv for ein optimist med draumen om å kome raskt til arbeid og raskt heim igjen for å kunne utnytte dagen og natta enda meir effektivt. Salomonsen reiste med det heile, både draumen, seremonien og med sykkelklemmene.

Åge held fram:

> Når mulighet for å eie en sykkel falt bort, ble det til at fremkomstmidlet for det meste fortsatte å være føttene. Det var igrunnen unødvendig å spørre. Når han kom heim i helgene av og til, fra et veianlegg her eller der og du spurte om hvordan han kom fra det ene sted til det andre, fikk du alltid det samme svaret:
>
> – «Eg gjækk».
>
> Han sa aldri hverken gikk eller gjekk, men gjækk med brei æ. For det meste gjækk han til fots, men det gikk gjetord om han at han var litt av en skiløper i sin ungdom, så vel som at han var en god syklist.
>
> – Åge

Meir nydyrking

Vi skal vidare i gardshistoria og konstaterer at etter fem års drift låg meir enn tolv mål dyrka mark ferdig. Ein fin driftsbygding var klar. Heradagronomen, som ikkje har til vane å bruke for mange ord, går denne gongen ikkje av vegen for å skrive ut god attest til bonden på neste tilrådingsskjema: «Nydyrkingsarbeidet utføres godt. Ansøkeren har en tungvint mark å dyrke.»

Hausten 1932 er den neste parsell planlagt og klar for rydding og dyrking. Denne gongen er det brattbakken nedanfor husa og resten av «littjemyra» som skal bli eng. Arealet er på 3,4 dekar. I denne «ansøkning» fortel agronomen litt meir om kvifor denne garden er spesielt vanskeleg å dyrke:

Stykket ligger i helning mot nord fra våningshuset og nedover. Jorart er delvis grunn græsmyr og muldbl. grusmark med leir under. På feltet er vie og bjerkekjær, ferske store bjerkestubb, gamle fururøtter og store fostuer. En brat bakke på minst 4 ar må spavendes og utplaneres. Endel store stene må mineres, den største del av stenen til grøftene må kjøres fra fjera, mot brat bakke.

Bråten-bonden står altså overfor eit problem som var uvanleg på gardar flest. Medan dei sleit med å bli kvitt altfor mykje stein, hadde han for lite. Han måtte til fjæra og hente stein til å setje 400 meter grøft. Det spørs om alt dette blei gjort heilt forskriftsmessig. Den andre løysinga, å bruke ris, var kanskje like aktuell no som ved det første grøftearbeidet. La det i så fall vere sagt at det ikkje var ei heilt dårleg grøft den som var rissett. Desse grøftene blei laga ved at det i bunnen blei sett opp vidjespenn i ein boge slik at vatnet fikk godt leie. Oppå vidjespennene blei del lagt langsgåande risfylling så tett at det stogga jordmassen når grøfta blei attfylt.

Steintransport blei det rikeleg av likevel. Vi har hørt om kjempearbeidet med mur til fjøset. No stod grunnmur til våningshus for tur, og då var det på nytt å ty til fjæra og transport i «brat bakke». Men at Bråten var ein så steinfri gard, fekk vi aldri inntrykk av, vi som vaks opp der, og vi lar Karl seie noko om det:

> Småstein var det imidlertid nok av. Hver vår, så snart snøen var borte, måtte ungeskokken ut med blikkspann og bøtter for å plukke stein. I minnet står dette som noe av det mest kjedelige vi ble satt til. Det lå an til mye sabotasje i denne virksomheta. Det var mest om å gjøre å få det til å høres at vi gjorde noe: skarp lyd når stein traff sinkbøtta med stor kraft.
>
> Resultatet var som regel at når slåtta begynte, var det rikelig å skjemme ljåen på.
>
> I blant snakket vi oss imellom om hvor all denne steinen kom fra. Vi plukket jo i fjor.
>
> Telen hadde nok sørget for at en del småstein kom i dagen, men i ungeflokken var det mange svært dyktige steinkastere. Det var ikke

bare konkurranse i den flokken om hvem som kunne pesse lengst, nei.

– Karl

Men noko stein var der altså, dei som måtte minerast. Det er neppe dette engstykket Konrad har minne frå, men han fortel i alle fall følgjande:

> Jeg husker at «de stene på øverstykket ble minerete». Det lå også en ganske stor stein like ved porten. Sprengstoffet var godt, men dekningen dårlig. Småstein peip i luften og havnet sikkert langt ned på littjemyra et sted. I dag ville sikkert myndighetene ha blandet seg oppi, men ikke den gang, Det var som det skulle være. Småguten var i hvert fall ikke det minste redd – tvert imot kry over å ha en sånn far.
>
> – Konrad

Dei første ny-rydningane hadde gitt eit relativt bra statstilskot, som vi alt har vore inne på. Det var såkalla «utvida tilskot» som innebar at halvparten av kostprisen for dyrkinga blei dekt av staten. Det normale tilskot som blei betalt til bønder som rydda nytt land på ein allereide etablert gard, var avgrensa til førti kroner pr dekar. Intensjonane frå stortingsvedtaket om å reise mange bureisingsbruk, kunne ikkje halde opp gjennom trettiåra. Dei «utvida tilskot» forsvann litt etter litt ved å definere om desse små ny-ryddingsbruka til å vere etablerte gardar. Dermed blei det tilstrekkeleg å berre gje normalt tilskot. Denne endringa i politikken gjorde det etter kvart vanskeleg å byggje opp ein gard som var nokolunde levedyktig.

For Bråten sitt vedkomande forsvann det «utvida tilskotet» frå og med dstte tredje nydyrkingsarealet. Honoraret frå staten si side for å spavende ein tung bakke, grave 400 meter grøft, bere stein frå fjæra osv., blei berre 144 kroner. Dermed var det slutt på tida då jorddyrking kunne vere eit tilskot til levebrødet. No skal levebrødet vere det jorda kasta av seg, og det kunne ikkje bli stort med 12 mål jordveg. Arbeidsinntekta må i større grad hentast annan stad frå, på ein trong arbeidsmarknad som berre blei verre og verre oppover i 30-åra. Det var nedgang på alle område, unntatt eitt. Det einaste som auka, var

Meir nydyrking

barnetalet. Då dette tredje arealet av garden blei rydda i 1933-34 var det åttande barnet på veg.

Den siste delen av fars ryddingsarbeid var flaten mellom vegen og torvemyra, det såkalte «øverstykkjet». Om bonden sjølv hadde tenkt å dyrke dette, er kanskje noko usikkert, i følgje Per:

> Den siste utmålinga var fra gammelvegen og opp til under bakken. Her fikk han hjelp av gutan. Da agronomen kom og brummet: «skal dokker ha utmåling?» var far sjølvsagt ikkje heime, men smågluntan svarte i kor: «JA!» Og da var det visst ikke annet å gjøre enn å bryte. Hjelp med sjølve brytinga fra gutan ble det nok mindre av.
>
> – Per

Arealet på denne siste utmålinga var på 2,3 dekar, som i følgje agronomen har «meget med tuer og kratt. Det er grun moldekke på leirsand». Knut minnest onnearbeid på denne teigen:

> Eg kan minnast at vi diskuterte om «øverstykkjet» skulle takast først eller sist når slåtta kom. Det var den delen vi grudde mest for, full av ildtuer, vassjukt og trasig. Einaste formildande var den korte vegen til blåbæra i torvskjåbakken. Særleg ille var det å hauste potet eller turnips dei åra denne teigen var lagt ut til åker.
>
> – Knut

Ved gjennomlesning av dokumenta for utmålinga, kan denne observasjonen stadfestast. Nyheim og smågluntan som stod for utmålinga, har nok undervurdert vassmengda her like under myra, og tettleiken på grøfter er ikkje så stor som den burde vore. Men ein ting er å teikne grøft på eit kart, noko heilt anna er å grave dei.

Tett under torvemyra blei dermed gard-ryddinga avslutta for fars vedkomande. Atten mål er lagt under plog, og bonden kan heve det siste statsbidraget med 112 kroner. Det kom sikkert vel med, Inntekta i 1934 blei berre 610 kroner.

La oss stogge og oppsummere vidare. Det hadde tatt ti år å rydde desse atten måla og skaffe seg ein gard som kunne fø to kyr og nokre geiter og sauar.

Då det heile starta, var det med det optimistiske utgangspunkt at staten ut frå sine vedtak og lovnader skulle gje god støtte til arbeidet. Ved vegs ende kan vi summere: Det samla statstilskotet for heile gard-ryddinga kom opp i det gigantiske beløpet 1.686 kroner! Det er grunn til å tru at bonden måtte kjenne dette som eit svik. Men han var ikkje aleine. Overalt stod ein i same suppa: same kor mykje slit og innsats ein la ned, like fullt måtte ein berre sjå krisa og armoda i kvitauget. Vi skal få høyre rikeleg om dette i den vidare framstillinga.

Men krise eller ikkje krise, armod eller ikkje armod, vi skal og ta med at då desse 18 mål skog og kratt og tuer var omdanna til dyrkingsjord, var det òg bygd opp ein heim av «Hesjebogteigen». Som vi skal sjå av alle dei nedteikna minne vidare, var det kanskje lite av mangt, men det var rikeleg av mykje anna. Det er utruleg mykje godt liv som kan haldast ved like og utviklast med litt mjølk, potet og sild.

Då «Gammelstua» var «Nystua»

Både folk og hus blir eldre med åra. Det som i dag er ærverdige «Gammelstua» på Bråten, heitte ein gong i tida – med god grunn – «Nystua» eller berre «Stua». og for dei fleste av oss er barneminna innomhus knytt til dette lille huset. Difor må vi og ha med huset si historie.

Å bu i fjøs var ei mellombels løysing som ikkje skulle vare i all framtid. Alt før fjøset var ferdig og innflytningsklart, låg prosjekt «våningshus» på bordet. Hausten 1928 hadde Tranøy småbruksnemnd teikningar og kalkylar klare.

Det dreidde seg om eit hus på 18 x 19 meterfot, dvs omlag 38 kvadratmeter grunnflate med eit loftsetasje som skulle gje rom til 3–4 soverom.

Vi kan i ettertid berre fastslå at dette huset aldri blei bygd. Både lengde og breidde skrumpa inn før bygget stod ferdig som ei tilpassa utgave på omlag 30 kvm grunnflate og med tilbygg for bislag og loftstrapp. Tilpassinga skjedde ikkje ut frå behov. I så fall burde ein tilpasse motsatt veg. Då teikningane låg der i 1928 var det alt fem ungar innom fjøsveggane som kravde plass, og før huset stod ferdig i 1932, var det to nye komne til. Og til tross for at dei neste fem var ukjente faktorar, var det neppe plassbehovet som styrte utviklinga.

Når ein studerer kostnadsoverslaget for bygget, ser ein fort at det ikkje berre er kvadratmetrane som blir borte. Hundre kvadratmeter forhudningspapp, 3000 meter innvendig panel og ei rekke andre små og store ting blir offer for ein brutal sparekniv. Det var ikkje meininga at veggane skulle stå der med berre blanke planken. Men ein totalsum for eit hus på 3000 kroner utanom løna til bygningsfolket var mykje pengar, så noko måtte reduserast. Vi kan truleg med god grunn tilskrive standardreduksjonen det faktum at fem hundre kroner av lånet hadde gått rett til Ackim Andreassen for eit båtvrak. Difor blei veggane noko snauare enn dei var tenkt, til tross for at båtvraket kom i bruk som stubbloft i ny-huset. Totalt sett blei det likevel eit relativt dyrt stubbloft.

Ein vegg med lafta plank, 6 cm tjukk og med eit enkelt lag panel utanpå, var det som skulle halde vinterkulda ute. Det gjekk ikkje, det kan ein kvar forstå som har opplevd ein skikkeleg austavindskuling vintertid. Knut minnest:

> Men ingenting er så galt at det ikkje er godt for noko. Når det blåste skikkeleg landvind, laga vi vindtegler av papir og festa dei til veggen med knappenål. Dei surra og gjekk i vindrossene; dess meir det blåste, dess fortare surra det. Dekorativt var det også. Når kvar av oss laga sine møller, blei det temmeleg fullt oppetter veggen.
>
> – Knut

I moderne tid kjenner vi ordet «papirmølle» frå ein heilt annan samanheng, og alle som har hatt noko med husbygging å gjere, må ha møtt den offentlege papirmølla. Det var enklare før i tida.

Vi gjengir i det følgjande dei teikningar som S. Mikalsen ved Tranøy småbrukernemnd har utarbeidd. Dette er rett nok rekonstruert etter den kopi av teikningar som nemnda har sendt over til husbyggjaren, og det er sannsynleg at dei originale teikningar som er sendt til bustadbanken er av ein annan kvalitet. Kopimaskinen var ikkje oppfunnen, så alt kopieringsarbeid måtte skje for hand. Bonden på Bråten var ikkje den einaste som skulle byggje på denne tida, og det var travle dagar for Mikalsen, Men då byggjearbeidet starta, var det neppe noko anna grunnlag å byggje etter enn desse teikningane. Når ein ser bustadbygginga i denne bureisingsperioden under eitt, kan det sjå ut som at husa er bygd etter ein standard norm, at småbruk- og bustadbanken hadde gitt krav om korleis husa skulle vere. Men dette høyrer meir heime i etterkrigstidas reguleringssamfunn. Tidlegare var det meir rom for individuelle løysingar. Det var stort sett snekkaren sine kunnskaper og røynsler og dei tilgjengelege materialer som avgjorde utforminga av bygget.

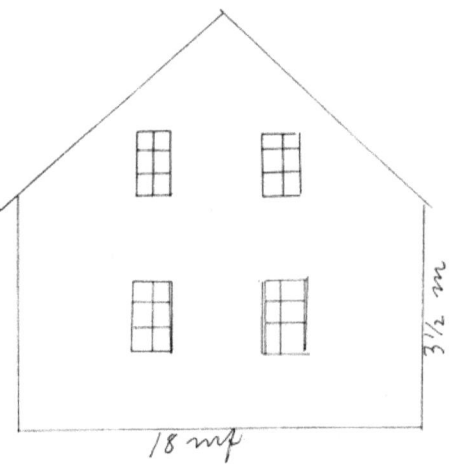

Huset på Bråten er derfor sikkert i stor grad prega av dei to som bygde det, Ingolf og Golin. Vi tar likevel med teikningane fordi dei er eit sjarmerande tidsbilete, eit tilbakeblikk til ei tid som var så mykje enklare. I dag blir til og med tomta målt ut med millimetermål.

Ein ting er i alle fall klart: Snekkarar og byggherre har i fellesskap distansert seg frå Mikalsen sine teikningar. Men det kunne heller ikkje vere så enkelt å byggje eit hus der dørbreidda etter teikninga varierer frå 40 til 60 cm. Det var vel heller ikkje enkelt å byggje eit bislag på 1 x 1 meter og greie å få plass til to dører og eitt vindu.

Bortsett frå reduksjon av arealet, blei sluttproduktet eit langt betre hus reint arkitektonisk enn teikninga.[t] Med ark i loftsetasjen og toetasjers trappehus blei det eit vellukka bygg, langt betre enn tilsvarande bustadbygg som kom seinare, når bustadbanken hadde fått sving på standardiseringa og ikkje tillot mange avvik frå det dei hadde fastsett som norm.

Huset på Bråten hadde mange interessante trekk. Det hadde støypt grunnmur i motsetnad til tidlegare bygningars gråsteinsmur. Det førte til god kjellarutnytting, men muren i seg sjølv var ikkje god nok til å halde kjellaren frostfri. Difor var heile muren rundt den delen som skulle berge potet og grønsaker gjennom vinteren, dekt med torv. «Torvilinga» blei nedslitt med åra, for det var ein populær leikeplass. Best hugsar vi torvilinga som ein stad julenissen kunne stå og kike inn til oss før han bestemte seg for å kome inn.

Vi har tidlegare tidfesta at materialene til nystua kom saman med Konrad. Det var fleire enn tante Sigrid som hugsa dette, og vi gir ordet til Richard:

> Materialene til Nystua kom den natta Konrad kom til verden. Det var ikke skikk at faren skulle være med på fødselen, og i dette tilfelle hadde han annet å gjøre. Materialene kom med båt og ble lagt på flåte og tauet på land så langt det var mulig på flo sjø. Før neste flo måtte alt være transportert og stablet opp godt ovafor flomålet, og det var det som blei gjort den natta mens mamma og Anna i Vestervika stelte med sitt opp i fjøset.
>
> – Richard

Med dette har vi fått godt tidfesta at det blei transportert materialer 10. juni 1932. Som vi alt har sagt, var dette det mest aktive året i heile gardssoga: Sjølv hadde brukaren fast jobb på veganlegg, han hadde leigd hjelp til jorddyrkinga og grøftegravinga, og det var husbygging. Går vi ut frå at grunnmuren stod ferdig då materialene kom, kan vi rekne med at nystua stod ferdig seint på året i 1932.

Men det er kanskje overdriving å seie at huset var «ferdig». Det mangla noko materialer, både utvendig og innvendig. Det utvendige blei ordna, og korleis det sannsynlegvis gjekk for seg kan Einar fortelje om:

> Artur Moen bygde seg nytt hus tidlig på 50-tallet. En dag troppa han opp på Bråten og ba om å få tilbake panelingen sin. Påstanden var at far hadde manglet noen meter utvendig paneling (også) da han bygde hus. Han hadde da kommet til Artur, som også var i gang med husbygging, for å låne. De lånte materialene var aldri blitt returnert eller erstattet på annen måte. Kravet ble avvist, og saken henlagt på grunn av bevisets stilling. Men de øverste panelbordene på østveggen var tydelig smalere enn resten, så noe var det vel i historien. På den annen side, gammelstua hannes Artur ble aldri panelt, så om disse bordene ikke var blitt benyttet på Bråten, ville de vel ha ligget på Moen og råtnet.
>
> – Einar

Då «Gammelstua» var «Nystua»

«Stua» på Bråten slik ho stod ein vårdag i 1948 (?) Årstallet er usikkert, men trappa blei støypt av Karl etter at han kom frå gjenreisingsarbeid i Finnmark sommaren 1947.

Vi får sjå på dette som ei uoppklart sak og i alle fall ikkje ta stilling til om vi burde få saka ut av verda ved å skaffe etterkomarane på Moen nokre panelbord. Men vi tar episoden med for sikkerhets skuld for å gjere våre etterkomarar merksam på at det *kan* kome eit krav dersom det skulle dukke opp nye prov.

Det vi derimot er sikre på, er at det innomhus også mangla noko panel, og det er ei grense for kor mykje ein kan få lånt hos naboen. Det vi hugsar best, er at det mangla golvbord på noko av loftet. Kvifor det holet var der, er litt uklårt. Kanskje var det ein gong meininga å ha ei trapp opp til soverommet. Trappa kom aldri – holet stod der gjennom heile vår oppvekst. Kanskje var det eit hol for å sleppe varm luft gjennom for å dra nytte av fyringa under.

I alle fall knyter det seg mange minne til dette holet. Først og fremst var det årsak til den største heimeulukka som skjedde innandørs i ein slor ungeflokk. Det låg lause bord over holet, og ein søndag var det ein liten tass som hadde kome seg opp og deisa igjennom. Han traff ein stol som stod like under holet og slo seg kraftig. Det blei beinbrot, spjelking og ein sommar med kryping for ein aktiv liten kropp. Når vi blir ståande utan namn på vedkomnande som braut beinet, er det fordi informantane hugsar ulikt, Nokon meiner det var Hans Helmer, andre at det var Einar. Vi kan kanskje løyse saka ved å sende Einar i røntgen, eventuelt sjekke med kyrkjeboka kva dag Olav Hansen på Forstrand blei døpt. Dette skjedde nemleg på denne dåpsdagen då far og mor var borte som faddere. Men la oss i staden heller stogge ved det essensielle: I den svære ungeflokken blei dette visstnok det einaste registrerte beinbrot!

Men om det ikkje blei fleire beinbrot på grunn av loftsholet, var det mange nesten-ulykker, og vi må ta med to gode historier om loftsholet. Først Karl sin reise gjennom holet, eller hans første møte med lensmannen. Årsaken til at lensmannen var der, skal vi kome tilbake til:

> Lensmannen kom i skikkelse av Johan Fagertun. Han var ventet, og ingen av ungene likte besøk av den karen. De evakuerte frivillig til loftet. Men nysgjerrige som vi var, ble det kø rundt loftsluka. Vi ville da holde oss orientert om hva som foregikk. Stille som mus hang vi der. Det var trangt om plassen. Alle ville ha orkesterplass.
>
> For meg endte seansen slik: Et dytt bakfra sendte meg i fritt svev. Til alt hell var lensmannen plassert på en stol på kjellerluka. Den berget jeg skinnet på, for jeg landet rett i fanget på den gode Fagertun. Men jeg landet ikke lydløst. Jeg tok fanget med et vræl og trodde min skjebne var beseglet for alltid. Det gikk sikkert an å bli arrestert for mindre. I dag kalles det vold mat politiet.
>
> *– Karl*

Og neste dramatiske minne frå loftsholet dreier seg også om eit vræl, ja eit enda kraftigare, så kraftig og så situasjonsbestemt at det utan vidare må få nemninga «fødselssmerter». Det er Svein som fortel:

> At han skulle heite Einar, Einar Vilfred, blei avgjort noe seinere, men den dagen han kom til verden, var utetemperaturen og luftfuktigheten slik at skulle begivenheten kunne foregå uten alt for store komplikasjoner, blei vi unga sendt på loftet.
>
> I kjøkkenet var det ryddig og nyvaska; stua, som for anledningen var omgjort til fødestue, var ikke tilgjengelig og kan derfor ikke beskrives. Ågot var nådd fram i god tid og gikk og venta på de siste pressvean, og ho var godt assistert av storesøsten Ingebjørg.
>
> På loftet «fann vi namn» i begge varianter, men siden jeg bare var 5 år, hadde jeg ikke det store register av namn å ta av, så mine ønsker blei meir og meir å gå i retning av å få komme ned igjen. Jeg tror ikke at jeg var bevisst hva som egentlig foregikk nede. Men slikt kan man jo finne ut ved å kontrollere. Loftshollet var tildekket med sju lause bord, og oppå der sto ei diger seng...
>
> Jeg lirket litt med et av bordene, og litt til, så hadde jeg et brukbart gløttarholl. Men et brukbart gløttarholl for én er ikke det samme som et brukbart gløttarholl for to eller tre, og etterhvert som namneregistret for Knut og Karen og Konrad var oppbrukt, blei publikumstilstrømningen i kongelosjen større og større. Behovet for større gløttarholl blei betydelig, og bord nr. 5 måtte fjernes, At eine sengefoten akkurat var plassert på bord nr. 5, resulterte i at sengefoten gikk igjennom, og der låg jeg med lukekanten under haka og ei diger seng full av søsken – som igjen var full av namn – oppå meg.
>
> Jeg blei ikke kalt for «blandakor» for ingenting, og ved en slik anledning var det ingen grunn til å spare på stemmen – *forte fortissimo* heiter det vel.
>
> Jordmorassistenten kom så fort ho kunne. Det var ingen rekke av automatiske telefonsvarere å passere for å få førstehjelp i et slikt tilfelle, og jeg blei forløst med nensomme hender.

Det gikk ikke så lenge etterpå før vi slapp ned, jeg tror faktisk den dag i dag at Einar blei født under akkompagnement av mitt nødskrik. Spør han!

– Svein

Desse to episodane kan sikkert supplerast med fleire, men dei har i alle fall det til felles at vi aldri såg det negative i slike manglar ved eit hus. Slik var det også med panelet i taket på loftet. Det var som nemnt same panel som var nytta i gammen, men det var ikkje tilstrekkeleg, så det stod nokre opne hol i taket. Dermed var det også opne rom, gode hemmelege gøymestader. Der var plass både til kjærastebrev og julegaver. Men særleg hemmeleg var det ikkje. Dessutan var det hol utan botn. Stakk ein pakkane for langt inn, kunne det vere vanskeleg å finne dei att, og det er ikkje usannsynleg at det framleis ligg innpakka Stomperud eller bukseseler som forsvann for godt under panelen.

Om huset ikkje var heilt perfekt, har vi likevel gode minne derifrå. I dag er det ikkje til å forstå korleis vi alle fekk plass der. Ikkje berre at huset i seg sjølv var lite, men det eine rommet, stova, blei lite brukt, særleg vintertid. Det blei for mykje fyring, dessutan var det rommet for alt det som ikkje fekk plass andre stader: klærne som kom frå snora, torvsekken og «god-maten».

Nattestid blei tilbragt i faste sengebenkar langs veggane, «krybber» blei dei kalt, kanskje med eit bibelsk opphav, og der låg to ungar i kvar krybbe. Etter som åra gjekk og familien blei større, var det ikkje krybber nok, og flatsenga var eit godt alternativ. Men å bu i fjøs hadde ein god klang. Låven blei tatt i bruk så snart våren kom og høyfrøet blei sopt saman, til langt ut på hausten då det blei så mørkt at det var tryggast å bu inne, eller at det blei for flaut å kome på skolen med høyfrø i håret.

Jau det finst alltid ei løysing for overnatting – når ein må.

«Nystua» er blitt «gammelstua» og nærmar seg sine 60 år, Ho har fått mange ansiktsløftingar med åra. Trekken er borte, loftsholet er borte, det er ingen hol i tak eller golv. Ho er i stand til å leve mange år enda. Ho er ærleg verdt eit langt liv!

Kriseår og auksjon

Det er kanskje ikkje korrekt, slik Bråten-historia arta seg, å skilje ut det eine kriseåret frå det andre når det heile tida dreidde seg om mangel på inntekt, stigande rentekrav, stigande kostnad, stigande krav frå ein raskt aukande familie. Men alt dette måtte kulminere ein gong, i det endelege og STORE kriseåret. Året var 1936. Det nytta ikkje lenger for lensmann Salomonsen å kome i kvit motorbåt og hente lausøre som pant for gjeld, No måtte meir drastiske midlar til, heile garden skulle på tvangsauksjon.

Men vi skal vende tilbake til generell norsk historie så vi ikkje blir sitjande med inntrykket at det var Bråten-bonden som styrte sitt bu så dårleg at han av den grunn kom i vanskar. Han var i same båt som ein kvar småbrukar som hadde gitt seg i kast med nydyrking ut frå den føresetnaden at gjelda dei måtte stifte, skulle kunne dekkast inn gjennom lønsinntekter. Dei rekna med stabil økonomi, med prisar på fisk som ga overskot for innsatsen.

Men føresetnaden heldt ikkje. Best kan vi illustrere dette med prisen på den varen dei hadde å selje, nemleg arbeidskrafta. Kronebeløpet ein gardsarbeidar fekk for arbeidet sitt i 1935, var omlag tre-delen av det han hadde i 1920. For industriarbeidaren – og vi kan kanskje ta med vegarbeidaren – var løna gått ned ca. 60% av det ho var i 1920. Men lånekostnadene gjekk den andre vegen. Det var ganske enkelt ikkje noko veg utanom. Det var ein heil nasjon sin økonomi, ja ein heilt verdsøkonomi, som var gått av hengslane. Om Bråten-bonden og andre småbrukarar arbeidde mykje eller lite, kom praktisk talt ut på eitt. Tvangsauksjonen var ikkje til å unngå.

Vi har tidlegare nemnt bonden på Jæren som måtte tredoble mengda av slaktedyr gjennom ein tiårs-periode for å dekke gjeldsrentene for lånet på garden. Det er kanskje like illustrativt å fortelje at han i 1930 måtte ut med 2500 kroner årleg til banken, medan forbruket til familien, inklusive verdien av eigne produkt, berre var 1.000 kroner. Det fortel i svært klåre tal korleis situasjonen var for ein bonde som hadde stifta gjeld.

For småbrukarane var det særleg ille. Dei hadde ikkje greidd å bryte jord nok til at det kunne bli korkje slaktegrisar eller storoksar å selje for å dekke rentekostnadene. Dei hadde heller ikkje noko til overs til dei daglege små innkjøp. Dei måtte ta «på krita» så lenge handelsmannen var velviljug. Nokre var så velviljuge at dei sjølve kom i store vanskar.

Men loven stod på banken si side når rentekrava ikkje blei innfridde. Dermed blei det krav om å gå frå gard og grunn. I perioden mellom 1921 og 1935 gjekk ikkje mindre enn 50.000 norske gardsbruk under hammaren, og det auka på utover for kvart nytt 5-år.

Men berre unntaksvis blei det slik at gardane skifta eigar. Det danna seg sterke pressgrupper mot tvangsauksjonane, og mange av desse gruppene blei sentrale i mellomkrigstidas politikk. Skog- og landarbeidarforbundet gjekk kraftig ut med agitasjon: «Det må betraktes som streikebryteri å utnytte andres uforskyldte vanskeligheter ved å opptre som kjøper,» sa dei i eit opprop i 1928. «Tvangsauksjonene må blokkeres og boikottes» sa dei som ein appell til heile fagrørsla, og dette blei også gjeldande fagforeningspolikk. Arbeidarpartiet fulgte opp og programfesta denne haldninga i sitt program i 1933: «I bygd etter bygd har Arbeiderpartiet innarbeidet en ubrytelig solidaritet blant befolkningen når det gjelder tvangsauksjoner. Det er blitt en hellig lov at ingen møter på en tvangsauksjon over et hjem og arbeidsmidler.»

Det var ikkje berre arbeidarrørsla som reagerte mot tvangsauksjonane. I 1931 blei det danna ein organisasjon som heitte Bygdefolkets krisehjelp. Den blei stifta av ein storbonde som også hadde sine problem, og organisasjonen hadde faktisk ein arbeidarpartimann som faktisk leiar. Dei gjorde òg boikott av tvangsauksjonar til si hovudsak, og dei gjekk meir drastisk til verks. Dei retta skytset mot dei som tross all agitasjon likevel kjøpte ein gard som var på auksjon. Desse blei sjølv trua med å bli «boikottet personlig, moralsk og økonomisk». Denne organisasjonen fekk ikkje stor tilslutning. Alt i 1933 blei det ei alvorleg kløyving fordi nokre av leiarane gjekk over i Nasjonal Samling. Krisehjelpa blei meir og meir lik tilsvarande fascistiske rørsler i andre land som Lapperørsla i Finnland og Landbrugernes Sammenslutning i Danmark, som etterkvart blei ei rein nazistisk rørsle.

Det var altså svært ulike rørsler som her kom til å bli samarbeidspartnarar. Det var ei forvirra tid, og det var ikkje enkelt for ein fattig bonde å orientere seg i dette politiske landsskapet, noko vi seinare skal kome tilbake til.

I 1935 skjedde det ei politisk hending som fekk avgjerande betydning. Stortinget måtte gjere vedtak om å gå aktivt ut med økonomisk støtte for å avhjelpe krisa. Regjeringa gjorde framlegg om ei løyving på 42 millionar til støtte for kriseramma næringar. Arbeidarpartiet foreslo 102 millionar, og dei hadde særleg gjeldssanering innan småbruksnæringa i tankane. Derfor fekk dei støtte til dette framlegget frå Bondepartiet, og resultatet blei at regjeringa måtte gå. Den nye regjeringa, leia av Nygaardsvold, greidde ikkje å stable på beina eit budsjett som heilt ut innfridde deira eige krav til krisestøtte, men dei kom i alle fall ut med eit beløp på 72,5 millionar til næringsstøtte.

Nokre av desse millionane kunne pløyast inn i statsbankane, mellom anna Småbruksog Bustadbanken slik at banken blei i stand til å stå som kjøpar av dei konkursramma småbruka. I realiteten var det ei offentleg gjeldssanering som skjedde, for dei fleste gardane blei seld tilbake til eigaren til ein ny pris, med langt lågare gjelds- og rentekrav.

Det blei derfor ikkje stopp på tvangsauksjonane i 1935, snarere tvert imot. Det blei faktisk ein «vane» at garden skulle innom ein slik tvangssanering av gjeld.

Til tross for agitasjon, boikottaksjonar og offentlege tiltak, var det ei svært usikker tid for brukeigarane. Både i 1933 og i 1934 gjekk faktisk fjerdedelen av bruka som var på auksjon over til andre eigarar. Sjølv om far sannsynlegvis heldt seg bra orientert om politiske forhold og samfunnsutviklinga ein var inne i, var det neppe noko lett periode å kome gjennom. Kanskje var han ikkje meir skremd av denne dramatikken enn av andre brottsjøar som hadde gått over hans liv. Men det var likevel eit livsverk som var truga, og det var kanskje ikkje så stor trøyst i å vete at mange andre hadde det like ille. Og heilt trygg for utfallet kunne ein ikkje vere.

For ein unge var det naturligvis ikkje lett å forstå alt dette, men det gjorde inntrykk, og vi skal la Åge fortelje om korleis han opplevde året 1936:

> Jeg var 12 år gammel og hadde forstand nok til å føle «ståa» på skinnet. Noen fostuver på nåværende Solfjellmark var stedet jeg søkte til i ensomhet når det ble krise også i mitt indre p.g.a. verdenskrisen ute.
>
> Særlig tre fæle ord hadde festet seg hos meg. Det var «hypoteken», «forlikskommisjonen» og Skjølberg. Hva sistnevnte hadde i bildet å gjøre er jeg ikke klar over, men jeg tror han var en finansmann fra Bodø som hadde med penger å gjøre i forbindelse med prøvedrift, kausjonering.
>
> Forlikskommisjonen ble satt dette året for å megle mellom H, Andreassen Mohamn og diverse kreditorer, blant dem også Konrad Østrem.
>
> Det var om sommeren innkallelsen kom. Far var som vanlig på arbeid ute på Senja. Det var derfor vanskelig for ham å møte. Han skrev til mor og ba henne kontakte Jakob Mikalsen for at han kunne tre inn som stedfortreder. Far hadde sine motkrav, nemlig mer spesifiserte regninger på enkelte punkter. Andreassen hadde levert bygningsmaterialer til begge hus på Bråten. Jakob Mikalsen hadde bygd fjøsen og hadde vel noe kjennskap til materialkostnader o.l.
>
> Nå vel – brevet kom, og det ble min jobb å gå til Forstrand og forelegge det for han Jakob. Jakob leste brevet nøye og gikk inn på kammerset og skrev en brevlapp som svar. Jeg fikk brødskive i handa av Lorentina og beskjed om å hilse mor mi.
>
> I Ingolfkjerran gjorde jeg en avstikker fra veien, brettet lappen forsiktig ut og leste innholdet. Voksenskrift var på det tidspunkt ikke min store spesialitet, særlig når han Jakob ikke gjorde noen stor forskjell på f og t, som vi ser av husskissen. Hovedinnholdet fikk jeg imidlertid med, og det gikk ut på at han «av spesiele og personlige grunde» ikke kunne møte i retten.

Siden hørte jeg antakelser om at han Jakob selv hadde butikkgjeld og at det var de «personlige grunde».

Veien fra Ingolfkjerran og hjem føltes lang. Det var bare å forelegge en ny skuffelse for dem som hadde så mange fra før. Mor satt på øversiden av stua med ei rive i handa da jeg kom hjem. Jeg ga henne lappen. Hun la riva fra seg og leste innholdet. Hun sa ingenting. Et fjernt, stirrende blikk i hennes øyne og den drepende taushet ble for sterk for meg, så jeg søkte ganske fort til fostuva.

De gamle spøkelser viste seg igjen der i krattet. Hypoteken, forlikskommisjonen og Skjølberg. Men jeg regnet også matematikk og renteregning så godt det lot seg gjøre: 12 – 13 – 14 – 15. Ja, kanskje om tre år kunne jeg være med å jage spøkelser. Femten år var vanlig alder for leilendinger på Lofotfiske eller som dekksgutt på en frakteskute.

Optimisme og lyse framtidsdrømmer er en god motvekt mot depresjon. Vi fikk alle være med å løfte grevet eller støtte på annen måte når tiden kom. Men «stønaden» fra fostuva overgikk alle løft. Svære postanvisninger adressert til Jenny Østrem ankom både titt og ofte fra hennes sønn, unge nummer tre i rekken. Det fjerne blikket forandret seg til et stolt smil over sin formuede sønn, og Skjølberg med flere pakket sine inkassomapper og forsvant.

Men som sagt: Ennå var det noen år igjen inntil dette kunne skje. Det ble flere besøk i krattet, og det fjerne blikket kom igjen en desemberdag da mor leste brevet fra banken og sa: «Nå eier vi ikke Bråten lenger».

– Åge

«Nybrot 25314 Braaten» kom på auksjon 28. September 1936. Der var sjølvsagt ingen kjøparar tilstades, berre banken. Dei kjøpte sin eigen gard for kr. 2.500,-, tilsvarande gjeldsposten som stod ubetalt. Eigaren fekk melding om dette 16. desember 1936. Det var opptakten til jula det året. Vi skal seinare kome tilbake nettopp til denne jula og fortelje at ho slett ikkje blei så dyster som desse urovekkjande fakta skulle tilseie. Men bodskapen frå banken var dyster nok. Ikkje berre var ein gardlaus. Utlegga i samband med auksjonen, kr. 41,74, må i alle fall betalast straks.

Dersom det er interesse for det, seier banken, kan eigedomen kjøpast tilbake til full verditakst, dvs. kr. 2.500,-. Inntil vidare kan familien få bu på eigedomen, men då må det svarast leige med kr. 15,- pr månad. Dersom slik innbetaling ikkje skjer, vil leigaren bli fjerna frå eigedomen. Slik var julebodskapen det året.

Å kjøpe garden att var ikkje å tenke på. Gjeldskrav hadde ein god nok røynsle med, det frista ikkje til gjentaking – førebels. I staden betalte han leige, femten surt tente kroner pr. månad ut 1936, heile 1937 og halve 1938. I denne perioden er Bråtenfolket leiglendingar. Dei atten mål jord som møysommeleg er dyrka opp, er ikkje sjølveigande meir. Husa, trekkfulle men kjære, er andres eigedom.

Gjekk dette synderleg inn på folk? Vi trur ikkje det. Annankvar nabo var stort sett i same situasjon, og felles lagnad er felles trøyst. Livet gjekk vidare som før, og om ein slit med avdrag og renter til banken eller med leige til den same banken kunne vel kome ut på eitt. Eller ting blei betre, gjeldssaneringa var ein operasjon av noko sjukt i ein kropp. Det var smertefullt, men det kom noko godt ut av det. Åge fortel:

> I 1936 begynte økonomien å bli bedre tross alt. Den store refinansiering i bankene og i forretningslivet var en sak for seg. Den måtte bare komme.
>
> Samme år som Bråten konka, konka mange andre bureisingsbruk. H. Andreassen konka, og etter re-finansiering oppstod forretningen under nytt navn, O. Andreassen. Jeg mener derfor at etter at far hadde betalt sin månedsleie på kr. 15 for gård og grunn, hadde han bedre økonomi enn før.
>
> – Åge

Sommaren 1938 blei banken og tidlegare eigar samde om ein ny kjøpepris. For 1.900 kroner kan Bråten igjen kome på rette hender. Og slik blei det. Tvangsauksjonane hadde sanert mykje umogleg gjeld. I tilfellet Bråten var auksjonsgrunnlaget kr 2.942,18. Prisen er altså redusert med vel 1000 kroner, livet blei langt meir leveleg. Banken gir nytt lån med same avdragstid og same rentesats som før auksjonen. Så er alt ved det gamle att.

To månader etter at handelen var ordna, kom tiande barnet til verda. Også han slapp å bli født som leiglending. Ein gamal nordisk skikk når ein træl blei sjølveigar var å kalle første sonen for Karl. Det betyr «fri bonde». Men namnet var oppbrukt, så i staden blei det Knut, som islendingane den dag i dag kallar ein knyttneve. Det var ikkje slik tenkt, men sant blei det likevel: Det blei retta ein knyttneve mot hypoteken, forlikskommisjonen og Skjølberg og armoda og truselen – og det nytta! Vi gir oss ikkje!

Men vi kan ikkje gjere oss ferdig med gardssoga før vi har stogga litt meir ved denne fødselen, eller ved dei dramatiske etterdønningane. Så snart nyungen hadde fått reiven på seg, blåste det opp til storstorm. «Det måtte vel være toppen på kransekaka hva motgang og fattigdom angikk,» skriv Konrad, og han held fram:

> Jeg våknet om morran og så at fjøsen var skeiv. De tre pilarene under djupestålet var knekt. Labrua var falt ned og det hele var et bedrøvelig syn. I første omgang ble det lagt to kjettinger over mønsåsen og festet til bakken, hva nå det skulle tjene til?
>
> Sommeren etter begynte gjenreisingen. Pilarene ble støpt i betong, og i samme høve benyttet man anledningen til å lage silokummen. Jeg husker ikke om det var gulv i djupestålet tidligere, det ble i hvert fall lagt nytt gulv. En ny byggeteknikk ble lansert, gulvbordene ble skråskjært i 48 grader for å gi bedre bæring i skjøtene.
>
> Det var Erling på Moen som gjorde jobben. Han var forresten en veldig snill og grei mann. Vanligvis hadde man jo veldig respekt for voksne, men Erling var populær. Han var skøyeraktig og tjomslig og omgav seg med en lun atmosfære. Tok han deg igjen på butikkvei, kunne du være sikker på å få sitte på stanga resten av veien.
>
> Låvebrua ble erstattet med en smalere, hanebjelker og «hønebjelker» ble spjelket og kan sees den dag i dag. Pipa ble ikke oppbygget igjen. Elementene ble visst byttet bort til Artur Moen som vederlag for en «Gerd» separator som var i bruk i mange år.

– Konrad

Dermed er vi komen til vegs ende med soga om oppbygginga av Bråten og far sin innsats med det. Det som seinare har skjedd med utviding av åker og eng i begge retningar, høyrer heime i ei anna krønike, For oss som vaks opp som det første kull Bråten-ungar er minna avgrensa til dei atten mål, til to kyr, fem sauar, nokre høns med ujamn verpesesong, nokre geiter inntil det kom så mange naboar at det ikkje lenger var råd å stå imot klagene, og eit utal av katter.

Desse dyra var nære vener, særleg to av dei så betydningsfulle at både Irmelin og Gullros må få sitt namn i ei skikkeleg Bråten-historie. Maken til kyr finst ikkje idag.

Historia om kvrne blir plassert her som fritrståande noveller.

Åge: Irmelin

Irmelin var født på Bratlia i Sørreisa. Ættetavlen ville hun helst holdt skjult. Hun var nemlig ikke av noen rein rase. Mora het Mollik og var rødbrun av farge og kollet. Hvem som egentlig var far, var det ingen som visste, kanskje ikke Mollik engang. Det var bygdesnakk om at det kanskje kunne være Ingebrigtoksen på Venningsbakken, men så var det de homa som sådde tvil. Ingebrigtoksen hadde ikke horn.

Da Irmelin var årsgammel, hadde hun all grunn til å glemme alt snakket. Hun ble overflyttet til en annen bygd hvor alt sladderet var ukjent. Onkel Petter leide henne på en tre timers marsj over fjellet. Hun var blitt solgt til Bråten.

Irmelin likte ikke den nye plassen. Det var så mye rart her. Inne i båsen var det montert en sidegrind, visstnok for at kyrn ikke skulle spille med fôret. Så var det ei ny grind lenger inne i båsen som skulle hindre kyrn i å pesse i båsen. Så var det noe man kalte for hølke, et avsaget oljefat, som visstnok skulle inneholde vatn for ei tørst ku, men når man kikket ned i det, var hølket alltid tomt. Av og til hørte hun sin nye matmors klangfulle røst fra det andre huset:

– Forjuade onga vill dokker snaske dokker etter vatn, kyrn har'kje fått vatn på to daga!

Men hølket var tomt enda i to dager. Når kvelden kom og hun var trøtt og ville sove, var det for det første en vanskelig balansegang mellom disse grindene for å komme i liggende stilling. Når det endelig var kommet så langt og hennes store bodrøvelige kuøyer akkurat skulle til å sige igjen, hørtes det et forferdelig leven «upstairs» som man sier på engelsk. Det var gutan som kom og skulle legge seg.

Antakelig måtte også deres soveplasser være utstyrt med hinder og grinder, for det tok mange timer før det ble ro. Mens levenet stod på, hørte hun oppramsing av en masse navn og alltid avsluttet reglen med:

– Ho Arnhild på Heime!

– Æsjjj – æsjjj – pusjjj!

Så var det dompe drønn imot tregolvet når en av gutan gjorde rundkast fra hollet eller fra hanebjelken.

Nei huff, her var det mye rart.

En dag ble hun sendt ut på beite sammen med sin venninnne Gullros, og mens den andre kua såg i en annen retning, så Irmelin sitt snitt til å stikke av. I fullt firsprang la hun nordover. Bare av og til slakket hun farten og snuste i bakken for å være sikker på at det var her Petter leidde henne. Først i Dyrmålslia tok hun seg fem minutter og så seg tilbake.

– Ha det, ha det, tenkte hun med seg sjøl da hun så den lille stua og den tilsvarende store løa med det store hullet i røstet, langt i det fjerne.

på Bratlia fant hun båsen sin igjen. Det ble en rolig natt og god søvn slik som før.

På Bråten ble det stor oppstandelse og leiting etter kviga. En av gutan ble sendt til Bratlia for å spørre, og dermed var det gjort. Turen gikk tilbake, og denne gang med bind for kuauan. Akkurat som om det skulle hjelpe stort. Tre ganger stakk Irmelin av. Men etter siste gangen ble hun lenket til båsen for godt. Det var seinhøst og tid for dette iallefall.

Med seinhøsten kom også roligheten. Gutan flyttet inn og det ble stille på laen.

Irmelin likte stråforet på Bråten, og etter at snøen kom ble det ganske bra med vatn i hølket og. Gutan tok ei tønne på skia og fraktet vatn fra Bogelva, så det gikk bra. Men en dag hørte Irmelin at det ble skutt med kanoner lenger sør, det hørtes også flydur. Den dagen ble hølket bare halvfullt. Men hun hadde forståelse også for dette. For det var visst blitt krig, og guten som hadde vasskjøring den dagen var blitt skremt og forlot Bogelva med halv tønne.

Da våren kom hadde Irmelin ikke lyst å stikke av. Hun ble sluppet på beite ilag med myrkyr og Myrholtkyr, som alle kom fra små kår og tilhørte den arbeidende klasse. Alle var magre etter en liten bunødsjau med tang, tare og skav som kost utover ettervinteren. I miljøet var det derfor lite stanging og mobbing, Irmelin var blitt sosialist og tenkte nå med gru på hvordan det hadde vært å bli sendt i marka i lag med feite Corndale-kyr. Nei takk! Til Bratlia skulle hun aldri mer.

Men så skjedde det likevel en dag at hun kom i konflikt med ei anna ku og det ble litt småstanging. Den kvelden tok husfaren tollkniven fatt og laget to store treknopper som ble montert på horna, Heretter skulle de ikke være så farlige.

Sjauen på låen vente Irmelin seg også til og når sant skal sies unte hun gutan litt frihet sommersdag. Gutan var igrunnen gjev. Riktignok hadde de for vane å sove alt for lenge om morran, så det ble noe seint å komme på beite. Men gutan så gjennom fingran med hennes svakheter, så det fikk gå opp i opp.

Når det var sopptid og turen gikk langt inn i fjellet og gutan ble sendt for å leite kyrn, lot de ofte sopp være sopp og ku være ku, De spella seg på sin egen måte oppi Pålfinn-stien inntil ho-oo-signalet hørtes fra Bråten som tegn på at kyrn var kommet av seg selv.

Med de nye hornknoppan, med de Skjeve bedrøvelige kuauan og med rød flekk på det ene kinnet og hvit på det andre var det bare en mening blant folk. Irmelin var ikke pen. Men hun var meget sjelden og derfor hadde hun noe som ikke andre kyr hadde – noe man kalte for Sjarm.

En dag ble en av gutan irritert på kubeistan som ikke ville lystre ordre. Han brukte sveia på Irmelin. Kua snudde seg og så på guten. Hun hadde ikke evne liksom Bileams åsen til å spørre: «Hvorfor slår du meg?» Men i de skjeve Irmelinauan stod det nok å lese det samme, så guten fikk stikk i hjertet og brukte aldri mer sveia.

Åran gikk. Irmelin ble salrygget og hjulbeint. Det var ikke så om å gjøre lenger å ta lange utflukter for å finne sopp og god føde. Juret hadde også skrumpet inn og matmora brukte adskillig kortere tid på melkingen enn før i hennes ungdomsdager. Ingenting blir som før tenkte hun stundom.

En kveld gikk fjøsdøra opp. En av gutan kom og la et tau rundt halsen hennes, så ble hun løst fra båsen og leid ut og turen gikk sørover. En annen av gutan slo også følge. Det var en hustrig høstkveld og det ble sagt lite underveis. Hun ble leid til Espeneskaia og tjort fast mens gutan gikk inn for å ordne med noen papirer visstnok.

På papiret ble det skrevet at Irmelin skulle ut på sin siste reis, endestasjonen var Harstad og nærmere adresse vår Salgslaget. Gutan fikk samtidig beskjed om at dampen var forsinket så de kunne komme inn i leiligheten og vente. Ekspeditøren sovnet av under ventetiden og gutan satt lenge og hørte på taktfaste lyder fra stolen der han satt: pssssstrrrr-psssst-rrrrr.

For Irmelin ble ventetiden lang. Det ble også hustrig og kaldt. Tilslutt orket hun ikke å tie stille lenger, men sendte ut et av sine bedende raut. Mmøøh, mmøøh?

Det gjorde gutan ondt da de hørte det, og de visket seg imellom. Ekspeditøren lukket litt på auan og sa «psssst-rrrr – gje ho en høydott, gje ho en høydott – pssst-rrrr-pssst-rrrrr.»

Omsider kom dampen. Kaimannen sa til matrosen: «Og så har vi ei ku». Et seil kom på kaia. Det ble lagt under buken på ho Irmelin, så ble ho heist ombord. Mens hun hang mellom himmel og jord i seilet langt der oppe, med skrevende bein, snudde hun seg og så på gutan.

I det øyeblikket kunne de liksom lese så mange spørsmål og ord i de skjeve kuauan. «Er dette takken, er det ingen hjelp å få?» Eller også: «Takk for alt, guta».

Dampen gikk og gutan bega seg på heimveg. De sa ingenting. En stor klump i halsen gjorde det vanskelig å snakke, og i høstmørket tørket man bort en hemmelig tåre som kameraten ikke så.

De passerte stedet hvor de engang hadde møtt søringen Anders. Vanligvis pleidde de å ha det veldig artig akkurat her. Søringen hadde sagt: «Et sjibohoi og to moitta».

Denne gangen var det tyst.

Rundt om i mange hjem henger et utstoppet hode av en elg, rådyr eller reinsdyr i kjellerstua. Dyra har de aldri kjent, men det skal være et varsko om at her i huset bor det en kjerv og modig jeger.

I gammelstua på Bråten skulle vel kanskje geviret av Irmelin henge på veggen. Det ble nå ikke slik, men hun er sikkert fornøyd med å være husket av gutan på Bråten.

Rolf: Gullros

Det har vært sagt mangt et godt ord om ho Irmelin, men vi har ikke hørt noe om ho Gullros. Dette avsindige misforhold vil jeg gjerne bøte på med en kort omtale:

Jeg husker at det ble sagt at «ho va et pænt dyr». senere het det seg at hun var av rase – Målselvrasen,

Før jeg går videre, minner jeg om at jeg ikke har min sterkeste side i dette med kyr. En gang var jeg sammen med Svein på ku-handel. Jeg stod med stamtavlene og han så kvigene dypt i øynene før han tok sin beslutning.

– Den der må du absolutt ta, rådet jeg til. *Oldemora* melket 12.000 kilo *i de dager...*

Meieriets representant, den kukyndige, så kjølig på meg og pekte ut et jur med aldri så lite ku rundt – kort sagt en eldre NRF-dame:

– Der har du oldemora! I de dager... thi-hi-hi ...

Jeg hadde forestilt meg en oldemor fra 1939 eller rundt Gullros' tid.

– Målselvrase, sa far med stolthet til Heiberg Hansen.

Ho Gullros var dømt til å komme i skyggen av Irmelin. For det første var hun «skjær». Hun trodde alltid småguten hadde ondt i sinne, mens Irmelins tillit var umåtelig. Således måtte Gullros få soppen servert på bakken, hun tok den ikke fra gjeterens hånd. Kujageme var opplært til rettferdighet. Hadde Irmelin fått en riktig fæl, sleip og uhyre stor kusopp med åmer og det hele, måtte også den yngre få. Men se – dyret var som sagt skjær. Hvis vi prøvde å «reinne ho opp» i beste mening, så la hun i veg som om slakteren var i hæla på henne. Nei, dyret savnet vel intelligens og sans for spilleregler.

Ja, la dette bli nekrologen over en psykisk utviklingshemmet ku som levde sitt prunkløse liv og verken lærte å lese eller å skrive.

Kyrne på Bråten – «ho Stjerna», «ho Lykka», «ho Irmelin» – ble omtalt som vesener med adsillig kløkt. De hadde geberdet seg slik eller slik, det de ville si var så tydelig at alle skjønte hva dyrene ville.

Men ho Gullros fikk ikke slik omtale.

Gullros lærte med møye å gå på båsen, dermed var hennes læringsmuligheter utnyttet. Under en storm måtte hun stå et døgn eller to i Larse-fjøsen. Aldri har vel ei psykisk utviklingshemmet ku vært mer psykisk utviklingshemmet. Det vakte pinlig oppmerksomhet på Furstrand at kua hannes Østrøm rauta dag og natt.

Lita, rød, mistroisk og dum – det skal hun ha. Ellers var det vår ku og ingen skulle si noe stygt om Gullros! Enda husker jeg Myra-kuene, Myrholt- kuene, Johan Hagerup-kuene osv. som virket vanskapte på meg både i form og farge. Men Gullros var av Målselvrase. Så bærer vi heller over med hennes manglende intelligens.

Knut: i eit fang

Han visste det var godt
og bad om det ofte
og fekk det stundom
i stunda
då kalvdrykken vermdest
og mor sat og rørte
og venta ved omnen
med fjøsstakken på
Klå meg på ryggen bad han
Få leggje hodet i fanget
og drage anden djupt
og kjenne eimen av Gullros
og kløver og silo
og mor
og kjenne fingrar
som ofte var harde
er mjuke

ARBEIDAREN

Det hender vi får spørsmålet: Kva var yrket til far din? Kvar for oss har vi kanskje gitt mange ulike svar: gardbrukar, vegarbeidar, anleggsarbeidar, fiskar. Vi skal ikkje her gi oss til å finne ut kva som måtte vere hovudyrke. Viktigare er det å få fram ein person som på mange ulike måtar prøvde seg i kampen for tilveret og som var allsidig nok til å greie seg gjennom denrhardaste perioden i dette hundreåret – med ei stor forsørgingsbyrde, men med stort talent.

Som fagforeningsmann fekk han tilsendt eit blad som heitte «Arbeidsmanden». og det var gjerne den beste yrkestitelen vi kunne gje han. I alle fall skal vi i det følgjande presentere nærare nokre av desse yrkesrollane han spela.

Gardbrukaren

I forsøket på å skrive ei kronologisk gardshistorie om garden Bråten, har vi tatt med det meste av arbeid han måtte leggje ned i bruket. Var han ein god gardbrukar? Likte han arbeidet? Spørsmåla er urimelege dersom vi samanliknar med dagens høgeffektive jordbruk. Vi har alt høyrt om ein mann som måtte lage seg jordbruksreidskap av bjørkerot for å få opp poteten. Med dette perspektivet var han kanskje ein langt betre bonde enn dei fleste? Her er Per si vurdering:

> Bråten ble vel aldri noe mønsterbruk, brukeren fikk nok ikke tid til det. Eg kan huske han sa det sjøl en gang at han alltid hadde likt å

arbeide med jorda, men han hadde aldri fått tid til det. Og ellers skal det veldig mye tid til når redskapen og teknikken ikke rekker stort lenger enn muskelkraften. Vel, det ble nå det det var, sjølberging med potet og melk samt litt bygggryn og litt kjøtt.

– Per

Vi har gitt indisiar på at han nok var opptatt av å prøve ny jordbruksteknikk. Han var i unge år eigar av treskeverk, og det betyr at han var tidleg ute. Han følgde godt med i jordbruksutviklinga og hadde innsikt i det han dreiv med, Vi har nemnd bruk av kunstgjødsel, og Richard fortel om dette:

> Dette var før fullgjødsla kom i handelen, og han blanda omhyggelig kali, fosfat og salpeter etter oppskrifta. Enkelte andre brukte bare kali. Den var billigst.
>
> – Richard

Eit anna element av «moderne» jordbruk var siloen, som blei bygd i 1938, altså på eit tidspunkt då berre 7,5% av gardsbruka i Norge hadde tatt i bruk denne nye metoden for oppbevaring av grasfor. Om siloslåtten blei noko særleg suksess, kan vi kanskje dra i tvil. Vi gir ordet til Rolf:

> Under krigen gjaldt det å produsere mat i størst mulig utstrekning. Silolegging var en lettvintmetode for preservering av fôr. Om siloen på Bråten akkurat var bygget i samsvar med Landbrukgshøyskolen er mer enn tvilsomt, og den AIV-væske som vår silo ble dynket med kom fra små urinblærer hos barn som «låg på laen» utover høsten. Vi hadde nemlig to muligheter: Enten å tisse ut gjennom de små hullene i låveveggen eller gå ut på låvebrua. Begge disse utveger krevde store kraftressurser. A henge tissende ut av et bureisingsfjøs gjør man ikke lett i halvsøvne, og låvedøra var tung å få opp de gangene den var lukket. Siden den landbruksvitenskapelige litteraturen vi hadde tilgjengelig ikke sa noe om at det direkte var forbundet med metodefeil å tisse på siloen, gjorde vi det.
>
> Kuene ville naturligvis ikke ha siloen, og det fortenkte vi dem ikke i, vi innvidde. Harald Moen, stor melkeprodusent, hadde hørt om at våre

kyr avslo silo. Han kom da med kjerre og trodde han hadde gjort et storvarp da han fikk så mye han ville gratis. Hans dyr var nemlig ville etter silo.

Da Harald bød sine kyr Østrem-silo, ville de ikke ha. Den forklaring som ble gitt var at vår silo ble for «sterk» fordi det var mye potetkål lagt i den.

– Rolf

Denne spesielle AIV-metoden som blei nytta, er det fleire av informantane som no, meir enn førti år etterpå, vedstår seg. Men om det blei dårleg silofôr av det, er det ikkje einstydande med at bonden dreiv bruket sitt dårleg. Det fortel derimot ein annan ting: Bonden var svært lite heime til å kunne halde styr både på ungar og mangt anna som kunne gå skeis. Det biletet vi derfor er i stand til å teikne av jordbrukaren, blir nært knytt til dei små periodane han var heime, i korte, hektiske onner: slåttonn, torving, lauving, potetopptaking osv.

Men det finst også minne om at han var opptatt av jordbruk, bruksmetodar og jordbrukspolitkk, Åge fortel:

> Når det var anledning til det, fikk vi være med på besøk ilag med far. De lengste turene gikk til Sørreisa, enten over fjellet eller som ro-tur. Fjellturene begynte vi jo ganske tidlig å ta sjøl når vi først hadde lært ruta. Så vidt jeg husker var det ikke vanskelig å sitte i ro og høre på når de voksne pratet. Praten var jo slik at vi forstod det meste. Det dreide seg om gårdsbruk, hester, kyr og fiske for det meste. Ved Bratli-besøkene hendte det at vi traff andre onkler, f.eks. Albert Strand fra Bardu. Vi syntes han pratet så rart.
>
> Jeg var også vitne til diskusjoner og meningsutvekslinger mellom bureiserne. Et tema som ofte var fremme var hvorvidt man skulle ha hest eller ikke. Nybrottsfolka hadde ingen hest. De kjempet med moder jord med handkraft og bar høyet på ryggen. Far min mente ihvertfall at hesten fikk komme seinere. Hesten åt opp 2 kufôr og den hadde liten virkningsgrad. Bortsett fra onnene og litt vedkjøring om vinteren stod den på stallen til ingen nytte og krevde fôr.

> Han hadde også sin mening om kombinasjonen fiske, jordbruk og fast arbeid. Skulle vi plassere ham i terrenget i dag, måtte han vel nærmest være en grønn politiker. Penger hadde den bruk for som måtte ha dem, den derimot som hadde såpass jord og gård at han kunne leve av naturalier, behøvde ingen penger.
>
> Enkelte diskusjoner viste at han braut med tradisjoner og var «framsynt». For eksempel var han motstander av heimbygdas gamle brenselsforsyning, nemlig torving. Den gjengse oppfatning var at torv var et godt og billig brensel. Far sa nei. Torva var kostbar. Du må bruke en god del av den beste vår- og sommertid på torva. Anvend denne tiden til produktivt arbeid og skaff deg brensel på annen måte. Det blir billigere.
>
> Torva på Bråten ble sjelden tørr, og vi fyrte flere vintre med kull.
>
> – Åge

Alle desse diskusjonane og meiningane i tillegg til alt det vi tidlegare har sagt om ei norsk krisetid med mange politiske motsetningar innebygd, fører oss over til ein kort tur innom spørsmålet: Var han politisk interessert og aktiv? Kor stod han i det politiske landskapet? Åge skal først få slippe til:

> Jeg er litt usikker hvor vi skal plassere vår far i det politiske område, hans tanker vedrørende grønn politikk, økonomi, planlegging etc. Han tilhørte en annen tid, og hadde vel dessuten liten tid til å kaste bort på teoretiske spørsmål. En ting vet vi: Han tilhørte den arbeidende klasse fullt ut. Han forstod ikke uttrykket «arbeidsledighet». Arbeidsledig hadde han aldri vært, påstod han. Når han ikke stemte med Det Norske Arbeiderparti, som man skulle tro var det rette parti for den gruppe han tilhørte, hadde nok det sine grunner. Jeg tror at begge våre foreldre var skremt av den radikalisme og anti-kristelige holdning som dette partiet inntok i kamptiden.
>
> Dessuten antydet han noen ganger at det ble ført en politikk av Arbeiderpartiet som skapte råttstokker, noe som med årene har vist seg å være tilfelle. Han ga sin stemme til midtsjiktet, Bondepartiet, Venstre o.l. I 1933–34 var han litt opptatt av Nasjonal Samling. Han

mente jo å kjenne Quisling fra sin militærtjeneste på Setermoen, Han forandret jo ganske fort sitt syn da han så hvilken utenrikspolitisk kurs dette partiet inntok. Dessuten viste det seg at Quisling fra Setermoen ikke var den samme som grunnleggeren av Ns.

– Åge

Og vi skal utan opphald sende stafettpinnen vidare til Rolf:

Far kom til å tjene det vesentligste av sine penger som anleggsarbeider og bas. Han var en munter og vennesæl mann, og mange ville nok kunne få det inntrykk at han likte det harde, omflakkende livet. Men det var bonde han var. Jeg oppsnappet en gang hans syn på dette i en diskusjon som ikke var for små gryters ører: «Jordbruk har vore min interesse all min dag og er det einno (med trykk på o'en)».

Han var tilhenger av at enhver var sin lykkes smed, han elsket bøkene til en viss Einar Berg. I disse hadde tunnelborere og handelsmenn sine egne meninger og fulgte sin egen veg – i motsetning til hopen. Samtidig var han begeistret for «Marsjalen», kvinnen som samlet enkeltmennesker i en flokk.

Fra hans egen munn har jeg at han likte militærlivet med all sin disiplin og regelmessighet og kollektive marsjtakt. Harald Bratli, som gikk for å være en velskolert sosialdemokrat for sin tid, sa at far hadde bedre oversikt over politiske standpunkter enn de fleste. Men arbeiderpartimann ble far aldri. Han sympatiserte nok med de fattiges opprør – samdrektige går vi i sorg og i nød til arbeidet, liv eller død – men det ble Bondepartiet.

Åge nevner hans interesse for Nasjonal samling. Jeg tror dette er riktig, men jeg mener at tankene heller var forankret i Dybwad Brockmanns filosofi. Ellers var det nok av skjæringspunkter: Arbeiderpartiet og Bondepartiet i kriseforlik, Bondepartiet og Nasjonal samling i felles bekjempelse av sosialismen. Og kaptein Quisling, en bra offiser, hadde etterlatt seg et godt og varig inntrykk.

Det som jeg tror bør tilføyes er at han var en ytterst lojal kamerat i Vegvesenet. Han var medlem av LO og førte korrespondanse med tillitsmenn der han undertegnet med «solidarisk hilsen». Om Kristian i Lavika og Artur Solvoll kanskje ikke i ett og alt var politiske meningsfeller, var de arbeidskamerater og kamerater.

Personlig velger jeg å tro at han egentlig var sosialist, men at han fulgte opprinnelige ideer om likhet – ikke båstenking.

Datter til ordføreren i Tranøy ble forferdet da jeg på Refsnes i 1945 avslørte at far min var borgerlig. Det kunne hun ikke tro – så gode venner som Oscar Edvardsen og Konrad Østrem var. Mon ikke begge var «over partiene»?

– Rolf

Og så kan vi runde politikk-avsnittet av med ein kort kommentar frå Richard:

Hans politiske virksomhet begrensa seg til å bli valgt som varamann til Dyrøy kommunestyre mens han bodde i Sandvika.

Han var neppe noe særlig opptatt av Nasjonal Samling, men han var imponert over Quisling som instruktør og kunne lite skjønne at en så vettig kar kunne vase seg så bort.

– Richard

Dermed har vi forsøkt å plassere gardbrukaren politisk, ei oppgåve som er omtrent like umogleg som å plassere mange av hans etterkomarar. Men vi skal vende tilbake til gardbrukaren. Drømmen om å kunne greie seg utan lønsinntekter og i staden kunne leve av det garden kasta av seg, kunne aldri realiserast. Bråten blei aldri ein så stor gard at dette var mogleg. Under opparbeidinga av garden, før den blei stor nok til å berge eit minimum av dyr gjennom fôringssesongen, var han opptatt av å kome i gang med større drift. Han leigde slåtteteig. Per synest å hugse at dette måtte vere i 1933. Det kan stemme, for på det tidspunkt stod Nystua ferdig, og alle ungar kunne flyttast for å gje plass til buskap i fjøset. Åge hugsar også leigeslåtta:

«Å slå på halvpart» er et uttrykk som ikke mange forstår i dag, og ikke forstod jeg det heller da far kom hjem og fortalte at han skulle slå på halvpart hos ho Berntina i Lavika. Berntina var blitt enke og hun skulle avvikle gårdsdriften og selge bruket til Petter Pedersen, siden flyttet hun til Bergen for å bo hos sin sønn.

A slå på halvpart betydde at man høstet, og fôret ble delt mellom høsteren og eieren. For far betydde halvpartslåtta et ekstra kufôr, og ku betydde melk som igjen var ekstra inntekt. Den kvelden summet separatoren på Bråten. Det ble kjernet smør som vi bar til butikken og byttet i varer. Separertmelka drakk vi opp.

Dr. Høyer skrev melding ved hver barneundersøkelse som at «Deres barn er tynne», Vi trengte visst både lettmelk og fløte. Men i dag forstår medisineren at kostholdet var riktig. Vi var tynne og friske, mens «ængelsmain» som kjøpte det norske heimsmøret døde av hjerteinfarsk.

– Åge

Vi har fleire gonger vore inne på at gardsdrifta var primitiv fordi garden vanta tekniske hjelpemiddel, men like ofte dukkar separatoren opp, og det er påfallande mange som har inkludert dette tekniske vidunder i sine barne-erindringar. I dag må vi kanskje på teknisk museum for å finne ein slik maskin, men den gong var det storveges til framsteg å kunne skilje fløten frå rømmen ved hjelp av ein maskin, i staden for å la mjølka stå til fløyten skilte seg ut og la seg på toppen av spannet.

Karl minnes ein separator som kom til gards – og for igjen:

> Gode agenter er gull verd for firmaer som vil ekspandere. Slike agenter kan overbevise noen hver om at deres produkter er det eneste å satse på i nåtid og framtid. Når de i tillegg kan tilby avbetalingskontrakter som ser innlysende enkle ut, er det ikke rart at folk flest biter på.
>
> Gammelseparatoren på Bråten gjorde god nytte for seg. Den var riktignok liten og ikke særlig lett å dra, men den skilte nå likevel det

vesentlige fra det uvesentlige og sørget for at innholdet i
«rømkrukka» vaks, surna og este til det var nok til kjerning.

Kjerna var av godt gammelt merke. Stavkjerna ble den kalt. Den var
sylindrisk, noe videre oppe enn nede (da kalles det visst avkortet
kjegle), og ca. 60 cm høy. Staven var noe lengre enn kjerna. Den
hadde nederst et kryss som ikke var ulikt solkorset. Kjerna fungerte
fint og sørget for at Otelius fikk smør som vederlag for margarin og
sirup.

Men tilbake til agentene. De greide å overbevise våre foreldre om at
det nok måtte mer tidsmessig utstyr til om småbruket skulle drives
lønnsomt. Det ble ny separator og ny kjerne – begge flotte å se på,
men jeg kan ikke huske at de skapte den store susen i bruk.

Redskapen skulle betales. Det førte til at verken kjerna eller
separatoren ble gammel hos oss. Lensmannen kom og hentet
nyerhvervelsene.

Fra da av fikk gammelseparatoren og stavkjerna sin renessanse. Jeg
tror de tjenestegjorde helt til den moderne tid brøt ut med
melkeleveranse til Sørreisa meieri.

– Karl

Det var ved dette lensmannsbesøket ein unge falt i fanget på han.
Dersom vi no samanheld dei opplysningar vi alt har fått om separatorar, stemmer det neppe at gammelseparatoren varte gjennom heile kjerne-tida. Konrad har fortalt om ein separator «Gerd» som kom i byte for pipa på fjøset då det ramla ned. Konrad er elles opptatt av det «kulturelle» som knyter seg til separatoren:

Separatoren var i bruk i mange år og virket behagelig søvndyssende
på oss når den gikk.

Jeg traff for noen år siden et kvinnemenneske som drev småbruk i
Nord-Trøndelag langt til havs. Hun drev på gammeldags vis med
melking, separering, ysting, kjerning osv. I samtalens løp måtte jeg ty
til det jeg visste om jordbruk og blant annet spurte jeg om «dem

ikke sovna når dem separerte», men da ble dama irritert og sa: «Vi somn då vel ikkje!»

— Konrad

Vi gjer eit nytt forsøk på å vende tilbake til gardbrukaren. Han prøvde seg altså med leigejord, han hadde interesse for å drive jordbruk, men han fekk ikkje sjansen. Leigeslått var eit særhøve, dei fleste gardane hadde nok med seg; det var ikkje mykje jord å leige bort. Men han hadde optimistisk tru på ei framtid, igjen i følgje Åge:

> Det hendte at både den dårlige tiden, jordbruket på Bråten, veianlegg og mye annet kom på tale når far var hjemme. Ofte sa våre foreldre:
>
> «Det blir bedre når gutan veks tel og får hjelpe tel».
>
> Vel, slik gikk det på en måte. Gutan vaks tel, Med spørsmål om å hjelpe tel, sitter vi kanskje alle igjen med en viss skyldfølelse. Men det var jo ikke alltid så greitt heller. Man skulle jo forsørge seg sjøl også.

— Åge

Kanskje skal vi ha litt skuldkjensle, men å døme etter barneminna, har det trass alt ikkje vore så reint liten innsats opp gjennom åra, frå ein var stor nok til å halde i eit grev. Det var kanskje helst arbeidsleiing det oftast skorta på. Men minnene om far som gardbrukar knyter seg helst til å vere tilskodar til det den vaksne gjorde. Karl minnest arbeid og skjemt i god blanding:

> Vi ungene måtte tidlig være med å ta et tak, og det var dessverre slik at viljen til innsats ikke alltid sto i forhold til oppgavene. Bråten var ikke særlig godt selvforsynt med brensel. Utenom torva, som var oppbrent til jul, sto det en og annen tynn bjørk oppover Fjellmobakken og Ramfløylia. Det var ikke uvanlig at «karran» måtte opp og hente en kjepp i ny og ne for å holde kulda ute.
>
> Første april 1936 skulle Per og jeg være med pappa og hente noen stranger. Det var skareføre og lett å gå. Datoen er lett å huske fordi episoden knytter seg til den. Jeg narra fatter'n april, sannsynligvis

ved å melde at han hadde hol i buksebaken eller noe sånt. Han gikk loddrett i fella, til min store glede. Dette skjedde før avgang. Han far sjøl tok spøken med stor fatning. Jeg trodde det skulle være min seier og hans store nederlag. Den gang ei -han tok en alvorlig hevn. Vi ruslet oppover på tørt skareføre, passerte torvsjåen (den kom seinere) og lyttet til den musikken som oppsto når komagene beit seg fast i underlaget, taktfast og sikkert. Ved torvdammen kom sjokket:

«PASS DEG!» sa han. Jeg hoppet høyt i frykt for å dette i dammen.

«Der fikk du igjen», sa han og gikk videre.

– Karl

Dei fleste minna våre knyter seg kanskje til slåttonn. Denne onna er så nært samanvevd med sommar, og det er eit merkeleg fenomen at dess eldre ein blir, dess finare var sommaren i barndomen. Det var drivande sol i dei dagar, det var turer til båtstøa og badeplass mellom øktene, det var meir klegg på ein sommar i dei dagar enn det har vore heile resten av livet. Så derfor må vi ha med eit slåtteminne, og det er Åge som fortel:

Slåtta stod for døra sommeren 1984. Jeg var blitt ti år og drømte, som alle gutter gjør, om å bli voksen kar og dermed også kunne slå kunsteng.

En dag kom jeg over en kassert hell hos Johan Hagerup, og når jeg spurte pent fikk jeg lov til å beholde den. Hellen var håndtaket for venstre hand på ljåorvet, og nabben handtak for høyre. På østlandske og trønderske ljåer har jeg for det meste sett to nabber. Hellen var litt av en treskjærerkunst og hadde fin fasong for handa.

Jeg viste far min hellen som jeg hadde fått og spurte om muligheten for å få meg en ljå til kommende slåttonn. Han betraktet den ei stund og svarte at hvis jeg skaffet emne til orv, skulle han ordne resten. Tidlig neste morgen gikk jeg med øks på nakken opp til Ramfløy og hugde ned ei høvelig older som orvemne, og innen kvelden kom var ljåen klar. Selve ljåbladet ble målt i «kvart», kanskje det var kvart fot, altså 76 millimeter. Voksne mannfolk brukte 6–7 kvarts ljå, så min måtte vel være ca. 4 kvart: ca. 80 cm.

– Åge

Her må vi gjere eit avbrekk slik at alt blir korrekt: Per fortel at ljådimensjonen blei målt i «kvart alen», og vaksne brukte 4 og 5 kvartingar. Åge sin ljå var nok ein 3 kvarting. «Det var bare bardudølene som brukte 6 og 7 kvartinger når de slo slettene langs elva,» fortel Richard. Dermed går vi vidare i Åge si forteljing:

> Det var mandagsmorra i slutten av juli. Klokka var vel åtte-ni på morran da vi startet slåingen av litjemyra. Sola varmet godt fra sin posisjon litt sørom Syvklubben. Mor satt oppå bakken og så på oss. Pappa gikk først med sin 5-kvarting, Richard kom med sin 4-kvarting i skårgang nr. 2, og lille meg med 3-kvartingen i siste skårgang. Han ga oss undervisning om å «legge frami» og «å slå velt», og ellers var det bare ros-ord å høre.
>
> Det er få mennesker som kan klippe nøyaktig etter en strek med saks uten at også fjeset blir med. De fleste gaper i takt med saksa. Det samme var tilfelle med slåttekaren. Det var vanskelig å slå velt og legge frami på rett måte uten at det også virket på ansiktsuttrykket. Her hadde hver slåttekar si private «flika». Far hadde sin, og den var av en slik beskaffenhet at mor påstod at det hadde aldri blitt noe ekteskap dersom hun hadde sett ham i skårgongen før forlovelsen. Mi slåtteflika var kunstig, for jeg kunne hverken slå velt eller legge frami. Men flika måtte det jo være når man slo kunsteng, så jeg prøvde så godt jeg kunne å etterape Arthur Solvold. Han hadde gjort et dypt inntrykk på meg i skårgongen. Vi hadde vel også vår egen teori om flika i sin alminnelighet at den burde være konstant. Da Mortensen i 1937 startet sangkor, innøvde han mange svenske sanger, blant dem «Svea Moder åt oss alla». Mens koret sang av full hals og med rørt hjerte «Aldrig, aldrig skola vi dig svika», kunne Østremgutan tydelig høre at en viss mann fra Forstrand sang: «Aldrig, aldrig skifta vi på flika».
>
> Vel, dagen var varm og kunstenga hard. Utover dagen så vi smårollingan springe ned i fjæra for å lauge seg i den speilblanke

fjord, eller stoppe underveis for å finne litt gressløk og krøkebær. Som slåttekar var jeg nå avskåret fra dette søte liv.

Arbeidsdagen sluttet med sliping for neste dag. Far prøvde ljåen min og konstaterte at den ikke behøvde noe særlig sliping. Den var kvass som en barberkniv, så antakelig hadde den ikke ligget så langt frami likevel.

– Åge

Det lyser litt god pedagog frå historiene om far som ventar på at «det blir bedre når gutan veks tel». Skal det bli betre, må gutan lærast opp, og det skal skje med oppmuntring. Vi skal gje ordet til Rolf som held fram der Åge slutta: ved slipesteinen:

> Å dra slipesteinen var noe av det verste jeg visste. Brødrene brukte uendelig mye tid på en ljå og kjeftet noe voldsomt når de liksom så på egga og steinen stanset imens. Den skulle gå – ellers rant vannet av. Og vann var et knapt gode.
>
> Når han pappa en sjelden gang spurte, skred jeg til verket med stor glede. Han hadde fått i oppdrag å gjøre veg til Hilbergs torvskjå og skulle ha «bett» i ei øks før han satte i gang. Det ble til at jeg ble med ham bort. I konkurransen om hans oppmerksomhet kom midtskiktet i barneflokken ofte til kort. Han snakket med de store og holdt de små på fanget. Men denne gangen ble jeg utnevnt til «formann» og jeg fulgte ham trofast på veganlegget, som tok et par uker. Jeg husker han fikk 60,- kroner for jobben.
>
> Jeg var visst til litt hjelp. Jeg bente «skattene» ned mens han rothogde og jeg dro forskjellige røtter bort, Siden kom Ivar med bil og grus og da ble det folksomt, men også etter dette var jeg hans medhjelper.
>
> – Kan du hente pipa mi på steinen der borte?
>
> Sprang gjorde gutten. Endatil hjemme fikk jeg ros:
>
> – Eg har så god hjelp av han Rolf. Han e jo blitt en stor gluint...
>
> Det varmet.

– Rolf

Gardsarbeid er så mykje, ikkje berre det som knyter seg til åker og eng, buskap og innhausting. Når naturen skal gje levebrødet, må ein hauste av alle ressursar, så det høyrer med nokre ord om jegeren. Richard fortel:

> Heime i Sandvika var snarefangst av ryper ei attåtnæring når det ikke var anna arbeid. Etter at han flytta til Bråten prøvde han også den mulighet til å skaffe seg inntekter. Han fikk ryper, og han lærte andre rypefangere å sette snarer, bl.a. å bruke agn. Han brukte kommar, bjørkerakler, som agn på begge sider av snara. Han satte snarer som jeg og Åge skulle røkte. Disse snarene sto et stykke ovafor veien. Vi fikk aldri noen ryper der, men om sommeren fann vi igjen ei av snarene.
>
> Seinere en gang vi var på søndagsskolen, snakka Marit om Satan som satte snarer etter menneskene. Da gnall Åge: «Ja, eg og han Richard vi fann ei av dem i skogen.»

– Richard

Også neste rapport om snarefangst har fått ein teologisk snert, så her kan det kanskje dreie seg om eit heldig samvirke mellom det onde og det gode, i alle fall skal vi gje ordet til Ingebjørg:

> Det nærmet seg jul i 1927. Pappa var hjemme og drev med rypesnarer. Det var lite å få, og rene armoden grinte om gammeveggene. Hvis han ikke fikk ryper, ble det ikke noe go'mat i jula, knapt nok mat i huset. En kveld mamma leste Fader vår med oss, sa hun at vi måtte be om at Gud måtte sende mange ryper i snarene. Hun bad føre og vi etter. Dagen etter fikk han sju ryper i snarene, og julematen var reddet.

– Ingebjørg

For oss ungane er gardsarbeid i stor grad knytt til dei daglege gjeremål som ikkje alltid hadde med «gard» å gjere, dei knytte seg til dei oppgåver som var ein direkte følgje av at livet var primitivt.

Kampen for føde dreidde seg ikkje berre om mat, like viktig var vatnet og varmen, og arbeidsinnsatsen som kjem fram i rapportane, handlar svært mykje om torvbæring, vedbæring og vassbæring. Før neste mann slepp til, skal hitsetjast eit øyeblikksbilete som er heilt lausrive fra samanhengen, men det dreier seg om torv, Rolf, som i det komande skal fortelje korleis det arta seg dette livet med konstant mangel på ved og vatn, pleidde å trekke opp på littjeloftet med det klare motiv at han skulle gjere lekser. Han ga inntrykk av at det var trong for ro til den store konsentrasjonen, og dette blei respektert. Vi andre satt med vårt på det andre loftsrommet. Så kom det eit forsiktig spørsmål nedanfrå:

– Du Rolf, du har'kje tid å stekke på myra etter en sekk torv?

Men då var den konsentrerte studenten somna. I ørska hadde han oppfatta noko av spørsmålet og kom styrtande ut til oss andre med klårt behnv for hjelp:

– Dokker har'kje litt *tid* å låne meg?

Vi bruker denne introduksjonen fordi den som skal skrive om VED OG VATN på Bråten, må få lov til å bruke litt tid. Den største revolusjonen på Bråten skjedde den dagen vatn kom i røyr inn i huset, men *vår* historie dreier seg mest om tida før det, så difor går ordet til Rolf:

Rolf: og ved og vann

I eventyret fikk Askeladden holde kokka med ved og vann – og det lød som en ren latmannsjobb. I det virkelige liv var dette ikke den letteste livsoppgave. Vi var flere som delte ansvaret, men ti sønner av vekslende alder og kvalitet kunne ikke greie å holde «fjøsvatnhølket» og «vassbenken» fylt til en hver tid. Om det hadde vært bare én sønn, hadde det da vært bedre? Ingen får vite svaret – og godt er det!

De lokale forhold var slik at vannet måtte bæres. Da far kom hjem fra sitt eiendomskjøp i Hesjebogen, spurte man om det var vann på nybygget som var under planlegging.

– Vann? Ja, ikke mindre enn en bekk på hver side, var svaret. Den som trodde at eiendomnens delelinjer ble markert med to bekker, tok feil.

Far tok derfor «sula» fatt, lokaliserte vann under bakken mot myra – og begynte å grave brønn. Det ble ingen Sykars brønn – enn si noen annen berømt eller beryktet brønn. Jeg kan ikke huske annet enn noe råtnende grums nedi leira.

Lorentzbekken og Bogelva kom godt med som reservoar. Et «vassholl» nede i bakken fungerte om sommeren. Ellers var det tungvint transport med tønna på ei ski som skapte grunnlag for vanndrikking hos mennesker og dyr om vinteren.

Tønnemetoden var utviklet av en eller annen som ville ha med seg mer enn ei «fær» når han endelig gikk. Tønneteknikken var slik: Man fant ei ski – ikke det letteste det heller. Oppå skia plassertes ei tomtønne.

Mot Bogelva var ferden full av komplikasjoner. Tønna var for lett, skia sto. stille mens tønna beveget seg, med det resultat at hele prosjektet stanset opp. Østremgutten gikk ikke av vegen for – i avsindig sinne – å slå tønna med det som var for handa. Til sinnet ga seg.

Vel framme parkertes skia med bretten rettet hjemover. Tønna berørte «orga» på skia i bakkant. Ei bøtte hørte også til utstyret. Man begynte nå å bære – etter å ha slått hull på isen – bøtte etter bøtte opp i tønna. Det kunne ta timer, for det rak stadig folk forbi. Jeg husker de sa at det var en lur oppfinnelse, men det sa de nok bare fordi de aldri hadde brukt den sjøl.

Det som hendte fra nå av var at skia og tønna hadde frosset fast i underlaget, mens vannet i et utmerket bedagelig tempo var blitt påhelt. Det kunne jo reke en kamerat forbi som hadde en «russ» på seg, eller det kunne være interessante nyheter i verden, som dem Karl beretter om – alt sinket arbeidet.

Når hjemfraktingen skulle begynne, satte man ryggen til i et rykk – og skia løsnet. Men rykket bragte innholdet i tønna i ekstase. Først fikk du deg en foss over skulderen, som rant nedover brystet og like etterpå stivnet til is. Returen fikk vannet til å slå forover. Det plasket nedover skia, som fikk et belegg av is. Den halvfulle tønna kom omsider hjem til gårdsplassen etter umenneskelig slit.

Men nå var vasshenteren unnskylt hvis han gikk inn og varmet seg. Ofte fikk han medfølende ord på grunn av isen i klærne. Det kritiske punkt på vannvegen var mellom fjøs og stue. Der ble ofte tønna stående. Når endelig noen skulle prøve å få inn vannet, var det frosset ei sterk skorpe over. De to–tre bøttene ble så omsider fordelt til husholdet, kuer, geiter og sauer.

Det var buskapen på Bråten som skrev det kjente diktet om «vann»:
>*vann som rinner, vann som risler,*
>*vann om våren, vann on høsten...*
>*vann i Norge, vann av renhet...*
>*...*
>*Herre Jesus – gi meg vann!*

«Ved-sluken» kaltes stueovnen! Om den var det, ut fra objektiv gransking, er en annen sak. Det var heller knappheten på brensel som var utslagsgivende. Huset var «godt og varmt», ble det sagt på kyndig hold, men oppvarmingen var slett. Vedsluken ble fyrt i jula, aldri ellers. «Veden er som en dyr medisin», sa mor, «den kommer inn dråpevis...»

Mange ganger falt jeg i staver når jeg kom over gamle stubber, – at vi engang hadde eid slike kjempetrær, forundret meg. De fornybare ressurser ble hardt høstet og de gamle stubber på Fjellmobakken fortalte sitt tydelige språk: Naturen holdt ikke tritt med vårt vedbehov. Trærne ble felt, tynnere og tynnere. Fra Vangsvika så vår teig ut som en hvit sytråd om vinteren, snauhogd som den var helt til fjells. Torvinga var løsningen. En tid tok også andre ut torv i damnen, så brenntorv var det nok av.

Rart å tenke på, når vi i dag ser bjørkeskogen tett og frodig, at vi brente ned til minste riskvist.

Gardbrukaren

Var så dette huset så godt og lunt egentlig? Tja, vi hadde kledning, hvilket ikke alle hadde, men etter nåtidens standard hadde det neppe holdt mål. Men hvem husker ikke hvordan tegneferdighetene utviklet seg i dampen på vindusrutene?

Askeladden satt der og tegnet i stedet for å skaffe kokka vann og ved.

– Rolf

Vi har med denne oppsummeringa frå Rolf fortalt ganske mykje om det som skjedde som gardsarbeid mellom onnene. Det daglege liv bestod av torvbæring, vedsaging – dersom det var noko å sage – og vasshenting. Og vi skal like godt bli ved tønna og Bogelva saman med Karl som kan plassere ei vasshenting presis inn i Norgeshistoria:

Jeg var ansvarlig for å få heim vatn 9. april 1940. Det var masse snø, og tungt å manøvrere ei tønne vatn på ei ski fra Bogelva og heim. Første tønna var overført til fjøshølket. Neste forsyning skulle til husholdningen. Jeg hadde fått tønna halvfull da han Bernhof på Forstrand kom i firsprang med merra foran sleden. Jeg tenkte at nå blei det litt lettere å kjøre tønna når han brøyta vei.

Han Bernhof stansa og ropte gjennom snøkavet: «Du Kalle, no e' dæ krig i Nårge. Tyskertan har gått i lainn i Narvik å fem aindre bya. Men ængelskmain e, på vei.»

Dermed kjørte han videre, og jeg tok min halvfulle tønne i løpefart heimover. Her ble Bernhofs historie gjenfortalt. Den skapte uhygge og bekymring, ikke minst for dem som var på Lofoten.

– Karl

Med dette har vi introdusert ein tidbolk der garden ikkje berre var viktig – han var livsviktig. Frå ei langvarig krisetid gjekk ein rett inn i krigstid, og om ein aldri så mykje hadde pengar, var det lite å skaffe seg for dei. Det jorda kunne gje, var viktigare enn alt anna.

Krigsvåren 1940 var særleg vanskeleg. Åge fortel:

Det var uråd å få noe i jorda, og det var jo reint ille så avhengige av markens grøde som man nå var blitt. Hestene var innkalt til det militære, og alle voksne mannfolk var enten ved fronten eller ute på arbeid.

Far var derfor meget stolt av sine hjemmeværende sønner da han kom hjem. Poteten var likevel kommet i jorda. Jeg ser ham for meg enda. Med hendene på ryggen og med lange skritt gikk han langs potetåkeren og kunne etterpå fortelle at vi hadde spadd over ett mål. Det var Karl, Per og jeg, i alder henholdsvis 12, 14 og 16 år, som hadde gjort jobben.

Motet var stort. Vi skulle jo vinne den der krigen, og noen måtte ta et tak på den indre front. En ekstra stimulans var det også at vi fikk tak i franske ekstra sterke sigaretter. Krigen førte jo også noe godt med seg. Rampungan røykte.

– Åge

Til denne hendinga er det fleire som knyter mange minne, og vi sender ballen over til Karl:

Spavendinga gikk med liv – og delvis med lyst. Under arbeidet var det mange avbrekk. Det var jo krig rundt oss og mye å følge med i. Båter som rak forbi måtte jo identifiseres. En og annen destroyer patruljerte på Solbergfjorden – og flyaktiviteten var stor.

Engelskmennene hadde fått over noen nye en-motors jagerfly, Hurricane, meget hurtiggående. De ble fulgt med argusblikk og vurdert.

De tyske flya hadde strømlinjeformede vinger i lett bend bakover. Hurricane'ene hadde motsatt vingeform. Det var liksom at de skar seg inn i fartsretninga. Fort gikk de, og de var lett i vendinga.

Men mest interesse og flest kommentarer fikk en Sunderland-maskin som nærmest gikk i rute mellom Tromsø og Salangen. Vi identifiserte den som franskmann, men jeg lurer nå på om den ikke var engelsk. Imidlertid ropte vi «vive la France» til den hver gang den passerte lavt over litjemyra. Vi visste vel ikke hva det betydde.

Setningen var hentet fra en tegneserie, «Bob og Frank i Afrika», tror jeg det var.

Ellers var språkkunnskapene svært begrenset. Det dreide seg om «USE NO HOOKS», som det sto på salpetersekkene, og MADE IN NORWAY, lydrett uttalt. Bataraiki, som sies å være samisk for et norsk ord som begynner på ræ og slutter på a, forsto vi betydningen av.

– Karl

Som det tydeleg går fram av desse glimta frå ein barndom, er det mest uråd å skilje ut ein gardbrukar i dette dagleglivet. Daglegdrifta var eit allemannsansvar for ho som heime var og dei av ungane som ikkje fulgte far på arbeid utanom garden. Vi kan berre vende tilbake til hans eige utsagn: Han fekk aldri tid til å vere bonde.

Under krigen blei det også dyrka korn på Bråten. Det var neppe store mengder som blei mogen, men det var eit viktig tilskot til kosthaldet. Bonden som i sin ungdom investerte i treskemaskin, måtte som gardbrukar treske kornet for hand. Dei blei litt byggryn og litt byggmel, noko Knut har vage minne om:

> Eg har ikkje mange minne frå krigstida, men to av dei eg har, knyter seg begge til mat, begge til korn. Det eine kan tidfestast nokså nøyaktig til ein av dei første dagane av februar 1944. Då kom Konstanse med barselmat etter at Hans Helmer var fødd. I tillegg til mora var det kanskje berre dei aller minste som fekk meske seg med det som var att. Og Konstanse sin barselmat er det beste mi tunge har møtt. Ho hadde med «riskrem». Men det var krig, ingen forsyningar, ingen tilgang på slike goder som risgryn og alt det andre gode dei hadde hatt «før krigen». Difor brukte Konstanse byggryn i sin krem. Men kremen var krem, og sukkeret var brunsukker som låg i små klumpar inni kremen og på botnen av bollen, så vi som fekk «resten» fekk kanskje også det meste av sukkeret. Eg har som vaksen ofte tenkt på korleis byggrynsriskrem ville smake meg i dag, men eg nektar meg sjølv å prøve, i frykt for å øydeleggje eit godt minne.

Syregras-suppe derimot er like godt i dag som den gong, og det var ein gledens dag den dagen mine eigne ungar ønskte seg denne eksklusive retten på sjølvaste 17. mai!

Det andre minnet knyter seg til ein sekk bygg og far. Enda så diffus han er i mitt minne, har dette festa seg. Det er det klåraste bilete eg har av han, og då eg kom på skolen og hørte Terje Vigen, smelta dei to personane saman, så eg veit korleis Terje Vigen såg ut.

Svein og eg fekk vere med på ro-tur til Lavika. Vi skulle til Konrad. Når minnet står så fast, er det fordi det var ein mystisk, hemmeleg reise og for meg var heile krigstida mystisk, hemmeleg og farleg. Eg åt opp kleda mine i rein angst, men det var lenge før psykologien kom inn i verda.

Men reisa til Lavika var ikkje farleg; han som rodde ga tryggleiken. Likevel var reisa dirrande spanande enda eg ikkje visste kvifor. Vi skulle ro etter at det var blitt mørkt, vi måtte ikkje seie noko i båten, han rodde varsamt for ikkje å skvulpe med åreblada.

Framkomen til Lavika tok ho Elise seg av oss; vi måtte vere inne medan dei vaksne mannfolka styrte med noko anna som vi ikkje skulle sjå. Kornsekken bar far opp til eit lite hus.

Minnet skriv eg no ned med den stenk av mystikk som eg den gong opplevde, kanskje gjekk turen meir normalt føre seg. I ettertid veit eg at ein viss grad av løyndom hørte med til denne reisa, så det var rett oppfatta. Det dreide seg om å male korn. Konrad hadde mølle, den skulle ikkje nyttast utan løyve og berre til korn som var registrert. Det var ulovleg maling som skjedde den kvelden.

Eg sovna på turen heim. Det var stupmørkt. Pappa tok av seg trøya og breidde over meg. Det hugsar eg, fordi bukseselene var det første eg såg då eg vakna av at båten skura mot fjæresanden i heimestøa.

– Knut

Og med dette skal vi forlate gardbrukaren. Vi kunne hatt med mykje meir av minne som knyter seg til gardsdrifta, vi kunne fortalt om små og store gleder og tragediar, om kyr som gjekk utfor fjellskrentar og måtte avlivast, om den spesielle jordbrukssesongen som heitte «lauving», då vi skar kvist med nysprungne blad og fletta til nek som blei tørka over sommaren og nytta som tilleggsfôr til dyra.

Men det var gardbrukaren vi ville fortelje om. Det har vi gjort, og vi kan trekke konklusjonen: Han gjorde så godt han kunne, han gjorde det mest på seine kveldar og nattestid etter full dags arbeid hos andre. Vi hugsar han i arbeid frå grytidleg morgon til sengetid i eit døgn som alltid var for kort.

I slitet låg mange draumar. Det var draumen om å kunne hatt ein stubbebrytar og ein liten traktor. Ja tenk om han hadde hatt det!

Fiskaren

Som vi alt har vore inne på, var han sjølv tilhengar av kombinasjonsbruk jordbruk og fiske. Det var ikkje noko han fann på av seg sjølv, det var ein landsdelsnormal kombinasjon, også nedarva i eigen familie.

Vi har fortalt om hans far som sannsynlegvis dreiv fiske i kombinasjon med drifta i Sandvika. På same måte som far tok med seg sine søner på arbeid, må vi rekne med at Andreas tok med seg sine. Vi har alt fortalt om ein aktiv fiskar frå den tid han levde som ungkar i Sandvika.

Vi tar ikkje mål av oss til å fortelje ei kronologisk historie om heile hans yrkeskarriere på havet. Vi kan berre halde oss til den delen som ligg innanfor vårt minnespenn. Vi kan derfor starte med nokre gode minne frå dei svært unge som minnest fisketurar med far. Først Knut:

> Eg var misunneleg på dei store som hadde vore saman med far både i Gullvika og andre stader. Sjølv kom eg så skrekkeleg langt ut i rekka, så det var smått om plass i framskotten. Men ein seinsommardag var det min tur til å bli med – heilt til Solberggrunnen. Eg er heilt sikker på at det var eg sjølv som torde å

spørre om å få lov å bli med og fekk ja-svar og den omsorgsfulle ordren: «Men kle godt på deg!» Men Svein, den kleksa, greidde sjølvsagt å albue seg med han òg, så eg måtte dele jubelen med han.

Eg hugsar dei lange, seige åretaka, den rolege rytmen. Det var flott å vere skott-unge når rorskaren oppførte seg sånn. Eg hadde hatt andre røynsler med visse rorkarar, mellom anna ein som skulle vere Olav Trygvason og gå på årene utabords. Men det gjekk ikkje.

Frå fiskegrunnen hugsar eg det same: Ein heilt spesiell teknikk, sakte ut med snøret, eit raskt rykk og eit seigt drag. Så hugsar eg at han song. «Det hender vel ofte du kaster fra tofte ditt snøre fra bord.» Skikkeleg Petter Dass-vise veit eg no, men den gongen beit eg meg berre merke i orda og rytmen. Eg har aldri hørt songen sunge slik seinare. Dei tunge stavingane kom akkurat i det jarsteinen var nede og han rykte til, slik: *Det hender vel* **ÅÅ***fte, du kaster fra t***ÅÅ***fte ditt snøre fra b***OOO***rd, men har ikke l***YY***kke til flyndren at r***YY***kke med angel og sn***OO***r, med angel...*» Og så beit fisken, og så var det konsentrert draging.

— *Knut*

Men dette var heimefiske, det var kokfiskdraging, ein avslappingstur etter ein onnedag, sikkert. Og han tok nok nokre slike turar. Dersom han hadde same motiv som alle hans søner og døtre når dei kjem til Bråten og skundar seg i fjæra og på sjøen, så kjenner vi att det mentalhygieniske ved desse turane. I alle fall knyter barn gode minne til slike hendingar, og vi lar Rolf fortelje om sin fisketur:

Jeg har et minne om en fisketur alene sammen med ham. Han var i et avslappet hjørne, ba meg ro. Han var sikkert ikke fornøyd med mine ro-ferdigheter men han bare smilte og kom med oppmuntrende ord. Mens jeg plasket med årene og båten gikk i sikk-sakk, gjorde han klar redskapen – juksa. Han småpratet med meg om mulighetene – prøv litt mot Skatvika. Jeg trodde jo egentlig at det var dit jeg hadde kursen, men skotten vendte mot Russevåg. Jeg fant meg et mé med mine nærsynte øyne og holdt blikket ufravendt på

Einar i «kunstenga». Sommaren 1956.

Bernhoffsnauhøgget helt til han sa vi skulle legge bi. Joda, det ble noe dill. Han var misfornøyd med størrelsen og ba meg ro lengre ut.

Jeg hadde andøvd for brødrene og det hadde vært en sammenhengende lidelse med skjellsord og karaktersetting. Hos far fikk jeg Særdeles godt, også lenge etter at jeg sjøl forstod at vi ikke lå stille. Men han var utålmodig som fisker og halte inn og ga ut i ett sett, derfor ble det heller ikke botnfast.

Fisk fikk vi vel så vidt koking av. Viktigere var det å vite at jeg hadde en far helt for meg sjøl. Han satt der brunbrent og fornøyd på tofta. Pipa var det fyr i, og sjøl om det fra tid til annen kom bitre kommentarer om denne fiskelause fjorden, skjønte jeg at han koste seg.

Det kom en båt roende. Etter å ha skjelt ut fisken som ikke ville ta i for noen av dem, kom samtalen inn på personellet. Jasså, det er han Rolf du har med deg i dag? Ja, det var så. De vokser til? Javisst, og greie, staute karra blir det.

– Du kan ro, da? Det var et betimelig, men høyst støtende spørsmål for en femtenåring. Han visste kanskje om at jeg ikke kunne skikkelig, enda jeg hadde vært fast presterøer på Tranøya, Revsnes – Tranøy og retur, i tre samfulle uker sammen med Leif Heimtun fra Stonglandet – som om mulig var enda kleinere enn meg.

Men det er da ingen sak når man har en far som sa:

– Ja visst kan han ro!

Jeg tror jeg lærte framgangsmåten på turen hjem mot støa. Sjøltilliten har så menn mye å si.

– Rolf

Men presentasjonen av fiskaren skal handle om noko meir enn berre heimefiskaren. Å vere yrkesfiskar er noko heilt anna. Vi har tidlegare fortalt om sjarken «Åge» og komplikasjonar og ein vond lagnad for denne båten, som skulle bli sjølve grunnlaget for yrket. Utan båt er det vanskeleg å vere fiskar, og vi må difor ha med fleire båthistorier. Åge fortel:

Hva som ellers angår båter kan følgende fortelles: I 1930 eller deromkring kom han hjem med en festlig liten to-roring som han kjøpte på Lofot-turen. Heller ikke denne båten fikk han eller vi så stor glede av. Jens Jensen, en gammel fisker og tidligere eier av Albert Sletten-godset, lånte båten for å drive hjemmefiske, og der ble den i mange år. Kontrakten var at vi skulle få fiskekoking etter som vi hadde bruk for, men så vidt jeg husker ble det heller lite med det, og de få fisker som ble bragt til Bråten var små, og som regel smakte det tjære av dem.

Onkel Einar Bratli og far dreiv lofotfiske i 1934 med leid båt fra Wangberg-gutan. De var uheldige og fikk skade på båten. Dermed byttet to-roringen plass fra Jens Jensen til Trygve Wangberg, som pant for en reparasjonsregning som ikke ble betalt. Det var langsomme år for oss gutan. Når vi var på kaia, så vi Edmund og Kyrre kom roende i *vår* båt, men så var den ikke vår likevel. Vi stod ofte og så utover en speilblank fjord og drømte og håpet.

Derfor var det en høytidsdag, en sommerdag som vi aldri glemmer. Far arbeidde nordpå Senja og kom roende hjem. Det var for så vidt ikke uvanlig, men alltid i lånt båt som vi ikke fikk lov til å røre. Men denne gangen kom han i en båt som han hadde kjøpt. Det var en 3-bording, smal og lettrodd. Den båten hadde vi mye glede av. Men som alt annet fikk den stygg medfart. Det var ikke alltid at vi hverken klarte eller orket å sette den skikkelig opp, og når det til sine tider kunne være værhardt i støa, fikk den sprekker og ble ødelagt, Jeg tror likevel den overlappet i tid det neste båtkjøp som ble gjort i 1941, da far kjøpte en stor 3-roring hos Harald Moen. Det ble båten for den yngre generasjon. Det var med denne båten vi seilte så mye. Den lengste seilasen var fra Øst-Lofoten og hjem ved påsketider 1941.

– Åge

Vi må ta eit forklarande brekk her av omsyn til moderne lesarar som ikkje er fortrulege med båttypar og nemningar. Her er det tale om ein 3-bording og ein 3-roring, og det er to ulike båttypar. Tre-roringen er ein stor robåt med plass til tre rors-karar, derav namnet. Den andre båttypen har namnet sitt fordi han er bygd av berre tre bord frå kjølen og opp til ripa. I nord-norsk samanheng var det den gong som no ein sjeldan båt. Den høyrer til lokal båtbyggjartradisjon i Hardanger og Sogn. Når trebordingar hamna i Nord-Norge, skjedde det i liten grad på grunn av eksport. Det var ofte armoda som sørga for at båten blei att der nord. Folk frå Hardanger og Sogn deltok i lofotfiske. Ofte fekk dei slep nordover for trebordingen sin med større båtar. Men blei fisket dårleg, gjekk robåten i stampen der nord for å sikre seg billett til heimreisa.

Det var også ein annan grunn til at desse små vestlandsbåtane hamna nordpå, og i tilfellet med vår båt er nok Per si forklaring den rette:

> Trebordingen som ble kjøpt på Olsborg i Lenvik hadde tidligere vært brukt som not-lettbåt, og det kan vel være forklaringen på at en vestlending var havna oppi Gisundet. Et notbruk må jo kjøpe en ny lettbåt når den gamle er forgangen, så kanskje det skjedde under sørasildfisket.
>
> – Per

Vi gjer ikkje freistnad på å setje opp noko kronologisk forteljing om hans mange reiser på fiske, men det er sannsynleg at vi kunne ha gjort det. Dei kjelder vi har, fortel at han deltok i lofotfisket relativt regelmeseig gjennom alle år heilt fram til 1941. Men dette med å dra i eigen båt høyrer til unntaka. Det normale var å vere leigekar hos andre. Turane med «Kometen» var ein årleg foreteelse i åra før han gifta seg, men han heldt fast ved denne arbeidsplassen også etter at han kom til Bråten.

Det var ikkje berre lofotfisket som hørte med til «sesongen». Han deltok også i finnmarksfiske, om enn ikkje like regelmessig som på Lofoten. Torskefisket i Finnmark gjekk føre seg frå påsketider og fram mot tidleg-sommaren, og for ein som skulle kombinere fisket med anna verksemd, greip Finnmarks-sesongen for mykje inn i onnearbeid og andre gode arbeidsmuligheter, t.d. vegarbeid. Men av og til blei det også Finnmark-tur. Han var på fiske saman med Bratligutane. Saman med Einar rodde han fiske med småbåt frå Syltefjord. På den turen reiste dei nordover og leigde seg båt hos «fru Fuglvik» som også skaffa dei husrom.

Den tredje aktuelle sesongen for ein nordnorsk fiskar, notfiske etter sild og sei, veit vi ikkje om han deltok i i noko særleg grad etter at han blei gardbrukar. Men at han i alle fall har vore på seifiske, kan Richard hugse:

> Han hadde også vært på seifiske sammen med lyngsværinger. Om det var da han hadde oppdaga at de var spesielt hjelpsomme, veit jeg ikke, men at han mente det, viser ei hending fra heimturen fra Lofoten i 1940. Vi hadde starta fra Gullvika tidlig på dagen og rodde i stilla innover Raftsundet mens hundrevis av skøyter på nordtur gikk forbi. Vi vinka med fanglina for å få slep, men det så ut til at alle hadde nok med seg sjøl.
>
> Vi ungggutan blei nokså mismodig og tenkte med gru på at vi måtte ro heilt heim, men han pappa meinte at vi måtte ta det med ro og se om det ikke skulle komme en lyngsværing. Så kom det en. Han var nedsylta i småbåter og bruk så du knapt kunne se folk ombord, men likevel bakka han opp og beklaga seg over at han ikke kunne ta oss med. Det samme skjedde med neste lyngsværing. Seinere fikk vi slep med en lenvikværing.
>
> – Richard

Vi skal opphalde oss meir ved denne lofotturen i 1940, ein svært spesiell sesong, og vi gir ordet til den andre deltakaren som var med på turen, Åge:

> I januar 1940 var far på veiarbeid ute på Å. Han skrev hjem til mor og fortalte at sesongen snart var over, og for ikke å risikere arbeidsledighet utover vinteren, hadde han fått i sinde å dra på lofotfiske. Han ville ta gutan med seg, båt skulle han leie hos Sigvard i Myra, og hus hadde han skaffet i Gullvika ved Brettesnes.
>
> En av de første dagene i februar var vi startklar, og vi rodde fra Myrstøa til Finlandsnes for å reise videre med «Tordenskjold». Vi ankom til Brettesnes en søndagskveld og var i gang med fiskingen allerede følgende tirsdag. Det gikk nok så som så med fisket, men omsider spilte det visst ingen rolle enten man hadde gjort det godt eller dårlig. Krigen kom til Norge om morran den 9. april, og det gjaldt å komme seg hjem med livet i behold. Vi startet den 10. april

ut på ettermiddagen. Småbåten var lastet med gods og tre mann. Vi rodde, samtidig som vi prayet alle skøyter for om mulig å få skyss, men ingen ville stoppe. (Jfr. likevel Richards gode attest til lyngsværingene).

Da vi rodde gjennom Raftsundet, hadde passert Hanøya og var på tur inn i Vesterålen, var det omsider en Lenvik-kutter som slo bakk, og vi fikk følge med den. Vi kom til Harstad sent på kvelden og møtte en mørklagt by. Det var en vaktmann på kaia som fortalte at det var krig i Gratangen. Vi så engelske krigsskip som passerte forbi.

Dagen etter var vi hjemme.

– Åge

Det er inga uvanleg historie dette at det blir mykje dramatikk knytta til fiskaren sitt liv, men denne sesongavslutninga var spesielt dramatisk, så vi utfyller biletet med eit synspunkt fra andre sida, frå dei som gjekk heime og venta på småbåten.

Karl har fortalt oss om då han med ei halv vasstønne mottok bodskapen om krigen og var den som formidla det heime:

Det skapte uhygge og bekymring, ikke minst for dem som var på Lofoten, I dagene etterpå tøffet små og store båter nordover leia, også om natta. Mange hadde slep, og vi var spente på om en av småbåtene skulle skille lag og ta kursen mot støa vår.

De kom omsider, og det ga midlertidig trygghet.

Men krigen kom stadig nærmere. Tyskerne ble frekkere og frekkere med flytokter som særlig hadde til hensikt å lamme kysttrafikken. Kanonaden fra frontlinjene i Gratangen og Bjerkvik var hørbar dag og natt. Sårede soldater ble inkvartert på internatet som for anledningen ble midlertidig lasarett.

Ryktene gikk om både det ene og det andre. Det ble vekslet forsiktige ord om krigen. Far var i sitt 53. år. Han hadde avtjent verneplikt før første verdenskrig, men av en eller annen grunn hadde vi ungene god informasjon om livet på moen. Han hadde «exert» sammen med navngitte personer. Noen hadde han fortsatt kontakt med fra tid til annen. En av dem var Konrad Brandvoll på Rubbestad. Han mistet en av sine sønner da panserskipet «Eidsvoll» ble senket på Narvik havn.

Eksersisen på Setermoen var fars eneste krigerske erfaring.

Med dette som bakgrunn husker jeg at han en dag ved middagsbordet sendte ut følgende melding uten noen bestemt adresse:

– Eg trur eg må melde meg.

Tausheten rundt *pater familias* var stor. De fleste forstod hva budskapet innebar. Ingen kommenterte. Mor tok en rask runde bort til grytene. Bevegelsene var kjappe, ansiktsuttrykket skarpt – men samtidig ikke bebreidende. Jeg visste ikke dengang noe om kroppsspråk, men skjønner i dag at den ordløse tilbakemeldingen omtrent innebar følgende:

– Du har et dobbelt ansvar det ikke er lett å komme til rette med. Landet trenger alle våpenføre menn i kampen mot innbryterne, men du har samtidig en stor familie som trenger deg. Valget kan ingen hjelpe deg med.

Han meldte seg ikke til tjeneste, men jeg tror dette plaget ham helt til det ikke lengre var behov for norske soldater.

– Karl

Desse hendingane frå 1940 har kanskje ikkje noko spesielt med fiskaren å gjere, men dei fortel om fiskaren, gardbrukaren, vegarbeidaren sitt dilemma, lojalitetskonflikten. Forsørgingsbøra var enorm, kravet om å slåst for fedrelandet var ei æresak, og ei djupt rotfesta plikt. Vi har ingen vanskar med å forstå hans val, ingen skal bebreide han at han ikkje gjekk i krigen. Det var krig nok på den fronten har ferdast på til dagleg. Han hadde bak seg ein sesong utan anna resultat enn blanke nauda framfor døra. Åge fortel:

> For første gang i fars liv var det bare en utvei for å overleve. Han gikk til han Jakob som hadde med utskriving av seddel å gjøre, og for første gang havnet han «på kommunen» som det het den gang.

Men denne ene gangen var det lovlig unnskyldning. Riktignok var vi blakk, men samtidig var pengesystemet kommet i uorden, så selv de som hadde lott tilgode for lofotsesongen, fikk ingenting utbetalt før tingene hadde ordnet seg. Så det var nok mange som tydde til nødhjelp denne våren.

— Åge

Vi burde hatt med mor sin vurdering av krigsvåren. Det kan vi ikkje, men Knut hugsar korleis ho fortalte om denne harde perioden som først og fremst var full av den grenselause angsten:

> Mor fortalte meg på sine gamle dagar at ho opp gjennom heile min oppvekst hadde vore spesielt bekymra for meg, ho var redd for at hennar eigen angst den krigsvåren kunne ha skadd meg som var så bitteliten. Det var ikkje berre krigen og angsten for dei som var ute, det var like mykje angsten for føda. Det var pin-vår, kyrne kom ikkje ut av fjøset, dei hadde mest ikkje mjølk. Og lofotfararane kom heim med ein 5-øring. Den hadde vore brukt som søkke på pilken. Då ho skulle skrive brev og gje rapport om heimesituasjonen til han som var komen på arbeid igjen, måtte ho gå til Anna Jensen og låne tjue øre til porto.

— Knut

Det kan vere ei samanblanding av kronologi, anten hos forteljaren eller hos gjenforteljaren. Det hadde vore mange situasjonar der ho var i beit for tjue øre. Den økonomiske situasjonen var på eit botn-nivå akkurat på denne tida, Åge gir oss eit godt «barometer» å måle etter:

> Etter konkursen i 1936, når far betalte sin månedsleie på kr. 15 for gård og grunn, hadde han bedre økonomi enn før. Om jeg minnes rett, vedvarte denne normale økonomiske linje fram til 1939, da gikk kurven nedover igjen. (Vi minnest at gjenkjøpet av garden skjedde i 1938, på oppgangsbølgja.) 1939 var dårlig. Da Ingebjørg ble konfirmert i 1935 hadde man råd til å kjøpe kjoletøy, visstnok «crepe de shine». Da Richard stod som konfirmant i 1937, hadde han heimsydd dress av svart «klede». I tillegg fikk han sko, skjorte etc.,

alt nytt. Da min tur kom i 1939 var det med nød og neppe at jeg kom på kirkegolvet. Det fantes ingen mulighet for å skaffe penger til utstyr. Skjølberg og hypoteken holdt sitt krafttak på meg til det siste. De nektet meg antakelig å bli voksen kar av frykt for de voldsomme postanvisninger som skulle komme.

Klokken tolv–ett om lørdagsnatta før konfirmasjonsdagen ga de opp. Da satte Dina på Bratlia symaskinen fra seg etter å ha sydd ferdig konfirmasjonsbuksa, som forøvrig viste seg å være altfor trang. Jakke hadde jeg arvet etter en av bratligutan. Skjorte og slips fikk jeg av Johannes Bratli, og Richard sine sko fra 1937 var fullt brukbare. Mors løfte var for tredje gang oppfylt. Hun var prinsippfast. Alle skulle døpes og alle skulle konfirmeres. At hun i dette tilfelle tok aksepter på sine Bratlisøsken, er en annen sak.

Skillelinjen mellom pengeknapphet og bedre kår ligger ved krigsutbruddet 1940. Etter 9. april var landet i en helt annen situasjon hva penger angikk. Pengene ble sluppet fri, i stedet kom varemangel. Derfor er det nok riktig som mor forteller. Januar, februar og mars 1940 var krisemåneder. Tre mann på Lofoten uten fortjeneste. Jeg vet at det ble sendt tjue kroner hjem, men jeg har ingen erindring om flere sendinger. Det mor har fortalt om 20-øres frimerke er sikkert riktig. Det var vel i krisemåndene mens vi var på Lofoten og alt det usikre i tiden.

– Åge

Men ting ordna seg utover våren. Kyrne kom på beite. poteten kom i jorda har vi hørt, og ikkje ein gong det å «vere på kommunen» blei oppfatta som negativt av alle. Vi gir igjen ordet til Åge:

Vi dumme ungan minnes denne krigsvåren og tiden da vi levde på kommunen som en herlig tid på mange måter. Vi åt risengrynssuppe med russiner til kverdag og hadde nok smør på brødskiva. Moderen stekte godkake og lefse og holdt kvinnmøte, slikt hadde aldri hendt før vi havnet på kommunen. Vel, slik så *vi* det. I ettertid har jeg ofte spurt meg selv hvordan det måtte føles å være far og forsørger under disse harde 30- og 40-årene. Kanskje var det en trøst, om dog så fattig, at man var flere om det. Alle hadde det trasig, og vi hadde det visst ikke verre enn de øvrige arbeiderfamilier i bygda. Nei, det var mange som hadde det verre.

– Åge

Vi skal snart vende tilbake til fiskaren, men gjer oss ferdige med minna frå denne krigsvåren. Richard fortel:

> Den 5. mai kl. 6 om morgenen blei «Richard With» bomba utafor Furstrand. Det var søndag, og siden jeg likevel var oppe, tok jeg meg en skitur over til Skøelva, Da jeg kom dit, holdt de på å stelle seg for å fare til Bardufoss på snømåking. Jeg heiv meg med, så den søndagsturen varte i fem veker. Far kom etter 8–10 dager seinere.
>
> – Richard

Om ikke av anna grunn, syns vi det er bra å få med denne opplysninga for å fortelje om kor ekstremt unormalt klimaet arta seg denne våren. Det er ikkje vanleg å jobbe som snømåkar frå 5. mai til 11. juni, sjølv ikkje på Bardufoss.

Så i tillegg til alt som tidlegare er sagt om Hitler, skai også denne boka innehalde ei vurdering: Han var ein tosk. Han kunne i alle fall hørt på vermeldinga før han tok laust.

Arbeidet på Bardufoss varte fram til den norske kapitulasjonen, då var det ikkje vits i å måke meir. Og det var etter denne jobben far kom heim og fann potetåkeren spavendt og poteten i jorda – planta med entusiasme ved hjelp av risengrynssuppe og franske sigarettar.

Krigstid til tross, livet normaliserte seg, og året 1941 kom med ny lofotsesong. Det blei ny tur til Gullvika. Før vi slepp Åge til att, må vi fortelje at den som leiter etter Gullvika på kartet, truleg vil leite til fånytte. Dette fiskeværet «strauk med» i den store flyttesjauen like etter krigen. Talet på fiskarar i Norge gjekk ned frå 100.000 på slutten av 40-talet til 35.000 i 1971. I dei veglause bygdene var det liten grunn til å bli. Staten hjalp til med bidrag slik at mellom anna Gullvika blei sletta frå kartet. Men så over til Åge:

I 1941 var vi igjen på lofotfiske og denne gang med egen båt. Den gikk visst under forskjellige navn: Færingen, «Måsen» og storbåten, kjøpt hos Harald Moen.

Turen dit gikk med «Havmann». Selve fisket gikk vel noe bedre enn året før, men ikke så pass at det fristet til gjentakelse, og det ble vår siste sesong som fiskere. Det var etterhvert annet arbeid å få også. Det var vel særlig denne vinteren at jeg fikk se far som den røffe og tøffe seiler og båtmann. Han kjente sin båt, hvor mye den kunne tåle av last og seilføring, og han kjente vinden og landet. Sjelden hadde vi landligge på grunn av været. Om Vestfjorden var aldri så grautet av kov, satt han ved rorkulten og styrte sin sjekte som om han hadde radarøye. Alltid åpnet Gullvika seg forut og vi rodde inn i lun havn. Når det blåste opp til kuling og storm, kjente han hvilken seilføring som skulle til, og det var ikke så mange sjøskvettene vi fikk innombords.

En gang var vi ille ute. Vi drog bruk og fikk forholdsvis mye fisk den dagen. vi kom i «felt» med en sjark og måtte skjære og kutte for å komme fri. Etterhvert var båten lastet og sjøen slo inn, så det nyttet ikke lenger med ausekaret for å holde båten lens. Jeg fikk ordre om å bruke stampen. Pappa drog lina. Richard bløgget fisk, og jeg dro i stampen og øste. Da siste ende var dradd inn, ga han ordre om å rigge seil i en viss fart. Med den last som vi nå hadde, kanskje 300–400 kilo fisk, og med båten halv av sjø, tenkte jeg i mitt stille sinn at vi kom vel til å seile oss rett ned i slikt uvær, Men beregningen var også denne gangen riktig. Det bar rett opp og fram. Båten formelig hevet seg under seilføringen, og igjen satt han der med handa på rorkulten og ørneblikket festet på landskapet langt forut. Vi følte oss igjen trygg og kunne nå lense båten og prøve å få litt orden på tingene etter et ordentlig basketak med Kong Vinter og Vestfjorden.

Da det led mot påske, anså de fleste at sesongen var over, og mange båter ga seg på hjemtur. Det ble besluttet at også vi skulle reise. Men vi behøvde ikke å følge med noen, vi skulle dra for egne seil hjemover.

vi var visst de eneste som reiste hjem fra Lofoten på denne måten.

En gammel kultur var ved å forsvinne. Vi var på tur inn i ei ny tid. Hest og vogn skulle bli å finne bare i fornøyelsesparker, og seilbåten skulle brukes ved regatta og ved feriekysten. Det var allerede blitt historie for mange å seile fra Lofoten da vi startet fra Gullvika en ettermiddag. Færingen var godt lastet. Det var reisegods, redskap, fisk og tre mann ombord.[23]

Så fikk vi altså være med på en seilas slik som nord-norske fiskere hadde seilt den i generasjoner med sine fembøringer, ottringer og færinger. Og når fisken var tørket hos oppkjøperne, var det jektene som la ut på en lengere seilas.

« --- sku' torsken os feile hvad havde vi da ... til Bergen at føre».

Første etappe på vår ferd gikk gjennom svellingan og over Kanstadfjorden, men her hadde vi lite vind. Vi hadde rast på Kjeøya. Da vi hadde passert Lødingen og gikk inn Tjeldsundet, fikk vi gagnbar bris, men nå var det blitt så seint på dagen at vi tok inn mot land for å få losji for natta. Plassen het Dragland, og i huset hvor vi tok inn bodde det to familier, en yngre og kårfolket. Huset ble også brukt som skolestue.

Vi ble godt mottatt og fikk hus for natta. Neste dag hadde vi god bør så det liksom fosset etter oss nordover Tjeldsundet.

Men just som Tjeldsundet gikk mot Vågsfjordens bunn, fikk vi vinden imot, og vi tok til land ved Tovik på Sandstrand og ventet. Det var forresten tid til en rast likevel, Motvinden varte dagen ut, så vi ble å overnatte der til neste dag. Vi fikk losji hos en eneboer. Vi gutan beit oss merke i detaljer overalt, bl.a. at denne eneboer hadde barberkosten hengende i en snor over komfyren.

På Dragland saumfor vi en fembøring som var satt i fjæra. Den nye tid var som før sagt kommet, og den unge mann i huset hadde sjark.

---

[23]For spesielt interesserte, kanskje også for Åge, kan ei sikker kjelde fortelje at «Måsen» på denne reisen medførte 108 kilo fisk.

Vi seilte fra Tovika langfredag morgen. Far ville se været an om vi skulle seile «fjordan» eller «yttersida». Han valgte yttersida fordi det var landvind over fjordan. Men likevel snakket han om Hallevika hvor det selv på denne strekning kunne være fallvind. Vi kom til Hallevika, og ganske riktig, vinden kom i voldsomme kast. Jeg kjente fra før en ordre som het: «Fir piken!» men denne ordren kom ikke selv om båten la seg helt over på siden i vindkastene. Da et sterkere vindkast kom, firte jeg piken likevel fordi jeg var redd. Men straks kom det ordre om at piken skulle opp igjen. Han kjente som sagt sin båt, men kunne ikke alltid stole på sitt mannskap.

Ved Engenes tok vi rast. Som regel betalte vi kaffekok og opphold med kokfisk. Det ble gjort også her. Ut på ettermiddagen stod vi for god bør over Vågsfjorden, og Dyrøya var i sikte langt forut. Omsider så vi husene på Vinje. Vi seilte på yttersida av Dyrøya også p.g.a. landvinden. Her ble det blikkstille så vi måtte ro for det meste. Seint på kvelden rodde vi inn til Mohamn og fortøyde båten der og gikk hjem.

Det hadde vært en fin seilas. Noen år seinere ble jeg å reise endel på kysten med større båter, og kan delvis kjenne meg igjen her og der. Men strekningen Brettesnes–Espenes er spesiell, der kjenner jeg hvert nes og hver vik.

Gamle Arnt på Moen hadde seilt fembøring på Lofoten fra ungdommen av. Jeg måtte berette for ham om vår reise. Han hadde følgende kommentar:

– Ja, den far din, den far din!

– Åge

Og med denne attesten frå gamle Arnt skal vi avslutte kapitlet om fiskaren. Vi har fått eit levande inntrykk av ein som likte båt, vind og seilas. Med denne siste turen frå Lofoten var fiskarkarrieren også over. Det var kanskje symbolsk at han blei aleine som seglande lofotfiskar heimover medan dei andre tøffa i båt med motor. Det var ikkje hans stil, i følgje Richard:

Han hadde sterke motforestillinger til de åpne motorbåtene som etter hvert overtok etter robåtene. For det første syntes han at vinninga gikk opp i spinninga, fortjenesten gikk til bensin og olje, Dessuten var de livsfarlige. Skulle ulykken være ute, ville de søkke som en stein og ikke levne mannskapet en sjanse. Og så var de så svinaktig tungrodde når motoren stod.

– Richard

Skal vi så summere opp eit langt liv som deltidsfiskar, blir konklusjonen at det ikkje ble spesielt suksessrikt. Det er konklusjonen ein kan trekke for alle hans yrkesbrør på havet. Sjansen til det store lodd var kanskje tilstades, men stort sett var prismekanismane slik at når fangsten blei stor, blei prisen låg og var det brukbar pris eit år, var det lite fisk. På den måten satt ein med same nettoen år for år, det same jammerlege resultat. Råfiskloven som regulerer prisane i dag, kom først i 1938, men verka dårleg på grunn av krigstid og blei ikkje ein reell reguleringslov før etter krigen. Minstelottordninga for fiskarar kom ikkje før i 1955. Så desse godene som førte fiskaren nokre steg framover på vegen mot betre kår, fekk ein førkrigsslitar liten og ingen nytte av.

Vegarbeidaren

Av de minner jeg har etter far, forstår vi at han hadde en fantastisk teft av vær og vind og var vant til å sloss mot naturkreftene. Men fisking og seiling var jo ikke hans egentlige yrke, bare en bigeskjeft. Det var arbeid med moder jord, stein og fjell, som skaffet ham og oss det daglige brød. Det skulle bli en fin samling hvis alle spader, spett, feisler og bor som han fikk være med å slite ut, ble samlet på ett sted. Han nådde aldri fram til å arbeide med mekaniske hjelpemidler. Kanskje var stubbebryteren den eneste som han fikk behandle.

– Åge

Det er Åge som innleier kapitlet om vegarbeidaren på denne måten, og det er ei sams oppleving vi alle har: Det var veg- og anleggsarbeidar han var, det er slik vi hugsar han. Eller gjer vi det? Berre nokre få av oss fekk oppleve han i arbeidssituasjonen. Yrket førte til at han hadde arbeidsplassen sin ein heilt annan stad enn der vi var. Han var pendlar, ville vi sagt i dag. Men ordet var ubrukeleg den gong. Ein pendel svingar regelmessig, ein kan måle tidsintervallet mellom kvart utslag. Det kunne ein ikkje med den tidas pendlar. Per seier om dette:

> Eg kan huske at han var på vegarbeid på Rødsand, på Å, på Stonglandet, på Gibostad, i Straumsbotn, i Skibotn, i Tamokdalen, osv. osv. Den tids pendlere kan ikke sammenlignes med nåtidens, det var ingen bil å sette seg inn i til weekenden. Eg husker han arbeidde på ytre Senja og gikk over Senja på lørdag ettermiddag, lånte seg en robåt hos en kjenning i Vangsvik og kom seg heim, og så samme vegen tilbake søndag kveld. Når arbeidet foregikk såvidt nær som Stonglandet eller Gibostad, var det mye enklere, det var bare å ro.
>
> – Per

Når vi såleis som pendlarens barn skal skrive historia om pendlaren, blir det helst historia basert på det minnet vi alle har felles, frå den yngste til den eldste, og då kan like godt yngstemann Einar seie det:

> Jeg har tidligere fått spørsmål om jeg husker faderen. Vanligvis har jeg svart litt nølende ja. Men når jeg så skal til å katalogisere mine erindringer, så finner jeg fort ut at dette ja-et var litt overdrevet. Det finnes glimt, javisst. Glimt som vanligvis innledes med at en eller annen roper: «Han pappa er kommen heim!»
>
> – Einar

Det er eit presist uttrykk for eit felles barneminne. Dei fleste av oss fortel om akkurat dette ropet. Det er innleiinga til noko godt. Karl har òg eit tidlegminne:

> Det jeg ellers husker fra tidlige barneår, er at far var mye borte. Og det var grådig artig når han kom heim. Ikke fordi han overøste oss

med gaver, det hadde han ikke råd til, men ved sitt blotte nærvær. Han berettet fra arbeidsstedene sine, om mennesker han møtte, om arbeidskamerater, om vertsskap. Vi ble på den måten på et vis kjent med dem han hadde omgang med.

Jeg kan i den sammenheng aldri huske at han klaget eller snakket nedsettende om dem han omtalte. Han virket like opplagt selv om han hadde tilbakelagt Senja på tvers til fots for deretter å ro Solbergfjorden i lånt båt.

– Karl

Nokre fekk høve til å sjå han på arbeidsplaasen og ha han som arbeidsleiar, dei fleste av oss måtte nøye oss med å høyre om anlegga. Men det hender ikkje reint sjeldan at vi kryssar hans veg, både bokstaveleg og billedleg talt. Knut har dette minnet:

> Eg lærte bokstaven Å før eg lærte A. Å, det var der pappa kom frå når han kom heim. Så la lagnaden det til rette for meg at eg blei sendt på yngresleir til Å. Vi budde på låver og i hus rundt om på gardane. Eg kom til ei som heitte Inga. «D'e'kje son hannes Konrad, vel?» sa ho då ho hørte namnet. Eg stadfesta det. «Å Det va' syjnn eg ikkje vesste det, så sku'ar du ha fådd hannes rom, for han har budd mykje her hos oss,» sa ho. Men rommet var ikkje meir opptatt enn at eg fekk sjå det. Det var knøtt lite, med ei seng og eit bord. Senga var blåmalt. Ei framand verd frå barndomen kom så mykje, mykje nærare.

– Knut

Men ei blåmalt seng hos ho Inga var berre eitt bualternativ. Under arbeidet på Å må han ha budd hos andre og, noko som for Karens del nedfelte seg i bitre minne:

> Når far kom heim, flokket vi ungene oss om han. Vi slåss ikke om å få sitte på fanget, det turte vi ikke, Men vi stod med forventning og sug i blikket. Hvem ville bli den heldige? Det var slik at når han hadde fått seg mat og kveikt pipa, så treiv han i flokken og løfta en unge på fanget.

En gang kom han fra Stonglandet. Der bodde han hos Mette på Å. Vi ungene forkortet navnet til Mette På. Etter pipekveiken ble jeg den lykkelige utvalgte. Han løftet meg opp på fanget og sa: «Ho Mette ho har ei jenta som er like gammel som deg. Ho bruke å sette på fanget mett kvær kveld.»

Det var ei grusom opplysning å få. Her hadde jeg opplevd den store lykke å vinne en fangplass for en gangs skyld. Det kunne bli lenge til neste gang det ble min tur. Så skulle denne filleungen på Senja kunne sitte på pappas fang hver dag. Det var ikke til å bære. Jeg hatet henne fra samme stund.

Det morsomme var at da jeg ti år seinere kom til Refsnes til konfirmasjonsskole, traff jeg denne jenta. Vi var jo like gamle. Jenta var både søt og snill, men jeg hadde fremdeles vanskelig for å like henne.

– Karen

Det var kanskje den upedagogiske sida som denne gongen stakk fram, til lærdom for etterslekta som heilt sikkert kan kome til å trive ned i flokken og gjere same tabben. Og vi tar kanskje også ein liten tur innom pedagogikken i neste glimt. Det er Svein sitt første klåre minne om far, og det har utvilsamt noko med vegarbeidaren å gjere:

> Han hadde fiken med seg, den såg ut som hestelort, men smakte godt.
>
> Jeg vet ikke hvilket år det var, men sannsynligvis våren 1939. Pappa dreiv på med å renske opp i silokummen, og som fremtidig spesialist på grovfôrsilo så fulgte jeg med. Ned i kummen fikk jeg ikke komme, og jeg tusla da heller rundt oppe i djupstålet, fjøsgangen og torvstrørommet. Da jeg oppdaget at døra til stallen sto på gløtt, måtte jeg selvfølgelig inn dit også.
>
> Midt på golvet stod ei kiste, den var lukket, men oppå lokket låg en liten sak, noe karamellignende som var innpakket i smørpapir, lignet litt på en sjokolade. Fiken var det ikke, for den hadde ingen likhet med en hestelort.

Det var bare en måte å få greie på hemmeligheten: Ut og spør han pappa! Det var jo selvfølgelig han som hadde lagt den der og var den etanes så skulle vi like selvfølgelig gjøre det i fellesskap.

Jeg tok tingen i handa, rusla ut i djupstålet, gikk bort til kanten av siloen og stakk handa fram.

– PAPPA KA DETTA E FØR NÅKKA?

Til min store forbauselse fikk pappa det så skrekkelig travelt med å komme seg opp av silokummen.

– IKKJE RØR DEG! sa han, og i et einaste hopp var han oppe, tok dynamittgubben ut av handa mi og sa noen formanende ord. Pussig nok blei jeg ikke jaga ut av fjøsen, men fikk fortsatt se på når siloen blei tømt.

Han blei også litt meire pratsom, kanskje han var blitt litt skremt, slurven?

– Svein

Dette høyrer vel i dag heime under rubrikken «nesten-ulukker», men skulle vi registrere alle slike, ville boka helst blitt i største laget. Vi vender litt tilbake til pendlaren. Det var ikkje slik at det alitid stod ei Inga eller ei Mette klar med blå seng og husrom når eit anlegg skulle byggjast. Det normale liv for anleggssluskjen var kanskje det rakt motsette, i følgje Åge:

Rent fysisk var han sterk som en bjørn til å tåle lange utmarsjer, frost, varme etc. Denne egenskap brukte han vel kanskje noe for langt, slik at han var dårlig til å ta vare på seg selv. Han frøs mye og gikk ofte våt på beina hele dagen. Han bodde i barakker og telt på anleggsturer, og kostholdet var jo også så som så. Kanskje alt dette tilsammen kostet ham en altfor tidlig død.

– Åge

Av og til, men det var sjeldan, var det vegarbeid så nært at han kunne bu heime. Per fortel:

Vegarbeid på heimplassen var det ikkje så mye av, og enda mindre med deltakelse fra fars side. Det eg veit om at han var med på, er brua bortmed Storhågen og parsellen Fredheim–Nordmo. Eg kan huske at eg som smågutt beundret brukarene til Storhågbrua og var kry av at far hadde en del av æra for disse, og enda den dag i dag vil eg påstå at det er et veldig pent murarbeid.

Det hendte at det baud seg jord- og steinarbeid som ikke hadde med Veivesenet å gjøre, blant annet arbeidde han med et steinbrudd i Storhågen som gjaldt grunnmur til et lagerbygg i Espenesbogen, et bygg som ennå ikke i dag er oppført.

Veganlegget på Moen husker eg best. Det foregikk i 1932 eller 1933 og eg var stor nok til å bivåne en del. Eg husker at eg gikk til Fredheim med mat til han når han arbeidde på vegen der sør.

– Per

Denne type minne deler han med fleire, om enn med ulikt utgangspunkt og med ulikt innhald i matspannet. Karl fortel:

Jeg var sammen med en av de andre smågluintan i Storhågen med mat til han pappa som jobbet med å ta ut stein. Medbragt proviant var pottet og kobbekjøtt i brun saus, Mens vi var oppe i Storhågen, kom han Hilmar Fjell forbi. Hilmar var en særling som vandret mye rundt i bygdene. Han ropte og skreik og pekte opp mot ura at vi måtte komme oss i dekning, for nå var han Gammelerik laus. Smågluintan blei naturligvis redd, men ble trøstet av farens ro. Han kastet et blikk på omstreiferen og fortsatte strevet med gråsteinen.

– Karl

Det hendte at turen med matsending blei litt lenger enn berre til Fredheim eller Storhågen, sjølv om *det* kunne vere langt nok for ein 4–5 åring. Karl fortel vidare om ein litt lengere reise:

I 1934 eller 35 var han stasjonert på Stonglandseidet. Han bygde vei i retning fra Eidet mot Skrolsvik. Selv om avstanden mellom Espenes og Eidet ikke er avskrekkende, var det ikke bare å reise hjem i helgene. Det kostet, og det var om å gjøre å spare hver øre til forsorg for en stor familie.

I denne sammenheng var det at Per og jeg fikk et oppdrag vi sikkert nok bærer med oss minnet av på en helt spesiell måte. Per har jo seinere i livet bodd på Stonglandseidet, så han har sikkert spedd opp minnene med hva han seinere erfarte.

Vi to skulle reise til Stonglandet med proviant til han som så sjelden fikk anledning å hente den selv. Hva vi hadde med, er jeg usikker på, men jeg antar at det først og fremst var stomp, og kanskje litt heimsmør, nykjerna på lørdagskvelden.

Tidlig en søndags morgen ruslet vi til Espenes. Vi skulle ta den store verden i øyesyn. Og vi hadde visstnok flaks. D/S «Bjarkøy» var nymalt og fin for anledningen. Jeg trodde ikke det var mulig å ha det så fint ombord i en båt. Været var helt storartet. På vei over til Vangsvik, kom nordgående lokalbåt fra Brøstad. Vi møtte den et stykke utafor skjæret.

Kombinasjonen Per og Kalle var antakelig ikke tilfeldig. De to var parhester når kyrne skulle på beite og når de skulle hentes igjen. Men det rinner meg i hu at det lå også en begrunnelse for valget av

Her har karane tatt oppstilling ved brukaret. Slik står brua den dag i dag. personane er dei same som på biletet over, med tillegg av Artur Pedersen, nr. 1 frå venstre.

ordonnanser i at Per var såpass stor at han kunne ta vare på oss begge, og han Kalle hadde kjeften på rette plassen. Han ville nok si fra om både hvor han kom fra og hvor han skulle.

I Vangsvik kom det også en guttunge ombord. Han var større enn oss, og han hadde noen med som tok seg av han. Han ble avlevert av sine foreldre og overlatt i kapteinens varetekt. Seinere i livet lærte jeg denne pjokken godt å kjenne. Han skulle også ut på sin første ferd aleine. Målet var atskillig lengre unna. Han skulle til Bergen, og var sønn til herredskassereren i Tranøy, mellom oss unger kalt 3Hedien.

Vi fikk to flotte dager på Stonglandet. Vi var med på veianlegget hvor veiformannen viste fram gluintan sine. Best husker jeg nok leik med diverse remedier, bl.a. spilte vi fotball med ei griseblære. Det var store ting å berette om da vi kom heim igjen, Tirsdag ettermiddag gikk ferden heimover. Denne gangen var det D/S «Kvaløy» som hadde rute. Det var på langt nær så bekvemt ombord der. Det luktet fjøs over det hele, slik at den ikke kunne måle seg med luksusdamperen vi reiste med søndag.

Biletet er frå 1933 under arbeidet med storhaugbrua. personen til venstre greier vi ikkje å identifisere, nr 2 er pappa. Den eine av kvinnene er Klausine i Storhågen. Mannen med slegga var oppsynsmann og heitte Hansvoll.

Det er litt rart i ettertid å gjøre forsøk på å tolke hva hensikten med denne reisen kunne være. Det med proviant måtte være et skalkeskjul. To guttunger åt som tømmerhoggere i to dager, så det var neppe så mye igjen av ladningen da vi dro. Jeg tror sammenhengen må være den at vi skulle komme overraskende som et friskt pust hjemmefra og minne han om at han hadde en stor flokk der hjemme som ventet på han. Dessuten fikk han nærkontakt med sine midt i en arbeidsperiode.

Per og jeg hadde helteglorie lenge etterpå.

– Karl

Når vi no har gjort oss ferdige med det meste av matforsyningar og saknet etter ein borteverande pappa, kan vi endeleg vende blikk mot sjølve arbeidet. Først må vi sjå litt nærare på sjølve engasjementet i Vegvesenet. Vi har høyrt at han starta i dette arbeidet alt i 1911 og avnserte alt den gong til ein formannsjobb. Han blei i etaten meir eller mindre regelmessig heilt til sin død, men det var ikkje som idag tale om heilårsarbeid. Per har denne meininga om sjølve tilsettinga:

Antakelig var han fast engasjert i vegvesenet, men datidens bevilgninger strakk jo ikke til helårsarbeid, så det var visstnok mye ledighet. Eg husker det kunne komme brev med «herr vegformann» på, og da var det en eller annen veg som hadde fått noen kroner fra samfunnet.

– Per

Vi skal stogge litt ved denne opplysinga og sette ho inn i ein samtidshistorie. Heile vegarbeidsperioden fall saman med krisetid i norsk økonomi slik vi utallige gonger alt har vore innom. Men vegbygging var til tross for krisa eit sterkt ekspanderande område i perioden mellom 1920 og 1940. Til tross for at dei fleste nordmenn levde under armoda, var det nokre som styrka sin økonomiske posisjon ng hadde råd til å ta i bruk slike revolusjonerande innretningar som bil eller andre motoriserte køyregreier. Bilparken i Norge auka frå 13.000 bilar i 1920 til 120.000 i 1939. Det blei altså eit enormt press på styresmaktene for å sikre nye vegar, men samfunnet hadde stort sett ikkje råd til det. Det fanst likevel ei mogleg løysing som blei mykje nytta. I staden for å dele ut matbillettar til arbeidslause eller gjere andre forsorgstiltak, kunne desse heller få arbeide for maten, Det var det såkalla «nødsarbeid», eit fullt arbeid, men med minimal løn. Til veganlegga blei arbeidsstokken i stor grad rekruttert fra desse arbeidslause. Det var ei brutal tid for mange. Verksemda i Kirkenes gjekk dukken i 1927, og heile det store samfunnet kom på «forsorgen». Folk derfrå blei sendt på veganlegg, ikkje berre i Finnmark og Nord-Norge, men over heile landet.

Om nokon fann på å ville seie nei til å ta arbeid, var det det same som å seie nei takk til all offentleg støtte til livberging av familien. Å nekte seg sjølv denne minimumshjelpa var for risikabelt. Betre då å dra på vegarbied, om aldri så langtFor å forstå kor ille det kunne vere, tar vi med nokre liner frå eit rundskriv frå Justisdepartementet frå 1932. Her blir det understreka overfor kommunane «at det bare er i nødstilfelle – når en person er helt blottet for eksistensmidler og alle utveier er stengt – at kommunen plikter å tre hjelpende til. Og kommuens plikt etter loven går ikke lenger enn til å hindre at vedkommende *forkommer*. Det kan på ingen måte kreves, og det må heller ikke skje, at vedkommende får understøttelse i sådan utstrekning at han lever på omtrent like fot med den som klarer å forsørge seg selv.»

Det er på bakgrunn av desse kjensgjerningane vi må sjå stillinga til far. Tilgangen på arbeidskraft var tilfeldig, det var på dei fleste anlegg hovudsakeleg ufaglærte, folk som ikkje hadde noko spesiell røynsle eller føresetnader for arbeidet. Difor hadde vegvesenet nokre «faste» formenn som skulle leie arbeidet på ymse anlegg, i tillegg til at det også var oppsynsmenn som heldt tilsyn med anlegga og stod for sjølve prosjekteringa av arbeidet.

Vi bør gjerne understreke at det som her er sagt, er landsnormen. At hovudtyngda av arbeidsstokken var «nødsarbeidarar» hindrar ikkje at det på dei anlegg far var på, kunne vere mange «faste» vegarbeidarar som gjennom mange års røynsle hadde opparbeidd seg fagkunnskap utan at dei dermed hadde funksjon som formenn.

Stillinga som formann var såleis først og fremst eit uttrykk for meir eller mindre «fast» engasjement for Vegvesenet, eller som Åge skriv det:

> Formann i Veivesenet betydde arbeidende sådan, og ved siden av jobben var det timeskriving og kontroll av arbeidet. For dette hadde han et ubetydelig tillegg i forhold til de andre.
>
> Når det skulle anlegges en ny vei, var han ofte med helt fra starten av. Veien ble stukket opp. Det ble beregnet skjæringer, stikkrenner og alt som skulle til av planlegging. Når selve arbeidet kom i gang, var det bare handverktøy karene hadde å hjelpe seg med. Arbeidsdagen var helt fram til 30-årene 10–12 timer, men ble omsider vedtatt ved lov som åtte timers dag, dvs. 48 timers arbeidsuke.
>
> – Åge

Det var oppsynsmannen, syningen, som stod ansvarleg for prosjekteringa, men han var ikkje alltid til stades under sjølve framdrifta av arbeidet, og formannen hadde dermed mykje å seie under det daglege arbeidet. Han måtte vurdere etter kvart korleis ein best skulle angripe eit problem med dei reidskaper som var tilgjengelege. Det kunne bli svingar som ikkje var oppstukne når fjellet var umogleg eller når myra var for blaut, men det kunne òg bli rettare veg når terrenget gjorde det mogleg. Fleire som har arbeidd saman med han har fortalt at han var opptatt av at vegen skulle vere rett. Han var framsynt såleis. Richard fortel dette:

> Veien skulle være rett. Veistrekninga fra Arturfjøsen og til Ingolfstua er heilt og holdent hans verk. De tre små svingene som er på strekninga, kommer av en skjellstein, et hus og en bakke som svingte for mye oppover. Ellers hadde den vel blitt helt rett. Han kunne jo ha svingt den unna si egen oppdyrka jord, men det trur jeg ikke han tenkte på.
>
> – Richard

Syningen var ein sentral person i våre unge sinn. Forestillingane varierte frå å vere noko farleg mystisk til å vere noko jordnært og trygt. Vi lar Karl fortelje om sine inntrykk:

Når han kom hjem, snakket han ofte om syningen. Hva eller hvem syningen var, hadde jeg vel ikke helt klare forestillinger om, men jeg hadde følelsen av at det helst var et realt mannfolk. Men samtidig hadde jeg følelsen av at denne syningen var et maktområde jeg ikke helt kunne få tak på. Seinere oppdaget jeg at syningen var kortform for veioppsynsmann.

Syningen hadde antakelig relativt høy rang. Han inspiserte arbeidene de utførte. Det var han som fordelte jobber, og far tilhørte de heldige som stadig fikk jobb, ikke fordi han smisket med syningen, men fordi han var dyktig i sitt fag og godt ansett. Hans dyktighet kommer også til uttrykk i det faktum at han visstnok flere ganger fikk tilbud om å bli syning – noe som ville gi ham stabile arbeidsforhold og bedre lønn. Men dette passet ham dårlig av flere grunner, tror jeg:

- Han trivdes best på «golvet» sammen med de andre arbeiderne.
- I en sånn stilling ville han komme i et forhold til sine arbeidskamerater han ikke kunne leve med, f,eks, gå med slips og skinnjakke.

– Karl

Det er neppe sannsynleg at han fekk reelle tilbod om å bli syning. Meir sannsynleg er det at han blei oppmoda om å ta den utdanning som skulle til for å bli syning. Det kan Richard fortelje meir om:

Han hadde nok hatt planer om å komme seg et hakk høgre opp. Ikke for å unngå slitet, men for å få fast jobb. Men en «syning» måtte ha flere års utdannelse. Tidlig i 50-årene hadde han ville planer – kanskje i fortvilelse. Han fikk tilsendt planer fra NKS. Saken blei diskutert, men henlagt.

Med planen var det prøver på engelskundervisninga, og der lærte jeg mitt første engelsk: The ugly Woman.

– Richard

Og vi kan gå vidare til neste kjelde og truleg kome enda nærare sanninga. Ingebjørg hugsar dette godt:

Som før nevnt, så hadde våre foreldre stort pågangsmot og tro på framtiden. En av planene som ble drøftet, var muligheten for stilling som oppsynsmann i Vegvesenet. Det ble skrevet etter plan fra Norsk Korrespondanseskole. Hvis pappa tok et teorikurs, kunne han avansere til oppsynsmann og få en fast årslønn på tusen kroner. Det var store muligheter som åpnet seg. Men et kurs kostet noen kroner, og de kronene kunne de ikke unnvære. Dessuten hadde vel døgnet for få timer til at det skulle bli tid til selvstudium også.

– Ingebjørg

Han blei ikkje syning, men at han var ein dugande fagmann og ein god arbeidsleiar treng vi ikkje å fortelje sjølv, vi kan vise til menneske som har arbeidd saman med han og som kan stadfeste det solide inntrykket. Vi har samla nokre slike «attestar»:

> Han var en svær arbeidskar, han var en fin arbeidskamerat, rolig og sindig. Han var ekspert på å gjøre opp varme og koke kaffe på rekordtid. Det var bare et øyeblikk, så var kaffen ferdig.
>
> – Martin Erntsen

> Han var sterk og ikke redd for å bruke kreftene. Få en veg i Gumpedalen manglet vi et dekke til ei stikkrenne. Han Konrad visste av ei høvelig blokk oppi ei li, og den henta han, bar den på ryggen til stikkrenna og fikk den på plass. (Avstand og vekt ikke oppgitt).
>
> – Lars Westgård

> Vi hadde bygd kar til ei lita bru og var klar til å legge dekke og fylle til da vi kom på jobb mandagsmorran. Hadde det så slått til med léver i helga, og bekken var bare sørpe. Snø og is hadde pakka seg mella brukaran og laga en skikkelig forstoppelse. Vi hadde ikkje komme så langt at vi hadde fått rydda opp i bekkeleiet, så der låg masse store steina og holdt igjen. Han Østrem sa at det var ikkje anna å gjøre enn å få vekk snøen, og han gikk sjøl i elvefaret med spettet og begynte å løsne på steina og isflak. Og plutselig løsna det, serru, og heile flommen kom over han. Vi var redd han hadde strøkke med, men nei da, han kravla seg opp, søkkvåt fra topp til tå. Men han

berre resta seg litt og fortsatte arbeidet dagen ut. Han var uvøren med seg sjøl.

— Gudmund Jensen Skjærnes

Vi arbeidde på et anlegg ute på Senja. Støvlan hannes Østrøm va læk. Eg sa det tel han inne på barakka at slik måtte han ikkje gå. Men da svarte han at så lenge støvlan va læk, va det alltid en vess sirkulasjon mellom gammelt og nytt vatn. Hvis du blir våt med tette støvla går du heile dagen og surkle i det same vatnet.

— Kristian Lavik

Men la oss så gå til våre primærkjelder, dei av «gutan» som deltok saman med han på ulike anlegg. Vi slepp først til Åge:

Ute i skogen hadde bjørka forgreinet sine røtter langt nedover og vidt utover, Med sterke krefter har den tatt grep i moder jord. Disse må overvinnes hvis en skal bygge vei. Grunnfjellets atomer og molekyler har en veldig evne til å ta krafttak om hverandre. Store krefter må til for å få dem til å skille lag.

Dynamitten ble et godt hjelpemiddel etter at Alfred Nobel i året 1866 ble oppfinner av denne. Men for at dynamitten kunne gjøre noen virkning, må den få virke på fjellets indre, man må bore hull i fjellet. Dette hullet kan man igjen ikke bore hvor som helst, men legge det der hvor du angriper svake punkt.

Her var det en ny ekspertise å søke hos vår far. Han undersøkte fjellets type, slepper, dybde etc. før man satte i gang boring. Det ble nøye vurdert om man skulle slå stander eller ligger. Hullene kunne bli opptil 3–4 meters dybde. Som regel var det to mann om jobben. Den ene snudde boret, og den andre slo med feisel. Det tok dagevis å bore et hull.

Jeg så far bore hull alene. Han både slo og snudde.

Når hullet var dypt nok, brente man gryte for å få plass til så mye dynamitt som mulig. Grytebrenningen foregikk på den måten at man puttet en enkel dynamitt med tent lunte helt inn i hullbunnen ved hjelp av en trestang. Brenningen ble gjentatt inntil gryta var så stor at den kunne ta imot flere kilo dynamitt.

Så kom den store avgjørelsen og den store smellen da den egentlige lunta ble tent. Men først skulle omgivelsene varsles. Signalene var «Varsko her!» før tenning og «Fyr her!» i det lunta ble tent. Far hadde en egen måte å rope på. Det hørtes ut som

– AARRSKOO ÆÆR! og

– PHYYYR ÆÆR!

Så kom det store smellet. Som regel gikk det bra både teknisk og sikkerhetsmessig. Men når det gjelder det sistnevnte, har jeg mistanke om at den høyere makt stod disse gutta bi, for som regel haglet det både små og store steiner ei stund etter smellet. Dårlig tildekking vil vi tenke, eller var det gjort med vilje? Var det en viss tilfredsstillelse å stå der å kose seg i småsteinregnet og kjenne den logiske følelse av å være seierherre over den arge fjellknatten som det tok 14 dager å bore?

Litt betydde det vel også for omgivelsene. På Senja gikk det gjetord:

– Han Østrøm e god å skyte.

– Åge

Vi bør kanskje minne om Konrad si vurdering, som representant for desse «omgivelsene» då det blei skutt på garden og småsteinen peip i lufta og hamna langt ned på littjemyra:

Det var som det skulle være. Småguten var i hvert fall ikke det minste redd – tvert imot kry over å ha en sånn far.

– Konrad

Vi går vidare med rapportar frå førstehandskjeldene og gir ordet til Richard som kanskje var den som flest gonger fekk oppleve far som arbeidskamerat på veganlegg:

Jeg arbeidde sammen med far i tre perioder på veianlegg. Første gangen var på veien Sørreisa–Bardufoss fra juli til november 1940.

Andre for til Bardufoss, men arbeide direkte for tyskerne ville vi ikke, da var det bedre å arbeide for veivesenet, for veien ville det jo være bruk for seinere.

Neste etappe var veien Skibotn–Finskegrensen hausten 1941. Tredje runde var vinteren 43–44 i Tamokdalen.

Jeg var skårunge, men jeg fant meg snart til rette med arbeidet. Basen holdt nok et øye med sønnen og prøvde å lære ham noen knep når han syntes det trengtes. Spaden skulle brukes likt til begge sider. Man skulle benytte «rekylen» til å løfte feiselen eller slegga etter et slag.

Han var formann. På andre anlegg opplevde jeg formannen som en person i vindjakke og nikkers som for og kontrollerte det arbeidet andre gjorde. Det var ikke mønsteret til de gamle veibasene. Det gjaldt å holde akkorden, og da måtte basen vise hvordan det skulle arbeides.

Formannen hadde en formannsgodtgjørelse på 7–8 øre i timen. Han skulle føre timelister, ha ansvaret for verktøy og sørge for at arbeidet ble utført etter kokeboka. Dessuten hadde han ofte regnskapet til kokkelaget dersom det var noe slikt.

Hans spesialitet var steinarbeid. Han hadde lang erfaring med dynamitten og spettet, og han hadde et godt forhold til begge. Veiarbeid var akkordarbeid. Det gjaldt å få gjort mest mulig på kortest mulig tid. Dette prega sjølsagt det vanlige arbeidstempoet, men når det gjaldt steinarbeid, hadde det så mye å si hvordan dynamitten blei brukt. Mest mulig stein skulle ut med minst mulig boring. Det var boringa som tok tid. Dar det godt fjell, kunne et tomannslag bore fire meter i løpet av dagen, men det skulle ikke mye krangling til før resultatet ble adskillig mindre.

Det var basens ansvar å peike ut hvor det skulle bores, hvor djupt og om det skulle være en «liggar» eller en «stainnar». Da takserte han hvor mye stein skottet kunne ta ut med ei viss mengde dynamitt. Det var basens jobb å brenne og lade. Brenne var å fyre av små mengder dynamitt flere ganger i et borehol for å skape ei gryte i botnen slik at det blei plass til den dynamitten som måtte til. Etter at salven var gått, var det alltid spennende å se resultatet. Svært ofte var det imponerende å se hvor fin beregninga hadde vært – etter øyemål.

Far valgte alltid det minste spettet. Han hadde neppe lært teoretisk om enarmede og toarmede vektstenger, men han kunne det. Når vi holdt på med veiskjæringer, var han vanligvis på tippen. Når neste vaggelass kom, var den forrige steinblokka på plass, uansett størrelse. Hadde det vært mulig å få blokka på vagga med stubbebryter, var det mulig for han å plassere den. Der var han suveren.

Ei anna side ved basjobben var smedarbeidet. Borene måtte være kvasse. De måtte også herdes i forhold til hvor hardt fjellet var. Var de for harde, sprang egga, og var de for blaute, blei de sløve for et godt ord. Bredda måtte passe, og den måtte avta jo lengre boret var. Jeg var med i boregjeng mesteparten av tida på anleggsarbeid. Det var sjelden kluss med de borene han hadde kvesst.

Han hadde smedfingrer. En gang måtte han smi relsnagler, dvs. spiker til å feste skinnene til tverrstokkene. Han hadde bare ei smitang, så når naglen var ferdig, tok han den mellom fingertuppene og vippa den på ambolten. Det så en annen bas, som skulle gjøre det samme. Han smidde bare en nagl den dagen.

Han lærte meg å slå stein. Han studerte steinen og så etter lagdeling og sprekker, Han brukte «penna» på slegga og kløyvde steinen som andre kløyver ved. Det blei en gang uttalt følgende kraftsalve av en som så på at han delte en stor stein med tre-fire slag:

«No har eg sett – – et levanes tæken – – et Guds merakel – – bevare mi synd!»

– Richard

Biletet av ein dyktig fagmann, «et levanes tæken», var ganske rotfesta i omgivnadene, og det er ofte slik med kunnskap og ferdigheter at dei anten går i arv eller av folk blir rekna med å gå i arv. Vi må difor ta med eit par slike døme på akkurat dette, først Karl:

Han Johan Hagrup pleier jo å få et ord med i laget, og noen må også denne gangen ta seg av hans sak.

Da krigen var slutt og livet igjen begynte å pulsere sånn tilnærmet, måtte gluintan se seg om etter noe å gjøre. Han Johan Hagrup var ute etter folk til et arbeidslag med målsetting å dra på gjenreisingsarbeid til Finnmark. Via han Peder blei jeg med på moroa.

J.H. samlet sine tropper og stevnet mot Sørvær, hvor folk sto i kø for å få gjenreist boligene sine. Sørvær var totalt nedbrent og mest som et forblåst avhol. Vi fikk ta inn i ei gammel tyskerbrakke med veggelus.

Arbeidet vi skulle utføre var i første rekke tomtegraving/sprenging. Og som kjent må det redskaper til for å utføre sånt arbeid: bor, feisel, dynamitt og fenghetter.

Uhellet ville det slik at da vi såvidt hadde begynt, reiste borsmeden sin vei. Vi sto hjelpeløse uten borsmed. Ingen var å oppdrive på Sørøya. Men han Johan Hagrup visste råd:

– Du Kalle får gå i smia. Far din e en mester mæ borran.

Jeg visste jo sånn omtrent hvordan et borskjær så ut, og det var ikke vanskelig å få rette dreisen på den sida ved smedens arbeid. Men herdinga – det var et sorgens kapittel. Kjeften sto ikke på arbeidsfolket. Enten var boret for bløtt eller så var det for hardt. Det var ikke blide uttrykk som ble slengt over mitt arme hode.

Men det lå en utfordring og forpliktelse i Johan Hagerups kallelse: «Far min var god mæ borran.» Jeg skulle jammen vise både han Johan Hagrup og han Reidar i Kassengårn og alle andre at jeg ikke skulle gjøre skam på arven. Etter slit med prøving og feiling gjennom lange kvelder fikk jeg også dreis på herdinga. Nå strømmet lovord over den Østremske ætt takket være Johan Hagerup.

– Karl

Men om ein ikkje alltid greier å leve opp til forventningane, så er det kanskje likevel ein snev av sanning i Johan Hagerup si vurdering? Er

det ikkje slik at Konrad sine søner kan litt om stein, og lagdeling, sprekker, om slegge og spett? Knut har denne opplevinga:

> Vi fekk oss hyttetomt og tok fatt på arbeidet med å rydde. Det var ei steinur, der var berre stein, blokker som både var metertjukke og meterhøge. Med slegge og stort mot tok eg fatt, og det gjekk unna. Stor stein blei småstein, ingen blokk var utilgjengeleg når ein berre gjorde seg skikkeleg kjent med ho.
>
> Ein nabo kom bortom og såg på med skrekk og beundring. «Ja, dette har du gjort før», sa han.
>
> Då begynte eg å tenke: Korleis veit eg at steinen skal slåast akkurat *der*? Korleis heng det i hop at eg veit når eg skal bruke penna og når eg skal bruke hammaren på slegga? Eg kom til slutninga: Eg har knapt tatt i ei slegge før, så det er ikkje det gamle pedagogiske prinsipp «learning by doing» som er komen meg til hjelp, derimot eit anna velkjent, men alt for lite påakta prinsipp: «Learning by glaning». Dette hadde eg *sett*, det var kunnskap som var komen inn med noko som ikkje har fått namn enno, men som er ein parallell til morsmelka.
>
> – Knut

Richard fortel i sitt innlegg at dei vegra seg mot å ta arbeid på Bardufoss, direkte hos tyskarane, og vi skal stogge litt med denne spesielle delen av norsk arbeidsliv. Historia om tysk okkupasjon, om vonde krigsår, om framandstyre og utrygt liv er kanskje ferdigskriven, men det er visse sider ved denne historia som ein bør gjenta. Etter krigen blei det fokusert på «heltar» og «fiendar» på ein måte som kom til å stemple mange uskuldige nordmenn som unasjonale og litt lugubre fordi dei hadde stått i fiende-teneste. Best døme på dette er ettermælet til mange norske sjøfolk som *ikkje* seilte i utanriksfart, men plaska som før langs den lange norske kysten, til tross for at tyskarane hadde rekvirert skipet og ikkje gjekk av vegen for å bruke skuta i krigsaugemed.

I arbeidslivet førte krigen til ein stor overgang: Arbeidsløysa forsvann. Då krigen braut ut, var kvar fjerde fagorganiserte arbeidar ledig, mange av dei hadde ikkje hatt arbeid på fleire år. Alt i aprildagane i 1940 gjekk det ut appell frå det såkalla administrasjonsrådet at hjula måtte haldast i gang i arbeidslivet og i offentleg administrasjon. Folk skulle jo halde fram med å leve i dette landet til tross for framandstyret.

«Vi slutter oss til parolen», sa styret i landsorganisasjonen. Med det meinte dei det vanlege arbeid på fabrikkar og andre arbeidsplassar, ikkje den kollosalt aukande verksemda tyskarane ønskte å setje i gang. Tyskarane trengte flyplassar, barakkeleirar og andre militært viktige arbeidsplassar. Motstandsrørsla var sterkt imot at nordmenn skulle delta i slikt. «Tyskararbeid» blei stempla som unasjonalt. Men titusener av utsvelta langtidsledige arbeidarar strøymde til anlegga, og korkje administrasjonsutval, Landsorganisasjon eller andre kom med nokon appell om å halde seg borte frå slikt arbeid. Tyskarane førte med seg pengar som dei trykte ubegrensa i Norges Bank for å finansiere anleggsverksemda si.

Særleg på kommunikasjonssida satsa tyskarane sterkt. Jernbanen skulle fram til Narvik, transport var viktig når dei skulle ta Sovjet. Administrasjonsrådet, så lenge det fungerte før Terboven overtok heile styringa, meinte lenge at det var mogleg å skilje mellom sivile og militære føremål, men alt blei etterkvart ei samanhengande suppe av militært motivert ekstraarbeid.

For arbeidarane var det umogleg å sjå skilnaden. For dei var det umogleg å sjå skilnaden på ein veg som var bygd før eller etter 9. april. Dei kunne sjå at ein flyplass på Bardufoss var «tysk», men det var vanskeleg å sjå at vegen som førte fram til flyplassen også var det.

I åra 1942–1944 var 100.000 arbeidarar i verksemd ved «tyske og tyskbetonte bygg og anlegg» som det heitte, men det gjaldt berre direkte arbeid med anlegga.

I tillegg kom dei som dei sysselsette i produksjonen, som sytte for leveransar til anlegga, og i sum blei dette omlag ein halv million arbeidarar som direkte eller indirekte var involvert i ein eller annan form for «tyskararbeid».

Vegarbeidaren kunne trøste seg med at veg var det alltid bruk for – etterpå. Det var legalt, sivilt arbeid, enda det både var overvaka av fienden og av stor strategisk betydning. Dette var far medveten om, og han kunne velje arbeidsplass som var «moralsk» forsvarleg. Men vi skriv ein kort forsvarstale for alle dei som *ikkje* kunne velje vegarbeid og måtte ty til flyplassbygging i staden. Flyplass ville det også bli bruk for – etterpå.

Vi har med denne historiske utgreiinga også for å lage bakgrunn for neste «situasjonsrapport» som fortel om vegarbeid i ei tid full av uro og spenning, og det er sekstenåringen Karl som er rapportør:

> Høsten 1944 fikk jeg jobb som brakkegutt for arbeidsgjengen hans, som jobbet med veianlegget gjennom Tamokdalen. Brakka lå et stykke østfor Skjold, ved krysset hvor veien tar av til Rostaddalen. Min jobb var å holde orden i brakka, sørge for ved og vatn, vaske og stelle så godt det lot seg gjøre i ei brakke.
>
> Arbeidsfolket hadde drøy vei til anlegget. Det var en del jordarbeid, men en og annen fjellknaus som måtte ryddes av veien. Selv om det ikke var ulovlig å drive fjellsprenging (tyskerne var interessert i veien), var det ikke uten risiko arbeiderne bar med seg sprengstoff. Tyskerne hadde panikk og så en sabotør i hver nordmann som ikke hadde gått mer direkte inn i deres tjeneste. Det kunne medføre mange vansker for en voksen kar å bli tatt med dynamitt i sekken. «Han Østrem» visste råd. Brakkegutten kunne ta seg av denne transporten. Tyskerne ville neppe kontrollere en guttunge. Dermed bar jeg dynamitt og fenghetter, vitsa med tyskerne og kom igjennom uten problemer.
>
> Livet i brakka var dystert. Minnet har mørk gråfarge over alt og alle. Vi hadde imidlertid mange gjester innom brakka. De kom stille og dro igjen stille. Brakkegutten ble ikke informert om deres ærend. Men han gjorde mange interessante observasjoner, bl.a. at dette farende folket helst dro når mørket falt på. Det ble aldri med ord nevnt hvor de kom fra eller hvor de skulle, men likevel var det slik at alle visste et eller annet. Brakkegutten la ved en anledning merke til at utgående gruppe ordnet seg med å klargjøre våpen som de omhyggelig plasserte på kroppen, men han gjorde som alle andre:

beholdt synet som en privat hemmelighet. Far nevnte aldri noe av hva han visste.

I november fikk vi tidlig en søndagsmorgen være vitne til et merkelig skue. Et tjuetals fly kom inn fra svenskegrensen et sted. De var svært høytflyvende, og vi undret oss stort over antallet og at flyene så så lite tyske ut. Et av dem tok av fra formasjonen, dukket ned og viste oss ringmerker under vingene. Flybråket ble applaudert med forsiktige klappsalver, smil bredte seg i flokken av grå menn. Far hadde ikke for vane å vise hva han følte, men denne ettermiddagen var han i godt humør. Seinere fikk vi vite at «Tirpitz» hadde møtt sin skjebne.

Siste kapitel i min minnebok om veiarbeideren skriver seg fra høsten 1945/46. Igjen var det anleggsarbeid i Målselv. Det skulle bygges bru ved Tangen ysteri, og veivesenet gjorde et klokt valg når de ga oppdraget til far. Om medhjelperne kunne det være mye å si. Jeg tror han hadde hatt bedre arbeidsgjeng før. Ottar Nilsen, Kåre Nylund og jeg bodde i sommerhus på Brenn, sammen med formannen, naturligvis. Vertsfolket på gården var gjestfrie og ualminnelig hyggelige. Titt og ofte ble vi bedt inn på en kopp kaffe. Da gikk praten livlig, og far viste seg fra sin lune side. Han hadde en fortellerevne som fenget. Gamle historier fikk liksom nytt innhold i hans versjon. Han sang viser fra en svunnen tid, viser han kunne utenat selv om mange av dem hadde en serie med vers. Det er ikke umulig at noen av dem var eget produkt.

Men hovedoppgaven var altså å bygge bru. Og den oppgaven tok han ikke lett på. Etter dagens forhold må en jo si at hjelpemidlene var primitive: vandring med skyvetralle, spett, bor og feisel, slegge, trillebår og spade. Men det var redskaper han gjennom et langt veiarbeiderliv hadde lært seg å mestre. Dernest hadde han lært seg å mestre selve byggematerialet. Med sylkvast blikk sorterte han steinen, slo av en kant her eller der, for deretter med stor eleganse å manøvrere store og små gråsteinsblokker dit han ønsket dem. Vi grønnskollinger brukte muskelkraft og stor vektstang på spettet. Han brukte teknikk og den ytterste spissen på spettet.

«Å hå! Så gir vi litt på flanken, å hå!» Han sang steinen på plass, og når den lå der den skulle, så det ut som om underlag og steinflate var skapt for hverandre.

Han likte dette arbeidet. Han jobbet i dyp konsentrasjon og ble irritert når en eller annen ikke oppfattet hintet han ga om å dra i samme retning. Det hang alltid en blank dråpe fra nesen når han arbeidde med steinen. Muskulaturen i ansiktet hadde vridninger i takt med spettbevegelsene.

Ryggen hans ble etter hvert krum. I skrivende stund finner jeg ut at jeg nå har nådd samme alder som han dengang. Vi har hatt ulikt livsløp. Hans hender var brunbarket og trellet, ansiktet preget av uteliv, med tydelige, markerte trekk. Gangen var langsommere, men fortsatt gikk han, som jeg alltid husker han, med hendene lagt i hverandre på ryggen.

Han la seg tidlig om kvelden, men det betydde ikke at han forlangte absolutt ro. Vi andre satt gjerne oppe lenge og skravlet og lo. Vi hadde bare ett rom. Neste dag var han først oppe – og viste vei når det gjelder presisjon. Med lommeuret signaliserte han at det var tid til å gå til arbeide. Det var heller ikke snakk om å få tida til å gå med spaden som støtte. Han sto på, og det måtte resten av gjengen gjøre helt til han varslet «kveld», Da var klokka presis fem.

— Karl

Arbeide med stein i 8 timar utan å ta ein aldri så liten kvil på spaden kan den prøve som har lyst! Men det minutiøse og pålitelege fortel kanskje mest om kvifor han var ein høgt respektert arbeidsformann – til lærdom for etterslekta i fall det skulle finnast nokon som kviler på spaden litt for ofte.

Han var prinsippfast når det gjaldt arbeidstid, fortel Åge:

I 1942 jobbet jeg sammen med far på Skattøra i Tromsø. Det var anledning til å jobbe overtid nesten så mye vi ville, og likeså søndagsarbeid. Jeg spurte ham hva han mente om overtid. Sjøl kunne jeg godt tenke meg å tjene litt ekstra. Han svarte at jeg fikk gjøre som jeg ville, men han for sin del hadde kjempet i 30 år for 8-timers dagen.

Jeg forstod ham og gikk ikke på overtid.

– Åge

Med desse glimta frå ein av fars arbeidsplassar har vi kanskje fått godt fram at det, når vi skal summere opp det heile, var vegarbeidet som var hans hovudyrke, hans største interesse. Det skin igjennom av rapportane at det var noko meir enn berre ein stad å tjene pengar på, det var for han eit interessant yrke. Vi skal avslutte med eit kort inserat frå Karen som fortel nettopp dette: Det budde ein vegingeniør i han. Det kunne han aldri bli, men var det nok likevel:

> Drømmen om veg gjennom Brattebjørga arvet vi nok etter far. Tante Sigrid forteller at hans store drøm var å få sprenge seg gjennom fjellet. På sine mange roturer forbi tok han stopp og studerte fjellet. Etterpå kalkulerte og beregnet han hvordan det hele skulle gripes an.
>
> Jeg er ikke i tvil om at vi ville fått en bedre tunnel om han hadde fått satt sine planer i verk.
>
> – Karen

Eller sagt på ein annan måte: Det ville vore flaut dersom ein visste og ikkje kunne bortforklare at dagens Bjørgatunnel var prosjektert og bygd av vår eigen far!

I staden kan vi glede oss over dei prosjekt han verkeleg fekk gjort. Skulle du trenge ytterlegare bilete av ein fordums vegbas enn det vi gjennom dette har greidd å formidle, så ta deg ein stogg ved Storhågbrua, ved Tangen ysteri eller ved ei eller anna stikkrenne eller bru på Senja-vegane. Ta med fotoapparat og skaff deg bilete av godt fagarbeid. Men skund deg! Vegvesenet grev fort med sine moderne maskinar, stikkrennene forsvinn og blir erstatta med røyr, og dei raserer på halvtimen det meisterverket far brukte kalde vintrar på å mure opp. Og skulle du ikkje finne desse bruene, kan du ta ein tur rundt på gardane på Stonglandet eller Forstrand og finne ein labrufot som han har murt – på fritida. Du treng nødvendigvis ikkje først å studere den som står på Bråten, for den blei han visst aldri ferdig med. *Der* hadde han altfor lite fritid.

Handverkaren

Ved vår fotfølgjing av far gjennom yrkeslivet med jordbruk, fiske, steinarbeid og alt anna som hørte yrkeslivet til, skin det igjennom fleire stader at han var ein nevenyttig mann. Det er blitt sagt av ei som er kome inn i ætta at ein ekte Østrem står aldri i beit når noko ryk. Går termostaten i kjøleskapet i stykker, ringer du ikkje straks til elektrikaren. Du finn eit skrujern og demonterer til du finn ein feil. Finn du delane, limar du dei saman, og maskinen verkar. At kjøleskapet no er blitt fryseboks fordi termostaten er blitt endra på grunn av reparasjonen, kjem ikkje saka ved. Du har reparert. Du flyg kanskje ikkje av stad og kjøper kva som helst dersom det er mogleg å lage det med høvel, knipetong og bekatråd.

Ein del av familien samla påsken 1946. Bakerste rekke frå venstre: Rolf, Karl, pappa og Åge. I midten: Knut, Svein, Karen, mamma og Konrad. Foran: Einar og Hans Helmer.

Ho sa det kanskje ikkje som ein komplemang. Kanskje er det ikkje så ærefullt å vere nevenyttig – alltid? Var det slik med far også? Vi stiller spørsmålet fordi vi skal prøve å gje så sant og objektivt bilete som mogleg. Det er kanskje eit ord til ettertanke når Einar seier:

> Jeg kjenner far stort sett som tredje person. De fleste historiene har jeg naturlig nok fått fra mor, som av en eller annen grunn prøvde å gi sin gemal et negativt ettermæle. Hverken sykkelkjøp eller bokkasse ble for eksempel omtalt som noe hyggelig minne, og ingen ville føle seg smigret om et arbeid ble omtalt som «Østrem-verk».
>
> – Einar

Så la oss sjå litt nærare på handverkaren. Det er kanskje sant at det blei nokre «Østrem-verk», men samstundes kan det ikkje vere noko dårleg arv å vere nevenyttig, optimistisk og sjølvhjulpen, enda om resultatet kanskje ikkje alltid blir den store suksessen.

For far var handverket ein mykje viktigare – og nødvendig – del av livet enn det er for oss. Etableringa på Bråten var stort sett starta i eit tomt hus, og alt som skulle til, måtte skapast frå grunnen av. Frå vår barndom hugsar vi stort sett berre heimelaga møbler, med unntak av «strengstolen» som var kjøpt på auksjon. Det var grovt tilhogde bruksting. Men dei møblane han fekk sjanse til å gje seg tid med, dei er det grunn til å sjå nærare på. Det gamle skapet på Bråten blei i følgje mor laga med dårleg utrustning: øks, hammar og kniv. Med det i bakhovudet må ein karakterisere det som eit vakkert møbel.

Våre minne om handverkaren blir sjølvsagt i enda større grad enn minneboka forøvrig knytt til det produktet som blei resultatet av handverkaren sitt arbeid, så her blir det rikeleg av digresjonar. Åge skal vere vår første informant:

> Det hørte med til denne generasjonen at de kunne noe mer om sine fremkomstmidler enn hva vi gjør i vår «kjøp-og-kast»-periode. Ofte kunne vi høre at han snakket om fine skiemner hvis han så en rak og kvistløs bjørkestokk, eller han mumlet om fine kjelke- og sledemeier hvis han så en kroket sådan.

To ganger så jeg han lage bjørkeski. Det ene paret var til Ingebjørg, og det andre til Edmund Myrholt. Det var sjølsagt litt av en jobb. Først skulle bjørkeemnet tørkes. Deretter teljes til med øks, så høvles, pusses, brettes, steges osv. Når dertil arbeidsplassen var liten og verktøyet dårlig, var det nok en tålmodighetsprøve, men han fikk det til.

Han var en tålmodig mann. Til og begynne med hadde han høvelbenk og bra utrustning med verktøy, men etterhvert ødela ungan alt. Det samme skjedde med redskap. vi ødela og kasta bort. Lina som han brukte på lofotfiske hengte han bort i stallen. Når den skulle brukes, hang bare forsennene med anglene igjen i klaven. Når han så hva vi hadde gjort, var kommentaren kort, tørr og kanskje litt vemodig:

«Nei, nei, har dokker skorre ned lina».

Kanskje forstod han bakgrunnen. Vi hadde jo på en måte ikke gjort det med vilje. vi var jo ofte i mangel på tau. Vedlassan skulle surres på kjelken. Vi skulle ha børeband når vi skulle bære høy, osv. osv. Vi forsynte oss der hvor det var for å få jobben gjort.

Det hører med en liten historie om mine egne første ski, og det viser til det samme: tålmodighet og fagarbeid. Da Richard og jeg var blitt henholdsvis åtte og seks år gamle, ble det hentet hjem fra Bratlia to par ski som vi skulle ha og øve oss på. Det eine paret var grå og hadde store bretter med spiss snut. De fikk Richard. Det andre paret var blåmalt med hvite striper, det skulle være mine. Vi prøvekjørte utstyret en fin vinterdag i området der hvor stua nå står og oppover mot veien, Det var bare en liten del som var opparbeidd mark da, resten var tuver og skog. Alt virket bra, men jeg fikk imidlertid en innskytelse om at kanskje skiene var noe for stor for meg og at det kanskje gikk an å gjøre dem noe mindre. Jeg visste at Mogutan hadde korte ski og disse var voksenski. Saken ble diskutert med broderen som vel var skeptisk, men han nektet ikke assistanse når jeg foreslo at vi skulle ta med et vers på sagstolen. Det var jo tross alt mine ski.

Skiene kom på sagstolen og jeg fant ut at kuttet skulle legges ca. 50 cm bakom orgen. Det skulle bli passende lengde for en seksåring.

Hvordan orgen og utstyret ellers skulle festes på de nye skiene hadde jeg vel framskjøvet som en konstruksjonssak som skulle komme i sin tid.

Akkurat i samme øyeblikk som siste kuttet gikk og bakpart og forpart ble skilt fra hverandre, kom far springende. Han hadde oppdaget at vi foretok oss ett eller annet og at det ikke var *ved* vi saget. Men han kom dessverre for sent og måtte utbryte i fortvilelse:

«Sage dokker av skien?!»

I samme øyeblikk forstod jeg at jeg hadde gjort noe veldig dumt.

Samme kveld ble de nye skiene høvlet og utstyrt med orger og bindinger på det rette sted, og så var sorgen over.

– Åge

Det er denne type minne som først kjem for dagen når ein skal skrive minnebok. Skiproduksjon var ikkje daglegdags, det var meir sjeldan, difor blir det ståande klårast i ettertanken. Dei daglegdagse produkta frå handverkaren var så daglegdagse at vi knapt hugsar dei, men ved nærare ettertanke må vi lage ei lang liste over slike produkt: Det var river og rivetinnar, hespetre, rokkesneller, grautsleiver, ljåorv med heller og nabbar, det var «sule» til juksa og line, hovoldskaft til veven, tvarer, sopelimer, risvisper og nye «krybber» på loftet etter som ungeflokken vaks.

Det var stort sett knivarbeid, det var ovnskrokarbeid, og det hadde smitteeffekt. Sønene gjorde som han så snart dei hadde ein kniv tilgjengeleg, og ovnskråa på Bråten var ofte full av spon. Mykje av veden blei spikka til spon før han kom i ovnen, så det kan vere mange årsaker til at det var knapt med brensel.

Det motsette var og tilfelle: Far samla på emner. Kvistfri bjørk blei putta til sides til tørk, men mange gode emne forsvann i omnen når utholdenheita ved sagstolen var oppbrukt og lettvintløysinga låg så snublande nær.

Men vi held oss til minnebøkene, til dei ekstraordinære arbeida, dei som gjorde inntrykk og som blir ståande som uttrykk for at han kunne sine ting. Vi gir ordet til Svein:

> Jeg tror ikke en geburtsdag blei vektlagt noe særlig med presanger og barneselskap. Dagene ble vel likevel markert såpass at vi greide å holde styr på alderen.
>
> Det hendte en gang at jeg kom ruslende ned av loftet med underbuksa i handa og såpass ut på formiddagen at virksomheten nede i kjøkkenet var i gang. På kjellerluka satt pappa med et handverk foran seg. Bordfjøler, kniv, høvel og spikerbor var i bruk, Det var en stor hemmelighet om hva sluttresultatet skulle bli, og det var ingen vits i å spørre han ut om det heller. Kanskje mamma var orientert for ho var solidarisk på sin måte. Det eneste som blei til en klar konklusjon oss unger imellom var at siden jeg hadde geburtsdag, var mulighetene til stede for at det dreide seg om en leke.
>
> Etterhvert som arbeidet skred frem, kom det for dagen ei vindmølle av en spesiell utgave. Et kors med hull i midten, og ute på armene en tverrgående fjøl med påsatt seil. Når denne ble satt på et stativ, blei det drevet rundt og rundt av de fire seilbåtene. Seilene var slik satt på at de automatisk skiftet med vinden fra lovart til le.

> Det blei aldri sagt noe om at dette var min gave i anledning dagen, og seinere har jeg av mine søsken forstått det slik at alle følte seg som eier av vidunderet. Altså en kollektiv geburtsdagsgave. Det passa seg vel slik at han isteden for å gå rundt med full oversikt over dagene til sine mange barn, akkurat denne dagen fikk det til å klaffe med tid og bordfjøler og geburtsdag.
>
> – Svein

Dette vidunderet av ei vindmølle står klårt i minnet hos fleire av oss, også hos Rolf:

> Og hvem husker ikke at den travelt opptatte mannen tok seg tid til sammen med den like travelt opptatte kona – og sikkert med assistanse fra eldste datter – å lage den evig seilende båt. Det var fire båter, og en av dem var alltid i vinden og bar apparatet rundt og rundt. Jeg vet ikke om dette var hans egen oppfinnelse, men som seiler hadde han sikkert kunne tenke ut slike ting.
>
> Seilene var sydd av kvinner, og det var kanskje største jobben å sy fire sett med fokk og storseil. Båtene gikk og gikk og gikk. Hartløw gjorde seg en tur ned og så på fenomenet:
>
> «Ja, faren din kan alt, alt finn han på!»
>
> – Rolf

Om det var hans eige oppfinning? Det er svært sannsynleg. Nokre av oss kan hugse at første-utgaven hadde konstruksjonsfeil. Båtane snudde seg ikkje og dermed stod det alltid to båtar på tvers av vindretninga slik at det heile stogga opp. Derfor måtte konstruktøren gå vidare i oppfinninga for å forbetre prototypen.

Som sagt er det dei små daglegdagse ting som var hovudkravet til handverkaren. Det vi kanskje kan trekke som ein sum av denne sida ved han, var at han var rask med øksa og kniven, han hadde handverkarlaget. Men begge delar var jo også reidskap som hørte eit mangfoldig yrkesliv til. Richard kan fortelje dette:

> Under første verdenskrig var han også med på favnevedhogst i Bjørgeskogen ovafor Håkjerringneset. Det var mange som arbeidet

der. Hoggere og hester bodde i gammer. Far var i et hoggelag der Kristian og Einar saga mens han kløyvde. Sjøl påstod han at han kløyvde 14–16 mål for dagen, men det fikk han aldri andre enn han Hagerup i Lavika til å tru. Men han var jo også et råskinn med øksa.

– Richard

Innretningen vakte oppmerksomhet. Båtene gikk og gikk til snyen eller landvinden tok anlegget.

Vi kan ikkje forlate handverkaren før vi har vore innom eit svært spesielt handverk som i dag høyrer til dei heilt sjeldne, men som i vår barndom hørte med hl det ein husfar måtte inkludere i sine daglege syslar, nemleg skomakararbeid. Åge fortel:

> Av de mange forskjellige handverk som far kunne, vil jeg også ta med skomakring. Gummifottøy kom først i 20/30-åran. Før den tid ble alt fra røyserter til de fineste lakksko laget av skomakere. Jeg så ikke far direkte lage sko, men derimot komager i forskjellige størrelser og fasonger. Halvsåling og reparasjoner var han ofte opptatt med. For ikke å snakke om alle treklumpene som han laget.
>
> Klumper høres lokalt og nordnorsk ut. Andre steder i landet snakkes det om tresko og tøfler med tresåle. Under en togreise en gang kom jeg i prat med en hollender. Han gikk i tresko. Jeg spurte forsiktig hva de kalte den slags sko i Holland. Svaret var: Klumper!
>
> Når far laget klumper, begynte også dette med et rått bjørkeemne. Øksing og smiing ga etterhvert den rette størrelsen, fasongen og høyre-venstreutførelse. Til slutt ga tollekniven en høvelig nedsenking langs siden av framparten. Der skulle yvlæret festes.
>
> Av den øvrige skomakring er det vel bekkatråden som jeg minnes best. Bekkatråden var sammensatt av flere tråder og det ble festet en grisebust i hver ende, og tråden ble innsmurt med bek. Mens han tuklet med sin bekkatråd, syl, lest og halvsåle, kunne det hende at han plagdes. Det hendte ikke så sjelden at verktøyet forsvant mellom fingrene på ham. Særlig var vi interessert i å tyvlåne kniven. Vi opplevde aldri noen store utbrudd av irritasjon. Det lengste han gikk var vel å si:

«De ungan!»

Ellers kunne vi høre at han iblant sa:

«Hm – hm – hm – hm!»

Det var når det ikke gikk som det skulle og busten tok en annen vei enn den skulle.

Derfor, kjære bror og søster og etterfølger, hvis du ser deg selv i en lignende situasjon og kommer til følgende resultat at gammelsko, bust og bekkatråd ville havnet dit pepparen gror, så kommer disse negative medfødte egenskaper *ikke* fra farsida. Vi hadde jo også ei mor, uten å si noe vondt om henne.

– Åge

Og med dette set vi punktum for eit langt kapitel om arbeidsmannen. Det måtte bli eit langt kapitel for å fortelje om ein mann som stort sett måtte fylle heile sitt liv med arbeid. Og vi har langt i frå fått med oss alt.

I ettertid ser vi dette livet med barneauge som er blitt vaksne, og vi har kanskje tendert i retning av å vere skrytande på fars vegne. Men med eigen livserfaring og arbeidserfaring er vi også i stand til å vurdere arbeidsinnsats og krafttaka som ligg bak, så derfor er vi nokså sikre i vår sak: Han var eit arbeidsjern som det skal stå respekt av.

Om han sjølv skulle skrive historia, ville han kanskje vore meir smålåten. Vi gir ordet til Richard:

Ellers brukte han ikke å skryte av sine bragder. Det var jo arbeid. Men der kraftkarer møtes, kan det bli snakk om å måle krefter. Et av hans karstykker var å bære fire mann på ryggen. Det har jeg bare hørt om. Så kunne han slå knyttneven i plankeveggen så merket av alle fem knokene stod der. Det har jeg sett.

– Richard

Og det har vore vår intensjon: At du og skulle kunne sjå spor etter knokane som slo i den tjukke plankeveggen som heitte armod, som slo seg gjennom eit hardt liv for å rydde veg for tolv ungar som skulle fram til eit betre liv utan skade. Så vi blir heilt Anders Hovden'ske i vår avslutning av dette kapitlet:

> Handi hans far min var sliten og hard
> og skrukkut som gamalt horn
> Ho fekk si bragd på den magre gard
> i træling for kone og born.
> Handi hans far min, eg gløymer kje ho
> med fingrane krøkt av mein.
> Ho ligg og skin i mitt minne no
> så fin som ein perlestein.

HELG, HØGTID, FRITID

Framstillinga så langt har vore prega av arbeid og slit, eit fattigliv og kampen mot armoda. Det kunne bli dyster lesnad, men det er det ikkje blitt, fordi dei som har skrive stoffet ikkje har hatt hang til å henge med underleppa. Det er stort sett den lyse sida som kjem fram, uansett kor dystert stoffet elles måtte vere. I dette kapitlet skal vi konsentrere oss om alt det andre, det som ikkje var arbeid og slit, det gode livet som låg utanom. Vi trur det er gløtt inn i ei fortid som hadde mange kvalitetar som ei etterslekt gjerne bør vite litt om – og kanskje ta vare på.

Som ein overgang tar vi fram ei gamal vise av Richard. Det er visa om gammeliv, om nybyggarliv og nærleik til natur – og aller mest om undringa:

> Der hvor skogen sakte bøyer seg for vinden
> mellom stranden og den brune torvemyr
> står en stige og en kasse foran grinden
> for å holde ute Anna sine kyr.
> Det var her hvor jeg i barndommen regjerte
> som en konge over skogens snevre ring.
> Det var her hvor jeg i livets morgen lærte
> at en flue dog er mere enn en ting.
>
> Intet visste vi da om Rousseaus parole,
> vi var blott den store mesters ideal.
> Her var førsteklassen vår i livets skole
> og naturen var vår ransel og pennal.
> Men med tiden så ble vitelysten større
> over det som ute i naturen var.
> Vil en vite noe, må en oftest spørre,
> Selv naturen kan gi mangelfulle svar.

> Er en sten en ting som råtner eller vokser?
> var for meg i lange tider et problem.
> Hvordan kommer silda inn i sine bokser?
> Hvordan? Hvorfor? Hvilket? Hva? og Hvor og Hvem?
> Hvorfor er det alltid hvetestomp hos noen?
> Hvorfor har de store gutta lyst å sloss?
> Hvordan kommer barna til ho Karen på Moen?
> Hvorfor kommer hun så ofte hit til oss?
>
> – *Richard*

På tur

Fritid knyter vi i dag ofte til friluftsliv, til turgåing og skog og mark. Desse aktivitetane var før meir knytt til plikten, det var ein del av kvardagslivet der hensikten stort sett var noko anna enn det å nyte fritid. Å gå over Senja var sikkert både sunt og godt, men det var ikkje i rekreasjonsaugemed dei turane blei tatt. Likevel skal vi starte med nokre tur-skildringar, fordi som ungar var samværet med far på tur noko heilt anna enn samvære i arbeid. Vi lar Åge starte med minne om far som skiløpar:

> Det gikk gjetord om far at han var litt av en skiløper i sin ungdom. Brøstad var datidens sentrum for Sandvika, og derfor gikk turen ofte over dit for å handle og for å skaffe seg hyre med «Kometen». Veien måtte antakelig gå over Fossmoen og storlia. Ihvertfall var han kjent i området. Jeg traff en gang en mann som het Rønning Fossmo. Jeg var sjøl i konfirmasjonsalderen da, og da han fikk vite at jeg var sønn til Konrad Østrem, lyste han opp som ei sol og fortalte med begeistring om telemarkssvinger og snøfokk som stod etter han Konrad når han for forbi på vei til Brøstad.
>
> Personlig har jeg bare ett minne om en skitur ilag med ham. Det som har festet seg i minnet fra den turen er ikke akkurat ferdighetene på ski, men den fantastiske evne for stedssans som han hadde. Noe som jeg også minnes fra Lofothavet.

På tur

Skituren tok vi i påsken 1935 eller 36, jeg er ikke helt sikker. Vi startet om morran en av påskedagene og gikk til Bratlia. Richard var også med. Det var strålende vær på dit-turen og godt skiføre så vi riktig koste oss. Det eneste som jeg husker at han ga meg som lærdom var at i stedenfor fiskebeinsmønster som jeg brukte ved oppstigning, skulle jeg heller legge skiene parallelt og gå i trapp. Det var mindre slitsomt, mente han. Vi ankom til Bratlia en gang på formiddagen og var snart i full lek og prat med Per og dal-ungan. Per var jo som kjent Bratliunge helt til i 1936.

Ut på ettermiddagen mente far at det var tid for retur, og vi gjorde oss klar. Været var imidlertid blitt lett overskyet. Jeg husker at oppstigningen i Lia kjentes litt slitsom. Vi hadde jo hatt dit-tur leiking fra før. Da vi nærmet oss Vendigsbakkmyren begynte det å snø, samtidig som det var blitt såpass seint på dagen at det ble skumring. Da Espenesskaret var passert og vi tråkket inn i Bjørgeskogen, var det blitt temmelig grautet og føret var elendig. Om jeg husker rett, måtte vi ikke holde for lang avstand for ikke å miste hverandre av syne.

Det ble fullt kov med blaut snø og bekmørkt etterhvert. Selvfølgelig hadde jeg ingen peiling på hvor vi befant oss, selv om fjellveien var ganske godt kjent. Far bare gikk og gikk. Etter flere timers marsj forstod jeg at det begynte å helle unna, antakelig var vi kommet til Lavik/Forstrandmarka. Men føret var så dårlig at unnarenn eller motbakke kom nesten ut på ett.

Vi kom ned på veien omtrent der hvor Ingolf bor. Følelsen av fast vei under føttene var omtrent som når du kjenner fjæresteinan under føttene etter en hard storm i småbåt på havet. Det hører med til historien at jeg bar skiene fra Ingolf og hjem, og jeg var ganske sliten.

– Åge

Vi må berre seie: Beklager! Vi skulle skrive om det lette og lyse, og så blei det igjen berre slit og møye, også i fritida. Men det er sånt som skjer når veret ikkje er på vår side. Poenget er likevel å få fram friluftsmannen som går og går i tjukt snødrev og alltid veit kor han er og kor han skal. Kjentmannen er også hovudperson i neste tur-forteljing som er Per si oppleving:

> Det var juni 1940. Krigshandlingene i Norge var nettopp opphørt. Eg hadde et «embete» å skjøtte, eg skulle til Bardu og være cowboy hos Oliver Strand. Hva grunnen var kan eg ikke huske, om det var så som så med kommunikasjonene, kanskje det ikke gikk noen buss til Bardu, men iallefall: Eg gjækk.
>
> Eg fikk med meg den beste kjentmann, og så bar det til fjells. Karl ble med for turen sin del. Vi starta over til Bratli som første etappe. Tante Dina syntes dette hørtes artig ut og så slengte ho på seg kåpa og blei med.
>
> Det bar oppover Skøelvdalen så langt den rekker og så videre innover Gumpedalen. Vi hadde neste mellomlanding på Østgård. Eg trur det var i ni-tida om kvelden vi kom dit, men på Østgård var klokka ti. Gumpedalingene var forut for sin tid, de hadde sommertid allerede i 1940.
>
> Etter et par timers opphold bar det videre innover gjennom steinura og over vidda til Bardu. Vegviseren var lokalkjent nok. Han viste oss kor han hadde gått når han hadde perm fra «eksisen» i 1911.
>
> Eg trur dette var en veldig nyttig tur for oss som var unge, det er mye å lære av en slik fjellvandring. Ett skritt om gangen og Ala, som vi hadde foran, ble større og større, mens steinfjellet bak bare ble mindre. Eg pleide å sei i mine yngre dager at den turen skulle eg gjøre om igjen når anledningen bød seg. Inntil denne dag har anledningen imidlertid holdt seg på god avstand.
>
> *– Per*

Alle, absolutt alle både dei som skriv og les denne boka, har på skolen stått overfor fenomenet «Fortell om ein tur», og det er denne grunntreninga som gjer at vi kjem inn i ein stim av gode tur-forteljingar. Det som er spesielt denne gongen er at oppgåva lyder: Fortell om ein tur med pappa, og det var så sjeldan at det hugsast, til og med for yngstemann Einar:

Det var en fyr ved navn Mathias Claudius som først sa: «Wenn jemand eine Reise tut, so kann er was erzählen.»

Det må ha vært sommeren 1946. Far og mor bestemte seg for å ta en tur til Gumpedal/Sandvika. Om det var sykdommen som gjorde at han hadde tid, eller om han ante hvilken vei det kunne bære, slik at det nærmest var en avskjedsvisitt, har jeg ingen formening om. Det viktigste for meg da var at jeg skulle få være med.

Turen oppover gikk i melkebilen hannes Jarl Vaeng, gul og heimelaga. De første kilometrene var forholdsvis komfortable, brukbar plass og melkespann til å sitte på, men det gikk fort over, og da vi kom til Gumpedal var det knapt ståplass igjen.

Jeg kan huske at vi besøkte alle søskenene som var bosatt i strøket, Ingvart, Tobias, Kristian, Ane og Anna, slektninger som jeg knapt ante eksistensen av tidligere, og heller ikke har hatt særlig mye kontakt med senere. Jeg har ofte lurt på om kontakten med den siden av slekta alltid har vært like dårlig eller om det var noe som sluttet da far døde. vi fikk jo inntrykk av at det var litt uvennskap mellom han og resten av familien på grunn av «utkastelsen» fra Sandvika, men jeg fikk ikke inntrykk av det på denne turen. Mottakelsen vi fikk var hjertelig overalt. Det eneste jeg husker som spennende, var å komme til Sandvika og møte Kristian. Han hadde ord på seg for å være gal, men han skuffet stort. Han oppførte seg jo som et helt alminnelig menneske.

Husker jeg så noe om far fra denne turen? Svært lite faktisk. Han var der, og bare det var jo sjelden. Men da som nå, hvor vi kom så var ordren den samme: «Gå no ut å lek med ongan.» Men en ting husker jeg. Hvordan kom vi oss til og fra Sandvika? Vi gjækk!

– Einar

Jul

Men om det er aldri så gildt med turar med far, er det ingenting som kjem opp mot dei minne frå barndomen som knyter seg til jul. Ingenting sit så spikra i minne som jula. Kanskje kjem desse minna så klårt fram nettopp fordi dei står plassert midt inn i småkårslivet og armoda. Det skulle så lite til for å snu det kvardagsgråe til helgeblått. Det skulle ikkje meir til enn å fyre opp «vedsluken», så spreidde eimen av ovnsverte seg over stua, og då var det jul!

For oss var det to ting som var heilt sikre: Det eine var at jula kom, det andre var at då var far heime. Berre av den grunn vil mange minne knytte seg til julefeiringa. Berre ei jul, den siste, måtte han tilbringe borte – i sjukeseng.

Til jula knyter det seg også mange minne om søskensolidaritet og samhold. Gjennom minnebøkene skin dette klårt igjennom; juleminna blir også historia om storfamilien som også var ein nærfamilie. I andre familiar kan det oppstå feider mellom søsken, brør fører prosessar mot brør. Dei har noko å slost for, noko materielt, litt bankinnskot og anna skrot på kistebotnen som blir så mykje viktigare enn solidariteten og samholdet. Vi er takksame for at vi slapp unna den slags kiv. I staden kan vi glede oss ustyrteleg ved minnet om då vi henta fram stampen, skifta til reint snørrliv, tok på finbuksa eller finkjolen og heldt helg.

Akkurat det med fellesskapet gjer det vanskeleg å trekke fram den eine personen framfor den andre. Barneminna er slik, men i alt vi fortel skal du også lett kunne skimte ein far i fellesskapet. Vi gir først ordet til Åge:

> En ting var ihvertfall den gamle generasjonen nøye med, og det var at jula skulle holdes. I jula var far alltid hjemme, og med jula mentes den gang alt fra juleveka og fram til trettendedagen. Først i slutten av 50-åran begynte travelheten å komme, og det gikk på folkemunne den gang da «Nylund» av Sørreisa tok avgårde på bankfiske allerede tredjedag jul.

Vi bodde i fjøsen fra 1929 til 32. Det var veldig koselige år. Mor fyrte på gruva av og til om kveldene, og i lyset fra denne leste hun eventyr for oss fra Allers. En tegneserie som het Ole i Trollskogen ventet vi med spenning hver uke, og så var det en som het «Lund og jeg» som mor, Ingebjørg og til og med Richard kunne le av, men som jeg aldri fikk noe tak på. Det ble bedre da Allers ble overtatt av Hjemmet og jeg fikk lese om Knoll og Tott. Hjemmet ble visst kjøpt til redusert pris, mener jeg. Det ble først lest av han Sørgård, så av han Otelius sjøl og så til slutt kjøpt av oss.

Knoll og Tott hadde jeg aldri noe medynk med enda så mye juling som de fikk. Juling var noe alle fikk, og dessuten syntes jeg ikke synd på dem når de likevel hadde så mange fordeler. Hadde de bruk for verktøy til ett eller annet, var det straks for hånden, var det bruk for lim for å lime megler smekk fast til stolen, var det bare å rekke ut handa, mens vi manglet det meste.

Vi fikk melding i god tid om når far skulle komme hjem til jul og på hvilken måte. «Blekkspanna» var en måte. Den het visstnok «Salangen» på orntlig og var en ilgodsrute, men vi fikk aldri se den båten, for den anløp bare Brøstadbotn og Finlandsnes. Ellers var det for det meste «lokalen» han kom med, og vi stod i vinduet og så mens båten seig inn til Espenesbogen. Vi undret oss over at en lang og tre korte kvitrøyker kom først og så tilsvarende fløyting som vi kalte det lenge etterpå.

Sakken i Myra var spesialist på «dampa», men han kunne heller ikke gi noe skikkelig svar. Sakken saget ved hos oss om vinteren, og som betaling mottok han brukte Allers, Men han var mest interessert i bla med bilder og tekst om «dampa». En dag hørte jeg aloen av han på lang avstand. Kanskje var han ikke kommet lenger enn til Bogelva da han begynte å rope:

«Ja, Åge, i kveld ska eg på kaia å se ny-dampen!»

Nydampen var «Lyngen».

Vi var for små enda til å gå på kaia og fikk nøye oss enda noen år med å betrakte lokalen fra vinduet. Jeg så også ny-dampen fra vinduet og var betatt av alle lysene. Sakken kunne forklare at en viss ledning mellom mastene ga tydelig tegn om at ny-dampen til og med hadde radio.

Så lenge vi var små, fikk vi altså vente. Det tok en stund fra fløytinga og til far var hjemme. Da vi ble større, var vi på kaia og hjalp ham med å bære tøyet hjem.

Etter at far var kommet hjem til jul, satte han straks i gang med forberedelsene. En del snekkerarbeid ble gjort. Høvelspon tok han vare på. Mor skurte golvet allerede på lillejulaften. Etterpå ble høvelsponen strødd utover golvet og feidd vekk når all trakking var unnagjort. På den måten var golvet like kvitt på julaften.

Juleved hørte også med til juleforberedelsene. Ja, vi måtte le da vi leste i Per si lesebok om to staute guta fra en dalagard og om deres juleforberedelse. Der stod: «Joleved hadde dei òg hogge, full mest heile omnskråa». Hos oss kom mn jo ikke langt med *ei* «omnskrå», men vi var vant til en stor stabel.

Juletre hørte også med, og dette hadde vi blinket ut på forhånd. Furu og gran vokste ikke på hver manns gård der nord. Far var godt kjent også på Senjasida, og det hendte at vi observerte en robåt midtfjords på jule- eller lillejulaften. Den hadde kurs for Bråten og landet i støa hos oss. Det var gutan hannes Konrad Brandvoll og Bårdslettgutan som kom for å snakke med han Østrem. – Om de kunne få kjøpe et juletre eller to. De hadde fem- og tiøringer i sine svette hender eller inntullet i et lommetørkle og ville gjerne betale for den edle furu, men de slapp. Kanskje var det denne goodwill som lå bakom når vi til andre tider så far kom roende hjem i lånt båt fra Brandvoll eller Bårdslett.

Vel, etter alt strev ble det omsider jul både på Brandvoll, Bårdsletta og på Bråten. Ja, enda til «engelskmain» hadde det ikke så travelt lenger. Jeg ser for meg julaften at to engelske trålere møtes utenfor Russevåg. De tutet på hverandre, så bakket de opp, slapp sine ankre og la seg til ro jula over.

I fjøsen på Bråten var det altså blitt jul. Vi satt rundt bordet i vår beste stas og var nybadet. Menyen behøvde ingen å diskutere. Den var ens hver jul: Julegrøten. Fra stallen kunne vi høre et lite

Jul

takknemlighetssukk fra kua og sauen. De hadde fått litt ekstra både av løyping og stråfor ikveld, for alt var jo jul.

Far leste alltid juleevangeliet og en preken fra en postille, og så sang vi julesalmer og sanger, Det var alvorsstund og en stor høytidsstund. Våre foreldre var begge gode sangere, En av oss barna sluttet gjerne andakten med å lese fadervår. Etter som årene gikk, lærte vi nesten opplesningen fra postillen utenat. Postillen var på målet, og opplesningen handlet om hyrdene på marken. Når vi hørte setningen lød: «Lat oss gjera som dei, for då eige me òg den store gleda», da visste vi at det snart var slutt og at vi kunne komme igang med grøten.

Etter julebordet ble lysene tent, Det var stearinlys som var festet med klemmer, og der hvor det manglet slike, var det brukt hyssing. Det hang kurver på treet og ned i dem var det stukket rosiner eller annet godt. Vi fikk lov å «høste» treet utpå kvelden. Vi fikk utlevert julegaver som vel for det meste bestod av blyanter, kladdebøker og fargeblyanter, men du verden hvor glade vi var.

Nissen kom senere. Jeg tror faktisk han dukket opp først midt i 30-årene,

– Åge

Det blei lagt vekt på å gjere jula til ein ekstraordinær fest, men dei materielle vilkår var svært varierande. Vi minnest Ingebjørg si forteljing om jula 1927 då armoda verkeleg stod og gliste utanfor døra, men sju ryper berga festen. Vi skal gå vidare i Åge si fortelijng om ei spesiell jul, jula 1936. Som bakgrunn skal vi berre minne om at dette var eit spesielt år, det var det året eigedomen kom på tvangsauksjon. Brevet om dette kom nokre få dagar før julaftan. Ei samanhengande krise hadde nådd eit botn-nivå. Likevel blei det ei minneverdig jul for Åge:

> Ei tid før jul i 1936 sa mor til meg en kveld at både Richard og jeg hadde vært veldig gjev og flink med vedhogging og vassbæring, og derfor skulle vi få noe til jul som hun visste at vi ville bli glad for. Det var sikkert valgt et meget godt psykologisk tidspunkt når jula stod for døra.

Jeg ble å undre meg over hva det vel kunne være. En mulighet var at det var skrevet til Utstyrsmagasinet, og jeg satte igang å studere katalogen. Utstyrsmagasinet hadde ikke foto av sine tilbudte varer, men tegnet. Hvis de f.eks. tilbød en Oxford-bukse, var det alltid tegnet på en smilende mann med tannpastasmil og med pipe i munnen. Det var før forbudet mot tobakksreklame kom. Buksa hadde dessuten slik sylskarp press at man kunne skjære seg på den bare ved blikket. I praksis var det slik at Oxfordbuksa var like rund som våinnmålsbuksa etter et par dagers bruk.

Nå vel, jeg studerte i smug utstyrskatalogen. Anna Hansen snakket ofte om å skrive til han Pelly. Og denne postordreforretningen het: «Utstyrsmagasinet (hvori opptatt Norsk Innkjøpsmagasin og Pelly engroslager)», så vi hadde begge rett.

Jeg stoppet på «knivsiden» i katalogen og fant et ganske godt utvalg. Det var fra den simpleste «toldekniv» og til den flotteste jaktkniv. Jeg begynte å drømme. Kunne det være kniv som var i vente? Ganske nøye gikk jeg gjennom siden og vurderte kvalitet og pris. Jeg dristet meg til å stoppe i mellomsjiktet: «ypperlig sportskniv i stål fra Solingen, skaft med elf. farge i kunststoff. Pris kr. 2,75». Når den prisen skulle ganges med to, ville det jo bli over fem kroner, og jeg forstod jo at så langt ville de ikke ha råd til å strekke seg, selv om vi hadde vært aldri så flinke.

Richard og jeg gikk og gjorde julehandel da den tiden kom. Vi diskuterte saken underveis, men vi bare antok, og fikk vente og se.

Så kom julekvelden. Vi fikk oppleve den vanlige høytidsstund, og det var ekstra fint denne jula. Ingebjørg hadde sydd nye kjøkkengardiner med fargete mønster i hjørnene, og på stua var det kjøpt gardiner i et stoff man kalte «kongree».

Da andaktsstunden var over, forsvant far. Plutselig banket det på døra og selveste julenissen kom på besøk. Småkaran ble litt redd av seg, men da han fikk bekreftelse på at der i huset var det bare snille barn og han begynte å dele ut gaver, forsvant nervøsiteten.

Så kom turen til meg. Jeg fikk en lang, flat og hard pakke stukket i handa, som vel var litt skjelven av spenning. Inni pakken lå det en kniv. Skaftet var belagt med kunststoff i elfenbensfarge, og på bladet stod det «Solingen». Smågutan fikk leker av forskjellige slag, og begeistringen var stor.

«Ja, den Pellyen, den Pellyen,» brukte ho Anna Hansen å si.

– Åge

Denne julegaveforteljinga plassert inn i dei historiske fakta vi tidlegare har gjort greie for, er eit fint gløtt inn i denne perioden. Tvangsuaksjonen var sjølvsagt ille, men samstundes var sanering av gjeld eit gode, og når inntektene trass alt var litt betre enn nokon gong, skulle i alle fall ungane ha det litt koseleg. Dette med gåver frå «Pelly» eller andre forretningar hørte likevel med til unnataka, og dei innkjøp som blei gjort, var så sensasjonelle at dei er blitt godt tatt vare på i minnet. Det var mange som skulle ha, og det var ikkje lett å hugse kor mange det var. Ingebjørg fortel:

> Etter jul (1927) reiste pappa på Lofoten igjen. Det kom fiskekasse og lofotbrev. I noen brev en tier eller femmer dekket av trekkpapir så ikke pengen skulle vises gjennom konvolutten.
>
> Da han kom hjem hadde han med en pose wienerbrød. Det smakte himmelsk. Lofotgaver fikk vi også. Jeg fikk et dokkehode som mamma sydde kropp til. Richard fikk en liten øks, Åge hadde han glemt, men han fikk den skjea som pappa hadde brukt på turen og ble like glad som oss andre.

– Ingebjørg

Svein har vore inne på det tidlegare i samband med historia om vindmølla med fire båtar som han fekk til sin fødselsdag. Det var kanskje ein kollektiv gave?

I dei neste to forteljingane skal vi avsløre eit døme på at det kanskje ikkje alltid var så lett å finne ut kven som verkeleg var eigaren til den praktfulle gåva. Først gir vi ordet til Konrad:

> Et år fikk vi spesielt fine julegaver. Karen fikk en dokkemann med svart flosshatt og pene klær og så luktet det celluloid av han. Jeg fikk en svart elegant hest i trav forspent ei skikkelig vogn med hjul som

gikk rundt. Vogna hadde røde og gullfargete sjakkbrettruter på planet, ja finere hest har jeg senere aldri hatt.

– Konrad

No kan det tenkast at neste historie handlar om ein annan hest, men det spørs om det ikkje dreier seg om same gåve som er overlevert med litt uklar adresse, eller at ein større bror har greidd å forhandle seg fram til eigarskap, i alle fall i eige medvet. I alle fall skal vi høyre meir om hesten i Rolf sin versjon:

> Jeg fikk en fabelaktig gave en gang far kom hjem. Ja, ante jeg noe av den avind gaven måtte ha forårsaket i brødrenes krets, ville jeg neppe ha våget å nevne den enn i dag. For det var noe enestående i en familie som hadde så nok med de daglige krav at leketøy knapt eksisterte.
>
> Jeg fikk en hest forspent et to-hjuls kjøretøy – og hjulene gikk rundt! Jeg tror kanskje at det var en tilfeldighet at det ble meg som ble eier av noe så vidunderlig. Far hadde nok vanskeligheter: «... det blir din tur neste gang!» til den som ikke fikk.
>
> Å, du vidunderlige hest! Jeg drømte ofte i de påfølgende nettene, etter at jeg hadde fått hesten, at noen ga meg nettopp en slik gave. Da kunne jeg våkne skjelvende: var det en drøm? Jeg måtte stå opp og forvisse meg om at hesten virkelig eksisterte. Noen ganger var det tidlig på morran, men andre ganger kunne det være før folk la seg. Det vakte latter.
>
> Jeg var ikke særlig snill med å låne ut hesten til kreti og pleti. I så måte var jeg i godt selskap med andre hesteeiere i bygda. Jeg hadde det *prinsipp* at jeg var sjølhjulpen. Det kunne være ensomt mange ganger.
>
> Hvordan kan en skjønnhet forskjønnes i minnet? Blanklakkert var hesten. Seletøyet var i sølv og rødt – var det ikke bittesmå arstikker til og med på sidene? Vogna var heldekket med vinduer. Også den var svart og glinsende. Den var dekorert i sølv og rødt, kunstferdige slynger rundt dører og vinduer. Det må skrives på alderens kappe at jeg nå ikke er i stand til å huske om det satt noen mennesker inne i

vogna. Gjorde det det, så var disse også overjordisk vakre med farger og utstyr av beste sort. Jeg ble visst aldri trett av å finne meg en stille krok og la hesten trave rundt meg. Jeg var så faseinert at jeg glemte tid og sted. Jeg kunne nok være «tiurn når han spælle» – et bilde som ofte ble brukt.

Så skulle jeg mange år senere komme hjem til tuftene, der det var gravet og der mangt og meget hadde dukket opp igjen. Blant annet ble det funnet en rustklump som, når den ble fravristet leire og andre uhumskheter, minnet om en vogn, en hest – et leketøy. Jeg kjente alt sammen igjen, Kom ikke og fortell meg at gammel kjærlighet ruster ei.

Den gjør det.

Helt til det bare er en rustklump igjen.

– Rolf

For ikkje å risikere at denne boka skal utløyse ein søskenfeide og ein slektskrig om rett til hesteeigarskap og skuldingar om overgrep mot den forsvarslause, skal vi objektivt dra den slutning at det må ha vore eit godt gaveår slik at det faktisk dreier seg om to hestar. Omtale av vogna tyder på det, og dessutan skriv Rolf i ein parentes at «tar jeg ikke feil, hadde også Konrad fått noe så vi kunne leke sammen».

At gåvene kom litt kollektivt og utan adresse kan kanskje forklarast slik Konrad gjer det:

> Vanligvis var det sjelden med bygave når han kom heim. Han hadde gjerne med seg appelsiner og fiken. Med hensyn til gaver ellers så er det jo lett forståelig at det økonomisk ikke var anledning til å gjøre så store sprell, men jeg har nå likevel tenkt at han i likhet med fedre flest følte seg litt hjelpeløs når han kom inn i en lekebutikk. Det bekrefter følgende historie som også viser at han hadde god hukommelse:
>
> Han skulle reise på arbeid, Det var vår og vi satt ute på trappa da han dro. Han var kommet nesten opp til porten da Svein ropte: «Kjøp meg en trompet!»

Så var han borte i mange månader, og da han kom, hadde han med seg en trompet, turkis med hvit tut og én tone, og gaven ble overrakt til han som hadde bestilt.

– Konrad

Litteratur

Ein type gåver som det særleg i krigsåra kom ein del av, var bøker. Vi har tidlegare nemnt at det heime i Sandvika var ei bra boksamling, og på bakgrunn av dei økonomiske tilhøva på Bråten, var det ei relativt stor boksamling der. Knut minnest:

> Eg kan hugse at pappa ein gong kom heim med ei pappeske full av bøker. Eg kan tidfeste det til våren 1944, for det var ved hjelp av «mi» bok at eg for alvor tok fatt på lesekunsten. Boka heitte «Solebarna». Innhaldet var noko tøv om nokre ungar som levde på solsida. Dei hadde mellom anna sykkel, hugsar eg, så det var ei heilt uinteressant bok. Men det var mange gode ord i ho, Eg brukte heile sommaren på ho. Det var viktig å ta vare på sitt eige, og eg gøymde boka på lure stader på laen. Til slutt var gøymestaden så lur at eg ikkje greidde å finne han sjølv eingong, og «Solebarna» forsvann i høyet. Men det gjorde ikkje noko, for då hadde eg lært å lese.
>
> – Knut

Det er kanskje feilminne hos femåringen når han hugsar at det var far som kom med desse bøkene. I følgje Karen var det ei anna som var ansvarleg for å gjere heimen litterær:

> Bøkene på Bråten var det nok helst mor som stod for innkjøp av. Vi fikk forlagenes felleskatalog, og mor bestilte. Det var særlig under krigen da det var penger, men ikke så mye å bruke dem på. Jeg husker blant annet at hun kjøpte «Markens grøde», ei grønn, uinnbundet bok. Hamsun var jo tilgjengelig på den tida. Jeg husker at far leste den på en av sine korte heimevisitter. Mor hadde lest den før, og de diskuterte boka etter at han var ferdig med den. Jeg trodde

det var noe spennende og begynte på den, men la den bort etter noen få sider.

— Karen

Og denne litterære diskusjonen kan også Rolf minnast:

«Hamsun,» sa far, «nei, han skrev bøker om jordarbeid uten å ane hva det var.» Markens grøde var ren fantasi. Slik foregikk det ikke i villmarka. En storgård bygde man ikke med bare nevene.

Far visste det, for han hadde sjøl prøvd å være en Isak Sellanrå og hadde endt som Brede Olsen.

— Rolf

Vi fekk altså tilgang til litteraturen, til fantasien og skrivekunsten. Kanskje er denne boka eit produkt av det. Det vaks kanskje fram litterære spirer på grunn av det. Men det dreidde seg i så fall om forfattarar som hadde ein smertefull veg fram til suksess, i følgje Karen:

Jeg fikk mine forfatterambisjoner drept i tidlig barndom. Jeg var 5–6 år og hadde lest min første bok. Den handlet om en beverfamilie og den fascinerte meg sterkt. Da bestemte jeg meg for at jeg skulle skrive bok når jeg ble stor. I glød og overmot forkynte jeg det i flokken.

«Eg ska skrive bok når eg bi stor. Den ska heite BÆVERONGENS HOPP!»

Jeg kan enda føle fornedrelsen og skammen da lattersalvene slo over meg. Og jeg som syntes titelen var så fantastisk fin!

— Karen

Den siste krigsjula

Etter ein runde med barns gleder over store gåver, vender vi tilbake til jula, den høgtida då vi var sikre på å finne far heime. Kanskje kan vi fylle ei heil bok berre med juleminne, men jul i krigsåra var spesielt, og vi overlet til Knut å fortelje om korleis han opplevde den siste krigsjula:

> Det finst så mange juler, men for meg ender alltid tanken på jul tilbake til 1944. Det var mi beste jul. Det var den gongen alt endte godt. Året var elles eit dårleg år. Eg var skrekkeleg redd krigen. «Kvisling, Hitling og Staling, dem ska vi djæpe,» er ein av dei programformuleringar som er blitt tillagt meg.
>
> Pappa var i Målselv. Der var også dei fæle flya som kunne bombe. Kalle var også der. Åge var på båt. Dei torpederte båtar, det visste eg. Tyskarane brente og skaut. Det sa finnmarkingane. Alle båtar skulle gå til Tromsø for å søkkast, fortalte Myrholtungane. Det var ikkje store sjansen for Åge. Og Richard var i Tromsø. Der skaut dei med bomber mot ein stor båt. Alt var farleg.
>
> Ein dag pirka eg hol i blendingsgardinen og såg mot fjæra. Der svømte ei e-mor med mange ungar. Dei var samla dei, heldiggrisane! Medan eg studerte fenomenet, blei det støy frå vegen: Ein tysk hestetransport drog forbi med tunge vogner, fire hjul på kvar, og etterpå ei lang rad med tyskarar. Først gjekk ein som bjeffa og kauka.
>
> Dei to bileta, sett frå to ulike hol i svart blendingspapp, står framleis på netthinna som ein forunderleg kontrast. Begge gruppene tok seg fram i slutta orden, det eine geledet under trygg og samlande leiing, det andre under kjeftbruk og kommando. Det var biletet på korleis det skulle ha vore og korleis det var. Soldatar, fly og farlegdom. Under slike vilkår trudde eg ikkje nokon ville kome heim til jul.
>
> Men dei kom. Til og med Åge kom. Han *var* blitt torpedert og hadde mista sekken og kleda, men han var heil.

Men det var meir å vere redd for. I Mohamn hadde dei seld bunnsmurning til båtar, ypperleg egna også til golvmaling. Det hadde vi kjøpt og det skulle nyttast til å «male stua». Men det kunne likegodt eg gjere, hadde eg tenkt, og malte stua – utvendig, ein roleg ettermiddag då dei vaksne sov. Eg hadde fått juling, oppgjeret var ordna. Men likevel. Den raude flekken på veggen stod der. Jula var for dei snille, det veit alle som har hatt noko med nissen å gjere.

Men flekken var det ingen som brydde seg om i julesjauen. Ingen kan tukte ungar når kjøkenet er smekkfullt av folk.

O, glede!

Og all den mystikken, alt det hemmelege! Rolf var den hemmelegaste, men han hadde visst kjærast han skreiv med, han gøymde på brev som ingen skulle sjå. Dei låg under frimerkesamlinga. Ikkje spør korleis eg kunne vete det. Så hadde han bilete av Deanna Durbin, ei feit fleskete kjerring, på veggen.

Men der var noko meir. Vi fekk ikkje kome på loftet i utrengsmål, og slett ikkje i nærleiken av visse hol i panelen i himlinga. Det var ikkje for småfolk.

Så kom dagen. Stua blei fjelga, juletreet kom inn. Ungane deltok ikkje i pyntinga. Dei sat i stampen. Dei minste først, så i tur og orden oppover i rekkene. Ferdigtørka og påkledd blei vi einskildvis sluppe inn i stua. Treet og pynten var fort studert. Men kosen var til å bli dårleg av. Det går fint an å bli sjuk av å glede seg. Når eimen av ovnsverte frå ein god stueomn og lukta av furutre klør i nasen og blandar seg med forventninga om det som skal kome – då er det mest ikkje til å halde ut.

Så julebordet. Samling med evangelium, postille og skrekken for kven som skulle bli utpeikt til å lese Fadervår. «Du Littjekonrad», sa mor, og så kunne vi andre sleppe heile gleda laus.

Det var ikkje risengrynsgraut det året. «Sukkerjekta er innefrosen» sa dei vaksne til alt som uteblei. Det betydde at vi ikkje fekk sjå meir til visse goder før «når krigen er slutt». Men mat fekk vi, for den som greidde å ete. Hovudattraksjonen var flesk. Det hadde kome bod frå

Bratlia: send ein over, så skal de få flesk til jul. Men det smakte ikkje, det snudde i halsen. Betre med blåbærsyltetøy, mykje betre. Og tyttebær, spesielt den bæra. Den hadde vi tilegna oss gjennom smerte. Bjørgingan ville jage oss ut av marka, det var deira bær, sa dei. Men han pappa hadde rydda opp og snakka vet i dei. På julebordet var det to sortar tytebærsyltetøy: tytebær med gulrot og tytebær utan. Den utan var berre til jul og når ho Anna i Vestervika eller ho Harda stakk innom for ein passiar.

Då vi gjekk frå bordet, måtte naturlegvis ein av dei vaksne ut akkurat når nissen kom. Uflaks! Nissen banka først på ruta, gjekk langs torvilinga og kom på neste rute. «Kom inn!» ropte vi, men han somla og tøva og skulle også ha med nervinduet. Der ramla han.

Men inn kom han omsider. Sekken hadde ørn og hakekors og det lukta torv av han. Men pakkane var like bra for det. Når alle hadde fått sitt og sekken var tom, demonstrerte nissen det ved å riste sekken så torvstrøet spruta utover nyfjelga golv. Men ingen sa hut deg ut på ein slik dag.

Det er pakkane eg hugsar best, sjølve årsaken til heile det store spaninga, pakkane frå Rolf og Konrad. Dei var skoleungar og hadde fått svenskepakke. I sin store brorskapskjensle, kanskje med påtrykk frå visse hald, hadde dei delt godene med dei små som ikkje hadde rukke opp til å bli postven med Elsa Nilsson från Lund. Der var det kjeks, drops, rosiner. Vi åt og åt, O, jul med din glede!

– *Knut*

Svenskepakken var ei storhending i armoda. Svenskesuppa som blei utdelt på skolen var ikkje mindre viktig. Vi må derfor spandere nokre linjer til Rolf og hans møte med sendaren av svenskepakken:

> Egentlig fikk jeg pakke fra Åke Åkesson, Stongby 17, Stångby, Sverige. Da jeg hadde takket, fikk jeg brev fra Elsa Nilsson. På en reise i Sverige oppsøkte jeg Stångby ved Lund. Hva fant jeg? Jo, Åke Åkesson og fru i beste velgående. Jeg fikk traktering og en utsøkt vennlighet – samt at jeg ble tvunget til å ringe til «smedens Elsa». Smedens Elsa husket meg godt igjen. Vi måtte jo ha ført en korresponsanse i flere år. Jeg husker at vi begge mistet våre fedre på

samme tid – senere opphørte brevene fra begge sider. Men altså – Åke och Elsa var still going strong – i 1980.

– Rolf

Per, Karl, Rolf og Åge. 1946.

Kviledagen

Så får vi med dette seie oss ferdig med jul og gåver. Det finst også andre helger og høgtider, sjølv om dei kanskje er vanskelegare å trekke fram i minnet. Skal vi seie noko generelt om den tida vi vaks opp samanlikna med i dag, må vi nok slå fast at respekten for kviledagen blei ganske strengt overhalde. Dette blei markert særleg gjennom «finklea», dvs at det skulle vere ein litt betre klesdrakt når helga kom. Ikkje slik at ein var stivpynta, men litt ekstra skulle det vere på søndag. Vi lar Knut minnast ein vanleg søndag som blei ein spesiell søndag:

> Respekten for søndagar overheldt vi sånn måteleg. Den gjaldt først og fremst innandørs, og så fort vi slapp ut – og ut skulle vi dersom det skulle vere noko som helst sjanse for vaksenfolket å halde kviledag – så dreiv vi med vårt, på ski og kjelke vinterstid, i båt og fjære sommarsdag. Søndag var spesiell ved det at alle plikter hadde ein dags pause, leiken kunne skje med godt samvet.

Men for meg står det som noko vanleg ved søndagar at dei vaksne samlast og slo av ein prat. Eg hugsar spesielt Kristian i Lavika ved kjøkenbordet i ettermiddagsstilla. Det var ivrige diskusjonar og meiningsutvekslingar, og eg kunne aldri finne ut om han Kristian var sint på pappa eller om han var snill. For ungar har det alltid eksistert berre to slag menneske.

Kva samtalane gjekk ut på, hadde vår forstand ikkje sjanse til å fatte, men vi var lynkjappe til å snappe til oss replikkar – dei gode. Til dømes den gongen katta lurte seg opp i matfatet midt i ei setning. Då falt denne replikken som blei munnhell i årevis:

«Så sa han Johan Mekkelsa: KATTA!!»

Eller replikkvekslinga mellom Kristian og pappa som blei ståande som symbol på den fullstendige enighet:

Kristian: «Tyskern har ødlagt ajllt i hop.»

Pappa: «Ajllt i hop.»

Kristian: «Ajllt i hop.»

Ein slik søndag hugsar vi spesielt godt fordi mange viktige ting skjedde på same dag. Det var ein tidleg vårsøndag i 1946. Det var blitt kjøpt inn ein filmrull for å få fanga inn familien på bilete for første gong, og Ottar Nielsen var engasjert som fotograf. Han hadde eit flott svart apparat og kom til gards med denne sensasjonelle høgteknologien. Bileta blei forøvrig bra og er stort sett dei einaste vi har av foto fra barndomen. For det gode føremåls skuld var vi stivpynta etter beste evne. Svein var utstyrt med eit digert grønt lommetørkle, noko som skulle syne seg å kome godt med seinare.

For stivpynta eller ikkje, ingenting hindra oss i å ta i bruk dei normale leikeplassane når fotoseansen var over, og vi drog sjølvsagt til fjæra der vi rak langs stranda og undersøkte drivgods. Det var i ein periode då mangt rak i land. I krigsåra og like etter krigsavslutninga blei det dumpa store mengder ammunisjon i Solbergfjorden. Noko av dette flaut opp og kom på rek. Fjæra var ein leikeplass som truleg representerte dei fleste nesten-ulukker vi nokon gong har vore utsett for, og englevakta må ha vore meir eller mindre fast stasjonert mellom fjæresteinane i denne prioden. Vi «testa» nemleg alle mystiske gjenstandar som dreiv på land ved å kaste stein på dei. Lykka var at testen alltid var negativ, det var *ikkje* sprengstoff. Korleis det hadde gått dersom vi hadde fått stadfesta at det *var* høgeksplosive greier, får vi la vere å spekulere på, men tanken gir unekteleg nokre frostilingar nedover ryggen.

Saman med Leif Myrholt fann vi ein hermetikkboks som ikkje var opna. Den var så hermetisk tett som hermetikk skal vere. Ved hjelp av stein og skarp reidskap fekk vi spretta loket. Det var tobakk i boksen, minst ein kvartkilo. Såvidt eg hugsar, utspann det seg ein liten diskusjon om kven som fann boksen, og semja blei at vi fann han saman og at våre fedre skulle gledast med denne sending frå oven.

Det er kanskje vanskeleg i dag å forestille seg korleis reaksjonen var hos to tobakkshungrige menn som hadde vore utan tobakk i mange år og berre greidd seg med erstatningar, heimeavla mahoni og anna rart, når dei plutseleg fekk bragt inn til seg ein heil boks. Samtalen stogga, søndagsstilla blei kompakt rundt kjøkenbordet på Myrholt medan dei to delte tobakken i nøyaktig to like haugar, tok fram pipene og tente på.

Eg hugsar denne stemninga, ingen sa noko, dei berre nikka og strålte. Svein sitt store grøne lommetørkle kom til nytte når far skulle ha emballasje for sin del på heimturen.

– Knut

Barnedåp og konfirmasjon

Utanom søndagar og dei faste høgtidsdagar, kom det av og til nokre spesielle dagar. Barnedåp var ein stor utflukt, såpass tungvint og dyrt at det helst blei gjort oppsamlingar slik at ein pulje av ungar kunne bringast til døypefonten. Den største kunne då gå opp til døypefonten på eiga hand og sjølv gjere greie for seg. Men til konfirmasjon gjekk vi einskildvis. Alle skulle konfirmerast, det var eit prinsipp

Ingebjørg som konfirmant. 1935.

som korkje armod eller transporthindringar kunne rokke ved. Vi har tidlegare fortalt om dei materielle vanskane som oppsto ved konfirmasjonen for dei eldste, og vi gir ordet til Karl som fortel om sin konfirmasjonsdag:

> Den 7. juli 1943 ble jeg konfirmert i Tranøy kirke. Jeg var visstnok den første som brøt tradisjonen i familien ved ikke å bli konfirmert i Sørreisa.
>
> Konfirmasjonssøndag på Tranøya var en sak for seg, riktig en fylking av mennesker fra nær og fjern. Vågen var så full av båter at det nesten var mulig å gå tørrskodd over. Noen reiste til Tranøya alt

lørdagskvelden, særlig mange ungdommer gjorde det. De traff venner fra sin egen konfirmasjon.

Konfirmasjonssøndag var langdag. For det første var det to gudstjenester samme dag, høymesse på formiddag og nattverdsgudstjeneste ettermiddag. I tillegg kom reisen til og fra. Vi reiste med sjarken hans Olav Wangberg i sju–halv-åttetida. Denne sjarken var ikke av de raskeste, men den hørtes godt. Ett pre hadde den imidlertid framfor de store, raske – den kunne gå Valan på flo sjø og spare nesten en halv time.

Hjemme igjen hadde total tid kommet opp i 12 timer.

Disse samlingene på Tranøya var en opplevelse, et høydepunkt for de fleste. Far traff jo kjente fra mange kanter av øylandet. Været var strålende og alt var godt – bortsett fra at det fortsatt var krig i landet.

Sokneprest Svendsen var en dugande taler. Han hadde alltid snert og appell i sin forkynnelse. Denne søndag ettermiddag hadde han ikke bare appell til konfirmantene. Foreldrene fikk seg også en mild dragelse. Det ble folksomt ved alterringen. Far og mor knelte sammen ved Herrens bord og mottok løfte om syndenes forlatelse og evig liv.

«Dette har han ikke deltatt i siden sin egen konfirmasjon,» var hennes kommentar etterpå.

– Karl

Vi kan altså hente fram mange minne frå helg og høgtid og fritid som syner at livet ikkje berre var arbeid, slit og armod og kvasse kvardagar. I dag veit vi at fellesskap mellom born og foreldre er grunnlag for ei god personleg utvikling.

Vi veit det fordi mange born i dag mister denne kontakten. Var det betre før? Fellesskap er så mykje. Det viktige fellesskapet er det som skjer på barns premissar. Det betyr at vaksne deltar i barns leik. Var dette ei side som blei tatt godt vare på? Det er eit nesten umogleg spørsmål. Dei eldste kan fortelje om stor nærkontakt. Vi må la In-

Barnedåp 1937. Bakerst: Bernt i Lavika, Ragna, Ingebjørg, tante Gudrun, onkel Johannes. Foran: Åge, Rolf, dåpsbarnet Karen, mamma, Konrad, Karl, Per og Richard.

gebjørg få sleppe til med ein stemningsrapport frå tidleg barndom som er full av nærleik:

> En vårdag satt vi i solveggen utenfor gammen, pappa, Richard, Åge og jeg. Havet lå speilblankt, de første fluene var så vidt våknet av vinterdvalen, og geita stod og ørtet noen meter borte.
>
> Pappa bad oss legge merke til hvordan kian sparket i magen på geita. Vi så og var enige i at de hadde det livat derinne. Det var ei stund så full av fortrolighet og varme at en knapt torde trekke pusten.
>
> Mamma kom ut til oss, og stolt fortalte jeg at vi så at kian sparket i geitemagen. Hun flirte unnselig og sa at det var bare tull. Det var bare geita som pustet, Dermed var pappa også tatt i skole, og den fine samhørigheten var brutt.
>
> – Ingebjørg

Dette er kanskje først og fremst eit døme på ein moderne far som kom i konflikt med hysj-hysj-pedagogikken. Men historia fortel først og fremst om god nærleik som blir sjeldnare etter som åra går og ungeflokken blir større. Vi har tidlegare vore inne på temaet om å få seg ein plass på fanget, og for dei som oppnådde dette, står minnet godt fastspikra, slik som hos Konrad:

> Minstebanet fikk sitte på fanget, og jeg husker at jeg hadde plassen. Jeg likte å stryke han på kinnene og kjenne den sandpapiraktige huden. Ellers husker jeg hesten på tobakksesken og sola på fyrstikkene. Han var en tålmodig kar for hvis jeg spurte om å få hestemerket eller sola, så tok han det av med stor nøyaktighet, og det var ikke så mye som en rift i papiret selv om det kunne være godt pålimt.
>
> – Konrad

Når slike minne blir ståande så tydelege, fortel det om omsorg som måtte delast på mange, og det blir derfor vanskeleg å trekke fram ein deltakande og leikande far. Men dess yngre ein var, dess meir velsigna var ein med instruktørar som stod for formidling både av leikar og anna kultur. Denne formidlinga kunne få sine tillegg og avkortingar gjennom åra, og det finst døme på eventyr som ikkje var attkjennande då det nådde fram til nummer 12. Det er kanskje klokt på grunn av aldersspreiinga i flokken å vende seg til Rolf, den midterste med kontaktpunkt både oppover og nedover i slekta, når vi vil prøve å formidle inntrykket av ein leikande far:

> Jeg tror mor var foran sin tid på mange måter. Som alle mødre nåtildags syntes hun at mannen burde ta seg av ungene mer enn han gjorde. Når vi hang på henne og maste på ungers vis, kunne hun si:
>
> «Koffør går dokker ikkje ut te han pappa og mase...?» Ja, si det! Hvorfor gikk vi ikke til den mannlige del av foreldrestaben med våre ting på hjertet?

Karl og Edmund Myrholt 1942. Etter Ingebjørg er dette det næraste vi kjem i å presentere konfirmasjonsbilete, sjølv om det her meir dreier seg om Edmund sin konfirmasjon? Karl kom for presten året etter.

Jeg er i den posisjon at jeg er midt i barneflokken og det kan tenkes at han hadde lettere for å gi seg av med dem som var «store» og med dem som var «små». Han kunne være litt fjern, syns jeg. Jeg husker en gang han skulle på «handel» og jeg ville bli med. Mor spurte for meg, men jeg så hvor lite lysten han var på det. Jeg fikk da heller ikke være med. Det var nok ellers tanken på å måtte gå med redusert fart som gjorde at han ikke ville ha meg med. Jeg aner forøvrig ikke når dette fant sted – kanskje var jeg veldig liten. En far måtte dessuten ha rett til å være lei unger, han også! Vi hang oss jo på ham så fort han var hjemme.

En gang han kom fra jobb, sikkert trøtt og sliten, stod vi en gjeng på lur: «Førstemainn te han pappa!» Og så sprang vi om kapp. Men hva hendte? Jo, målet begynte sjøl å springe slik at ingen rakk fram.

Vi var ganske rystet – og han lo av sine måpende barn.

Mor var ivrig etter å føre videre alt hun kunne av leker og spill, sanger og regler. Når hun hadde overskudd til det, var hun med og lekte. Men sant skal sies, at overskuddet ikke alltid var til stede med en barneflokk på tolv. Jeg var ti år da krigen kom, og jeg tror at bekymringene tok overhånd og leken måtte vike på det tidspunkt. «To ord i øret» var en lek som ble instruert fra moderlig hold. Vi «spiste gjennom minningsbeinet», som var en nokså tøff lek som gikk ut på at vi skulle spise gjennom et hull i et kjøttbein, og det vi da så, ville vi aldri glemme. Stor var overraskelsen når linsen hadde krummet seg og objektet satt på netthinna å få en våt og kald klut med stor fart om ørene. De innvidde – alle over en viss alder – stod og lo med sine tannløse flir. Den som så gjennom minningsbeinet, gikk gjerne i en krok og gråt, for siden å få trøst. Den som lo høyest neste gang, var den siste som hadde sett gjennom hullet.

Så spådde vi med «spåmann» etter de mange fiskemiddager vi fortærte. «Spåmannen» var kjevebeinet til fisken. Hvis dette landet med den buede siden opp, betød det «Ja» og med den hule siden opp «Nei». Ritualet var å legge beinet på hodet, nikke det ned på gulvet og fremsi utsagnet:

«Spåmann, spåmann si meg sant, blir det solskinn i måra?»

Det ble stor jubel hvis ja-siden kom opp, men vi kontrollerte vel egentlig ikke holdbarheten. Noe forbasket juks var det. Jeg fikk f.eks. den fortrøstning at jeg skulle få ho Annie, men hun ble gift med en Harstadværing har jeg hørt...

Far kunne brumme når han kom forbi og vi lekte oss med ett eller annet. «No spelle dem seg igjen!» Det virket ytterst misbilligende. Men så var det en mor som tilsto sine barn retten til å leke, og hun mente som sagt at faren også kunne ta sin del av underholdningen, ikke bare underholdet. La oss anta at hun en dag har sagt: «Hvorfor kan ikke du også sette ungene i gang med en lek?»

Far var en oppfinnsom mann som aldri stod i beit, Men lek, slik Jenny i Bratlia var oppflasket med, var det kanskje smått med i hans barndom? Hva så med å instruere sine barn i det vi i dag ville kalle ordnet lekeaktivitet? Trakk han seg bort fra feltet?

Nei, da kjenner man far for dårlig hvis man tror det. Naturligvis hadde han lekt som barn. I beinharde naturmiljøer blir lekene kanskje litt voldsomme, men de finnes. De finnes med regler og det hele. Og fra farssiden kom derfor «Hittus-harkus»-leken inn i familien, med følgende regler:

To personer sitter ved et bord. I høyre hånd holder de en slynge. De har bind for øynene. Vi hadde vel neppe et bord, langt mindre skjerf til to personer. Som slynge mener jeg to strømper med ett eller annet inni ble brukt. Nå skulle altså de to deltakerne vekselvis gi lyd fra seg og på et gitt rituale var det tillatt å slå etter lyden.

«Hittus!» skulle den ene si.

«Harkus!» var svaret fra den andre.

Den første, som på en måte førte de hvite brikkene i spillet, skulle så si som innledning til stridighetene:

«Pass deg for den drivende darkus!»

Hva som ble lagt i strømpetåa vet jeg ikke, men det skulle kanskje etter reglene vært noe bløtt. Likevel aner jeg en hemmelig moderlig hånd som arrangerte det slik at leken ikke ble gjennomførbar.

Rommet der alle familiens aktiviteter foregikk i var vel neppe mer enn ti kvadratmeter stort. Hvis bordet skulle ryddes til en «Hittusharkus», måtte tilskuerne stått langs veggene. Jeg kan ikke huske at denne leken fant noen stor utbredelse. Sannheten var vel helst at det kom et strengt hemmelig moderlig forbud mot den. Innboet var uforsikret. De minste barna kunne lett bli et bytte for den drivende darkus. Hjemmet hadde dessuten store vanskeligheter med å oppvise et par strømper som ikke var i bruk.

Var han lite vellykket som lekende menneske? Neida. Han hadde sans for barnslige sysler, han hadde bare ikke tid. Jeg husker han hadde kommentarer til vår lek, særlig når vi bygde veier, laget fjøs eller diskuterte bøker vi skulle skrive («Han Littje-Bertram» av Konrad Østrem jr., «Bæverungens hopp» av Karen Østrem osv.)

Hesteskjell var en sjelden vare. Fant han ett, bragte han det til gårds.

– Rolf

Som vi alt har sagt, må vi leite etter ein leikande far, men var det eigenleg noko minus? Var det nødvendig å gripe inn med strukturert, regelbunden leik i ein ungeflokk som bobla over av kreativitet? Han var kanskje klok nok til å sjå verdien i nettopp det? «Å spelle seg» kunne skje på så mange måtar, og miljøet la til rette for mange rike muligheter. Åge minnest det slik:

I sommerkveldens stillhet kunne vi høre følgende toner i det fjerne der vi lå på låen og «fann navn»:

> Når hver gatedør og vindu lukkes,
> hele byen sover,
> alt er gått til ro

Det var Arne Pedersen som sang mens han syklet sørover. Arne hadde sveivegrammofon og lærte stadig nye toner om en ukjent verden der ute. For oss var det ihvertfall ukjent at noen dør skulle lukkes. vi gikk på syklubben klokka to om natta, tok en dukkert på flo ved midnattstid, fulgte alle søringers og møringers notbruk for å se om de gjorde steng eller bomkast, krysset alle myrer allerede tidlig på sommeren for å finne skurvekart og krøkebær. Det eneste vi aldri opplevde var soloppgangen. Den fikk vi aldri se, for da sov vi. Bare noen få timer før Lorentina begynte å kosse sin buskap heimover, dullet vi oss i marka med Irmelin og Gullros. Vi hadde sneiper, løse fyrstikker og «reppels» med oss og tok oss morrarøyk på Fjellmobakken.

– Åge

Et av Ottar-bildene fra 1946. Fra venstre: Karen, Svein, Knut og Konrad. På bildet kan en tydelig se det store grønne lommetørkleet som tidllgere er omtalt, men dette kommer neppe fram i trykken.

Det var slik det arta seg, det sjølvstendige liv. Oppdragargjerninga, nærleiken, leikinstruksionen, alt det var noko ein kunne greie på eiga hand. Og biletet blir ikkje komplett før vi har fått med eit avsnitt om små søsken som fekk sine kulturelle og familiære behov dekka gjennom nokre som var «store». Vi gir ordet til Svein som fortel sin versjon av oppleving av «rasjoneringstider»:

Under krigen var det rasjonering på mest alt av forbruksvarer og levnetsmidler. For meg var ikke rasjoneringa på matvarene noe følelig problem, hadde man kort og penga så fikk man jo det som trengtes. Dessuten var det jo i handelen noe som kaltes «erstatning», det vil si varer som blei solgt for å være noe annet enn det det var. Kaffe-erstatning, sukkererstatning, B-såpa og Mahuni (tobakk) var dagligdagse «erstatninger» fordi originalene manglet.

Som unge hadde jeg helt andre problemer med rasjoneringa enn på forbrukssiden. Et fang til å sitte på var et av disse minimumstilbudene.

Pappafanget har jeg ikke store erindringer om annet enn en kødannelse som oppsto så snart fanget blei gjort tilgjengelig. Og kø var jo også noe som hørte rasjoneringa til. Var en så heldig å slippe til på pappafanget, så måtte en også finne seg i å dele det med en annen.

Mammafanget delte jo forsåvidt samme skjebne, men var nok litt oftere tilgjengelig på grunn av konstant tilstedeværelse. Man måtte allikevel bøye seg for regelen om at minstebarnet til enhver tid hadde førsteprioritet til dette fanget. Men et herlig fang var det, kanskje aller best før sengetid når det klødde på ryggen som mest. Det luktet litt ku og høy av det, men det gjorde jo bare godt og atmosfæren omkring fortellinga om barnet, stallen og krybba blei jo meire levende. En stor fortellerevne og -glede fikk bibelhistorien til å bli ekte. Ja, så ekte at da jeg fikk høre at Adam var den første mannen her på jord og Eva den første kvinne, fann jeg det ikke usannsynlig, bare litt rart at ho holdt seg så godt etter et så langt liv på jorda.

Men som sagt var fangrasjoneringa følbar og det var nødvendig å leite etter erstatningsfang. Onkel Johannes hadde et førsteklasses erstatningsfang, nesten helt ekte og dessuten hadde jeg førsteretten. Men et fang av slik kvalitet var ikke ofte tilgjengelig og som alle andre førkrigsvarer blei det vanskeligere og vanskeligere å oppdrive.

Andre erstatningsfang skal jeg komme tilbake til, men først vil jeg nevne at historia om pappa ikke kan skrives ferdig uten at det nevnes litt om betydningen eldstekarran hadde for oss som var yngst. Det som pappa hadde gjort for *dem*, var det *de* som måtte gjøre for *oss*. Det vil ta alt for mye tid for å få med seg helheten i dette, men når skia brakk og regnestykket blei for vrient var eldstekarran god å ha. La meg derfor få fortsette historia om fanget og la det være symbolet på det heile.

Jeg husker et fang der eieren satte tåa i golvet og fikk kneet til å vibrere med 36 slag i sekundet. På dette fanget blei ikke bibelhistoria gjenfortalt, men her ble det sunget – ikke barnesanger akkurat – men tenk deg «Vila vid denna kjelda---» til min vibrerende undertone a-a-a-a-a-a etter som kneet hadde høgt eller lågt turtall. Fremføringa blei gjerne akkompagnert av separatoren. Nesten synd å kalle slikt noe for «erstatning». Men eieren hadde andre planer. Selvfølgelig hadde han stor tilfredshet av å holde familien med et skikkelig fang, men noen framtid var det jo ikke i det, og han reiste ut i den store verden.

Andre fang kom og gikk. En sjømanns fang var rastløst og uroa lig, men hadde mange underholdende småvarianter. Det var ikke avhengig av Bellman til tekst for sine sanger, og noen selvopplevde historier var heller ikke å forakte. «Han røkte pipa stor og lang og snørren ut av nesen hang».

Eventyrets fang var ungt og umodent og det var en betryggelse å heller sitte ved siden av.

Storesøsters fang var stabilt tilstede og rommet mye kjærlighet og omtanke. Dessverre hadde Knut smiska seg inn og fått førsteretten, han hadde til og med opprettet en muntlig adopsjonsavtale med tøtta og fått aksept for å være bane hennes. Under slike omstendigheter var det viktig for meg å finne frem til ei løysing som både fanget, banet og jeg kunne godta. På fanget var det ikke plass, men foran føttene på golvet var det gode muligheter til både kontakt og bevisstheten om å høre til. Nå kan selvfølgelig ikke noe menneske finne seg i den fornedrelse å måtte ligge på golvet, særlig når dette skyldtes et nederlag i kampen om et stykke fang. Problemet ble løst på en enkel måte, og siden det er godtgjort at jeg ikke fikk sjel før i 1943 etter at et jagerfly styrtet over Frankfurt, var det lett for meg å innta plassen som hunden hennes Ingebjørg. Litt ekkelt var det når bane viste sin store dyrekjærlighet ved å klappe og stryke meg, men selv om hendene var oversmurt med sirup og full av gråkaka, gjorde jeg aldri bane noe, bare knurret litt.

Rasjoneringa tok slutt. Begivenhetene blei feiret med ekte kaffe og ekte tobakk. «Erstatningene» fikk ingen hedersplass i folks minner, ingen drømmer seg tilbake til en kopp erstatningskaffe eller en blås

Barnedåp og konfirmasjon

Mahuni. Bare erstatningsfangene lever videre som noe ekte og fullkomment.

– *Svein*

Karen og Svein 1939

Som hund

Som hund
leikte han var hund
og bjeffa
ved føtene til dei vaksne
som klappa
og sa «så så»
med mild røyst
når han var hund

– *Knut*

PERSONEN

Vi har no fulgt far gjennom eit strevsamt liv på Bråten og krydra framstillinga med det sjølvopplevde. Gjennom det har vi vel eigenleg teikna bilete av ein person, og det er kanskje unødvendig å lage eit eige kapitel med karakteristikk av denne personen. Når vi likevel gjer det, er det mest for å gje ei oppsummering av dei eigenskapar vi meiner fanst hos far, slik vi opplevde han. Alle biografiar er subjektive, og det skulle berre mangle. Det er *våre* personlege minne om korleis denne mannen var som er verdt å bringe vidare.

Søskena hadde ulike sjansar til å bli kjent med han. Einar var berre seks år då far døde, ein far som dei seks åra hadde vore mest borte. Han skimter berre glimtvis bilete av ein far:

> Glimt som vanligvis innledes med at en eller annen roper: «Han pappa er kommen heim!» Så finnes det en person som enten går over gårdsplassen, bærer inn tørrhøy eller søv middag i omnskråa.
>
> – *Einar*

Knut deler stort sett lagnad med Einar, men biletet er kanskje litt klårare hos åtteåringen:

> Eg greier ikkje gjenskape bilete av ein person, berre av situasjonar der personen er til stades. Sjølvsagt hugsar eg anletet, dråpen under nasen og sukkersveitten over naserota. I nokre av minna er han så nær at eg kan kjenne teven av han, god lukt av «balbersåpa» og med kutt frå den fæle «balberkniven», det einaste av alle forbudte reidskap som eg verkeleg aldri rørte.

Eg hugsar han som barnekjær, at han verkeleg koste seg saman med oss når han var heime. Han tok ned brillene som hang over gardinstanga og las frå leseboka til skoleungane til oss som var minst. Eg hugsar ikkje tekst, berre den intense kampen for å kome nærast nok. Det var ein fånyttes kamp, der var alltid eit kne eller ein albu i vegen om ein hadde som mål å nå fram for å dra han i bukseselene. Han måtte nødvendigvis bli ein fjern person for meg.

Han var uimotståeleg for mas, hugsar eg. Han var immun mot høge røyster og ungekvin, Las han, så las han. Sov han middag, så sov han middag. Aldri irritasjon eller forsøk på motangrep, aldri så mykje som løfting av stemmen til ei preike eller irettesetting. Det var ikkje *hans* oppgåve å føre tuktens ris, i så fall skulle eg ha hugsa det.

Eit særdrag ved han skil seg ut som noko heilt spesielt når det gjeld mitt minne. Stort sett er eg svært usikker på om eg i det heile tatt hugsar noko og om eg i så fall hugsar rett. Men i dette høvet er eg heilt sikker: Når vi sat ved middagsbordet og han var ferdig med fisken og sat og venta på suppa, tok han skeia og skreiv på voksduken. Han skreiv og skreiv der det var ein liten flekk ledig mellom potetskrell og koppar og kar. Vi prøvde å finne ut kva han skreiv, men så god til å lese var eg ikkje den gong. Men namnet hans gjekk igjen, det var hovudbodskapen til voksduken, Dei usynlege streka på voksduken står så fastprenta i minnet mitt at eg kan rekonstruere det namnetrekket også i dag.

Konrad Østrem

Seinare i livet har eg lest om dette fenomenet. I Freuds tenkning gjekk det inn som ei slags tvangshandling, eit uttrykk for ein undertrykt del av personlegdomen. Det er den kreative og fantasileikande del av mennesket som lurer seg til ein liten flukt. Freud har kanskje rett. Bonden og steinarbeidaren med ei kunstnarsjel bortstuva, ei sjel som fekk små vekstvilkår i karrig kvardag, fann berre ei skei og ein voksduk å uttrykke seg gjennom.

Men historia stoggar ikkje der. Med åra er eg blitt gjort merksam på at eg sjølv har produsert ikkje så reint få tankar og namnetrekk over voksduken, og eg registrerer no at skeia er i bruk mellom hovudrett og dessert også i neste generasjon. Så her er vel mykje fantasi og kreativitet i slekta framleis, undertrykt og tvangsorganisert gjennom dagdraum på voksduk. Eit undertrykt folk, med andre ord!

– Knut

Oppover i rekkene blir minnet klårare og karakteristikkane meir presise. Karen fortel om ei side ved far som gjerne føyer seg godt inn i det biletet vi elles har fått fram:

> Jeg har et minne som belyser ei spesiell side ved han. Skal vi bruke et moderne ord og si den «myke» mann?
>
> Det var i mai-junidagene i 1945. Avisene begynte å komme med avsløringer om det som hadde foregått i tyske konsentrasjonsleirer. Det vi ikke hadde visst noe om mens det hele stod på.
>
> Far hentet inn posten. Han brettet ut «Tromsø» og leste på vei inn. Inne fant han seg en stol og leste videre. Så begynte han å lese høyt for mor. Det var en som fortalte om sitt liv i tysk fangeskap. Plutselig begynte far å gråte. Han leste videre, leste og gråt. Mor gråt også. Jeg husker ikke så mye av innholdet i det han leste annet enn at det var grusomme ting som ble skildret. Men det at far gråt, det står spikret fast i hukommelsen.
>
> Det var eneste gang jeg kan huske jeg så han gråte.

– Karen

Vi går vidare til Rolf:

> Jeg var som femtenåring utlånt til «selskapsdame» for tante Sigrid. Hjalmar var borte, og nervesystemet hennes var litt anstrengt. Vi hadde det veldig trivelig sammen. Hjalmar kom hjem fra fisket, blakkere enn da han reiste, men full av optimisme. Hva familien levde av, vet jeg ikke, men jeg husker at det var en idyll. Oppmuntret av stadige kjærlighetserklæringer fra barn og voksne, fant jeg alltid på noe som moret familien. Uskyldige spilopper, små dikt, narrerier og kunster jeg hadde lært pluss ting jeg fant på av meg sjøl – alt slo an. Det jeg husker aller best var tanten som hikstet av latter:

«Det er som å se han Konrad i aksjon. Akkurat slik var han!»

Far var en glad mann, kjent som en stor spøkefugl og spassmaker. Hans far har nok vært heller litt surøyd og grinete, streng og kanskje litt gjerrig. Far kom sikkert mot sin vilje til å reprodusere det litt sure Rogalands-lynne og forsøkte kanskje å formidle noe han trodde var gjengs oppdrageratferd. Men han straffet aldri sine barn. Han gjorde sin ytterste vilje kjent ved håndbevegelser. Han løftet hånden når han var bragt ut av fatning, men han lot den aldri falle på noe krek i hans nærhet.

– Rolf

Og då kan vi vende oss til ein av dei eldste for å få ein samla karakteristikk, eit heilskapsbilete frå dei som opplevde samvær med han, ikkje berre som lite knøtt, men til eit godt stykke opp i vaksen alder. Vi gir ordet til Åge:

Han var en snill mann. Han var langmodig og tålmodig. Han hadde ypperlige naturgaver. Han var gløgg, flink til å skrive, regne og dikte. Godt handlag hadde han også med alt han foretok seg av arbeid, og sikkert bodde det en liten kunstner i ham også.

Rent fysisk var han sterk som en bjørn til å tåle lange utmarsjer, frost, varme, etc. Denne egenskap brukte han vel kanskje noe for langt, slik at han var dårlig å ta vare på seg selv. Han frøs mye og gikk ofte våt på beina hele dagen.

Han var av en optimistisk natur, og jeg kan ikke huske at jeg hørte han noen gang klage. Optimismen gjorde at han i enhver situasjon hadde teorien i orden for å forsvare seg.

– Åge

Dei store gåver han hadde, fekk han ikkje utnytta til utdanning og noko akademisk livsløp. Det måtte bli hans søners og døtres plikt, når tida kom og det også kunne bli mogleg å kome fra småbruk til lærestol. Vi avsluttar karakteristikken av personen med eit minne som både fortel om ein person med store gåver og ein som nok låg i åkeren og sukka på skjæråsensk vis: «Og kunne onga rekke litt lenger enn det vi rakk, så hurra på jorda og gudskjelov og takk». Vi gir ordet til Rolf:

> Det hadde vært eksamen i folkeskolen. I solskinnet drev jeg hjemover, ergelig over stykket jeg ikke hadde forstått. Jeg var ikke holdt for å være noen stor matematiker – og nå skulle det bli nytt vann på mølla. Far var i åkeren og reiste seg opp da jeg kom. Hvordan det hadde gått? Jo, jeg fant fram kladden og pekte ut det vanskelige stykket. Han leste oppgaven, tegnet et par kruseduller i den sorte muld og sa:
>
> «Det blir.......!» Jeg har glemt både oppgaven og svaret, men jeg husker han ga meg rett i at det var en hard nøtt å knekke.
>
> Sjøl hadde han ikke mer utdannelse enn meg på dette tidspunkt, men oppgaven var småtteri for ham. To minutters hoderegning så var svaret der. Mortensen fortalte at han hadde strevet litt da han hadde regnet stykket.
>
> Om høsten avertertes det realskoleplasser på Borkenes. Jeg gikk til far og spurte om det var håp. Det var det ikke. Jeg glemmer heller ikke hvor sterkt jeg følte at avslaget var lettere å bære for meg enn for ham.
>
> – *Rolf*

Og då står vi att med eit totaltbilete av ein snill, langmodig, tålmodig, gløgg, flink, nevenyttig, sterk, optimistisk, barnekjær, glad, humørfylt, oppfinnsam og mjuk mann med ei undertrykt og fortrengt kunstnarsjel. Halvparten av alle desse eigenskapane ville gjort det vanskeleg nok å føre arven vidare. Men vi får trøyste oss med at alt dette skulle delast på tolv, og alle kunne ikkje få *alt* med seg. Vi har vel kvar for oss gjort det vi kunne for å realisere det beste i arven. Om vi lukkast med det, må seinare krøniker få stå fritt til å døme om. Men det vi utan vilkår kan slå fast, er at han med sitt liv, sitt slit og sin omsorg for oss la eit godt grunnlag for at vi kunne få bruke både evner og anlegg.

Avstanden frå hans liv til vårt tek etterkvart til å bli stor. Men det hindrar ikkje at han av og til dukkar opp i tanken i det daglege. Vi treng alle førebilete som kan nyttast som korrektiv i livet. For oss har han vore eit viktig førebilete. Vi vonar at han også kan gje impulsar til nye generasjonar. Stor arv det er for mannen – og kvinna – av godt folk vera fødd.

Far min i Huizingalaan

Far min drog til Brettesnes og Syltefjord der fisken var. Lenger ut i verda kunne han ikkje kome. Som vegarbeidar måtte han først byggje vegen vi trengte for å kome oss vidare ut i verda.

Ein dag i Amsterdam kryssa eg ei fæl gate med fare for mitt liv. Den byen har ikkje trafikkultur, ein fotgjengar har låg pris. Når bilane stoggar for raudt lys, vrimlar det syklistar- i fotgjengarfeltet. Det var eit kav å kome seg over gata, summe seg og finne ut om ein framleis var i live og kor ein i så fall tilbragte dette liv. Blikket opp mot gateskiltet fortalte meg det: JOHAN HUIZINGALAAN stod det.

Då tenkte eg på far min. Det var ein typisk assosiasjon, eit tankesamband utan logikk, utan samanheng med situasjonen. Det kom ein tanke seglande med eit namn, annleis var det ikkje.

Samanhengen mellom Huizinga og far min må eg vente med til eg først har fortalt kva for bilete som stod og dirra i medvetet då eg såg dette rare namnet.

Far er eit diffust minne, eg må vri og vrenge på dette minnet for å hente han fram. I dei åtte åra eg fekk til å hente røynsler og danne bilete av han, var han mest bortreist, og minnet avgrensar seg til at han kom og drog att. Små glimt blir likevel ein heilskap. Eg veit at denne heilskapen er feil, glimta blir lappa saman i feil rekkefølgje, hendingar med års mellomrom blir til samanhengande dagshendingar. Difor blir mitt unge minne reinspika løgn. Men for *meg* blir minnet sant, og dette er mi sanne historie:

Far arbeidde på Senja, på ein stad der dei slit og strevar hardt og stønner under tunge tak, difor kalte dei staden Stønnebotn. Dei store sa: i dag kjem han pappa. Så var det å finne seg ein plass i loftsvindauget eller pirke seg eit hol i den svarte pappen som tyskarane påla oss å spikre over vindauga i stua – og vente. Vente på ein prikk langt ute i fjorden, prikken som blei større og slørre inntil han blei båt, ein mann og så til slutt ein levande pappa som kom opp bakkane.

Inn på kjøkenet, av med grå ryggsekk som aldri inneheldt overraskingar, berre ei spesiell lukt som enno sit i nasen, sur, søt, ram, deilig. Lukt av furukvae, lyng, krutt og sveitt mann. Skikkeleg pappalukt, Mor sa:

– Korsen kom du deg over Senja?

– Eg gjækk.

– Kem sin båt har du?

– Brandvollan sin.

Så åt han. Så gjekk han i åkeren. Han låg på kne, han låg alltid på kne i åkeren. Same kva andre seier: Det er heilt sant at han heile sitt gardbrukarliv låg på kne i åkeren, for det står i mi sanne historie.

Vi blei sendt på loftet. Det var sengetid, det var mørkt. Frå loftsvindauget såg vi han i åkeren, på kne. Før vi somna, pirka vi vekk nokre bord som låg laust over eit hol mellom loft og kjøken og keik ned for å sjå om han var komen inn, men har var der ikkje. Då vi vakna, låg han framleis i åkeren, ein heilt annan stad.

Så kom han inn, fjelga seg, åt og tok på seg ryggsekken. Vi gjekk med han til fjæra, og han rodde. Han blei mindre og mindre, blei prikk. Frå holet mitt i blendingsgardinen studerte eg denne prikken så lenge han var der. Når ein heil båt er så liten som ein muselort, kor liten må ikkje pappa vere då?

Men dette er ikkje heile mi sanne historie, det er berre den ytre ramma. For no kjem vi til underet, det eg måtte heilt til Amsterdam for å forstå. Då vi kravla oss i snørrlivet, ullhosane og genseren neste morgon og kom ned på kjøkenet, hadde mor fått ny grautsleiv. Det var utskjæringar på skaftet, akantusrankar langs heile kanten. Og i lampa – o store vidunder! – hang ein påfugl av spon med struttande vengjer og halefjør!

Det var dette den vaksne i Amsterdam tenkte på. Den vaksne hadde ofte tenkt: Dette må vere eit forvrengt bilete, det må vere mange små glimt som har kokt seg saman for meg. For det kunne ikkje vere mogleg at ein mann kunne gå over Senja, ro Solbergfjorden, gå i åkeren og setje potet til natta tok han og deretter setje seg til å spikke grautsleiv og lage påfuglar i ein og same vending – og deretter vere i åkeren att med dagslyset?

Difor må eg dikte resten av det som skjedde, det eg ikkje med eigne ører og eige syn hørte og såg gjennom loftsluka, men som er like klinkande sant som resten av historia: Då han kom inn mo og matt frå åkeren og tørka jord av hendene, møtte han ein annan slitar som sa:

– Se på dejnna sleiva, de'kje mykje å hjelpe seg med, de'e bære flisen igjen. Du ha'kkje et æmne så du kunnar skorre ei ny?

Og han hadde emne, og han spikka sleiv, like raskt og skikkeleg som snekkar Andersen i jule-eventyret. Han spikka og skar, først tenkt som ei grovhogd og hurtigarbeidd brukssleiv, men så kom det eit nytt signal fra den andre slitaren:

– Bjøllsauen har nån frøktelige klauva. Han sku'ar vorre skorren før vi sleppe han i marka.

Då ho sa det, passerte han ei grense. Ikkje *det* i tillegg til det andre! Klauvar får vere klauvar. No er det sleiv. Så gjekk han over grensa til det ulovlege.

Han finpussa med kniven, han skar og skar, utskjæringar, akantusrankar slynga seg langs skaftet. I ein pause på grunn av tom vassbøtte, tok han turen til Vassholet og henta samstundes ein olderkvist, tok bark i kjeften og tygde til spyttet rann rødt frå kjevane. Så smurte han barkespytt i akantusranken og pussa med kniven.

Så sopte han saman sponene, gløymde bjøllesauen og laga noko kjekt til ungane, ein påfugl med struttande vengjer og halefjør.

Og *så* slang han seg nedpå for å kvile litt før neste økt i åkeren og roturen tilbake til Senja og veganlegget.

Men eg er attende i Amsterdam, byen som heilt uskuldig er komen inn i historia, bortsett frå at det var dei som ala opp han Huizinga. Det var namnet som laga den lange rekka av assosiasjonar. Eg kjende att karen. Johan Huizinga, filosof kalte han seg fordi han sa og skreiv mykje rart om mennesket og eksistensen. Eg hugsa han fordi han kjempa mot materialismen som livsform, det ville øydeleggje mennesket og kulturen, sa han. Rett nok er mennesket *homo sa-*

piens, det tenkande og kloke individ i homo-ætta. Men det er ikkje nok til å kjenneteikne mennesket. Mennesket er noko meir enn berre klokt, det er også *homo faber*, det skapande individ, meir kreativ enn noko anna individ, til og med betre skapar enn skjura som bygg kunstverk av bjørkekvistar. Men heller ikkje det er den fulle sanninga om mennesket, sa Huizinga. For mennesket er også *homo ludens*, det leikande individ. Ein kan ikkje vere anten sapiens eller faber eller ludens, ein må vere *alt*. Utan at desse tre dimensjonane blir sameint i same individ, blir det ikkje eit harmonisk menneske, sa han. Kanskje ikkje det med skjura, men han sa i alle fall at utan homo ludens ville all kulturell utvikling stogge.

Det var det han var, far min, ein utgave av Huizingas harmoniske kulturberar, mannen som ikkje kunne leve med berre stein, jord, fisk, potetåker og ovgrodde saueklauvar. Akantusrankane og påfuglane var ikkje eit vilkårleg påfunn ein sein kveldstime, det var nødvendig. Det var *ludens*-dimensjonen som nekta å gå til grunne.

Eg stod der i Huizinga Strasse og oppdaga at mi historie kanskje var sann, den var kanskje ikkje kokt saman av barnefantasi og rotete minne. Og sonen til vegarbeidaren og småbrukaren visste der han stod at denne delen av arven er for verdifull til å skusle vekk.

Og eg trur: Då akantusrankane og påfuglen var ferdig, når homo sapiens etter ein kort kvil fekk slippe til att, så fekk nok bjøllesauen klauvane ordna. Det harmoniske menneske ordnar slikt medan ungane glor på sin påfugl, sprudlar over av homo faber og vil sjå korleis ein slik liten fugl ser ut inni.

Men visste Huizinga noko om bjøllesauar? Måtte *han* ro Solbergfjorden?

Åge: Lokalen

Jeg overvar et møte i bedehuset som tolvåring. Det var ingenting nytt i selve budskapet som predikanten frambar. Men til min store undring innledet han med følgende ord: – Når vi i kveld er samlet i dette «lokalet» er det meg en glede...»

Som sagt ingenting annet var nytt uten dette ordet «lokal». Jeg grunnet sterkt over det på hjemveien. Noen tid seinere kom jeg over ordet i en annen forbindelse. Jeg leste om «lokale bestemmelser» i en avis.

For meg hadde ordet «lokal» inntil da hatt bare en betydning, og dette nye kom liksom og ødela og forstyrret. Lokalen hadde vært kun *en*. Det vil si det var flere. De het Bjarkøy, Tromsø, Trondenes, Kvaløy, Lyngen, Bjarkøy, Dyrøy og så videre.

Lokalen hadde bred hvit ring med røde border i skorsteinen. Den hadde Tromsø-rigg, lastebom, vinsj, trippelmaskin med Stevensons styring. Lokalen var levende og hadde sjel. Den kunne umulig være et dødt hus eller en «bestemmelse».

Vi måtte vel vite dette bedre enn predikanten, vi som hadde vokst opp sammen med den. Nest etter mors voggevise lærte jeg å kjenne lyden av lokalen. To eller tre ganger i uka kom den. Allerede utpå ettermiddagen kunne vi høre fløytingen når den anløp et sted lenger sør i leia. Signalene ble sterkere etterhvert som nærliggende steder fikk anløp, og ved sjutiden om kvelden fløytet den for Espenes og seig inn mot kaia. Jeg lurte på om noen lyd i hele verden kunne være sterkere enn når lokalen fløyta sånn på nært hold. Flyan hadde visst sterk lyd, bilan likeså, og fabrikkfløyten i byan ga også sterk lyd hadde jeg hørt. Men å slå lokalen, nei det var nok umulig.

Det tok mange år før jeg fikk anledning til å stifte nært bekjentskap med lokalen. Jeg fikk stå i vinduet og se når den kom og gikk. Men så en dag skjedde det.

Jeg skulle få lov å være med på kaia. Det var en vinterkveld med pent vær og måneskinn. Lokalen hadde fløytet for Skattvika da vi tok avsted. Vi kjente veien og det skulle være god tid.

Ute på kaia var det satt opp lanterner. Jeg forstod at det var for at rormannen skulle ha noe å styre etter i mørket. Det samlet seg flere mennesker på kaia etterhvert. Noen skulle reise, andre ventet på noen som skulle komme, noen kom for å hente post og noen var tilskuere slik som meg. Ekspeditøren kom. Han hadde en stor veske på skulderen. Den så veldig fin ut og hadde krone, posthorn og norske farger på siden, Det måtte vel være postveska Han satte veska fra seg, åpnet pakkhusdøra, raslet med ei sekketralle og tok et overblikk over godset som skulle sendes.

Den sist ankomne tilskuer kunne melde at «han» va midtfjords. Det hadde han sett fra høyden der han kom. Det kunne derfor ikke være så lenge igjen før han var ved kaia, for lokalen hadde ei fantastisk fart. Det tok han bare et kvarter å pløye over Solbergfjorden, der hvor det nok tok halvannen time å ro.

Der kom han. Jeg så lysene. De kom nærmere og nærmere. Tilslutt kunne jeg se skroget og broen, og så kom kvitrøyken og den sterke lyden. Et langt og tre korte. Her på kaia kom kvitrøyk og lyd samtidig, men før hadde det alltid vært tidsforskjøvet.

Ja, det var så mange ting å utforske. Minuttene som nå fulgte var preget av en slags høytid. Ingen sa et ord. Kallene lot skråa stivne og lot munnhulen fylles med saus inntil han hadde lagt åt. Da først hørte du «PTHØYYY».

Ekspeditøren stod fremst på kaia med veska over skulderen. Ved pullerten stod en mann som forstod seg på lokal i nærmest stram givakt. Lokalen seig inntil kaia. På fordekket helt framme stod en matros med en oppkveilet tauhespe i handa, og i enden av tauet var det festet et lodd. Matrosen overgikk både ekspeditøren og den fineste passasjer der han stod. på hodet hadde han en svart matroslue med gullbokstaver på, og på brystet av matrosjakken stod det med store røde bokstaver TFDS. Noe så flott.

Han kastet tauet med loddet på kaia, og mannen ved pullerten tok imot. Tauet var festet til fortøyningstrossa, og når denne var festet til pullerten, kunne vi høre ringing fra lokalens indre et sted. Samtidig kom det vatn ut fra båtsiden og vi hørte maskinen gikk. Nå gikk lokalen attover og la seg fint inntil kaia. Akterenden ble også fastgjort.

Matrosen overtok nå vinsjen, og en ny matros stod ved lasteluka og ga ordre. Melsekker og kasser ble losset i land. Etterpå ble en del smågods lastet ombord. Matrosen ved luka hadde oversikt over det som foregikk i lasterommet. Etter at lastekroken var kommet ned i rommet, rettet han venstre hand ut og sa til vinsjemannen noe sånt som: «a-a Peder». Vinsjemannen skrudde dermed på et ratt med den ene handa og dro i en spak med den andre. Dermed forsvant han i en sky av damp. Du kunne bare så vidt skimte lua med gullbokstavene i. Vinsjen larmet noe voldsomt.

Neste ordre var: «Hiv opp!» og nå var eimskyen så sterk at hele matrosen forsvant og vinsjen larmet enda sterkere. Men opp gjennom luka kom en stor bunt med sekker og kasser som var festet i en wire som gikk over bommen og var koblet til vinsjen. Den vinsjen måtte være veldig sterk.

Etter kaibesøket byttet jeg lek med mine søsken. I stedenfor de gamle leker, lekte vi nå vinsjemann og matros, og i mange år trodde vi at matrosen sa «A-a Peder». I virkeligheten sa han «Ja hiv deer», det betyr på sjømannspråket: «Ta inn slakken»...

Da alt gods var lastet og losset, siste passasjer hadde entret landgangen og ekspeditøren også var kommet i land, gikk matrosen forut og ga avgangssignal med skipsklokka. Igjen kunne vi høre ringing, maskinen begynte å puste og pese, vasspruten kom igjen og lokalen seig sakte fra kaia. Den gjorde en sakte sving først, men fikk snart større fart og forsvant i kveldsmørket.

Noen år senere fikk jeg min første reise med lokalen. Det var ingen småreise heller. Jeg skulle reise helt til byen, Lokalen skulle anløpe Espenes klokka fire på søndagsmorran. Jeg la meg om lørdagskvelden med «otta». Redsel for å forsove meg fulgte meg gjennom natta, så allerede i tre-tida var jeg på vei sørover.

Det var en morgen i juni, Lokalen var i rute. Om tolv timer, klokka fire på ettermiddagen, skulle den være i Tromsø. Det var jo relativt god tid, men ettersom anledningen endelig hadde bydd seg for å utforske lokalen, startet jeg likegodt med det samme.

Foran en trapp stod det «Adgang forbudt», Det var den som førte til broen. Ellers kunne jeg ferdes fritt. I dag heter det visst «brua», men lokalen hadde «bro», og vi snakket alltid om kapteinen som stod på «broen». Det var høytidelig.

På dekket fikk jeg undersøkt lastebommer og vinsj og mye mer. Fra mellomdekket fikk jeg et overblikk over lasterommet og ble forbauset over at så mange melsekker og kasser kunne rommes på ett sted.

På mellomdekket var det bysse, nedgang til maskinen, mannskapslugarer, krøtterbåser og toalett. på en dør stod det «Sterrids». Jeg visste ikke hva det skulle bety, men det så ut som at de som hadde med serveringen å gjøre holdt til der. Lokalen sysselsatte nemlig mange og hadde også noe så fint som «dampskipspike» på sin lønningsliste.

Toalettet brukte jeg bare for å se. Det var alt for mange hendler til at en ukyndig skulle begynne å tukle med dem. Jeg kunne jo komme i skade for å ringe. Jeg var oppvokst med utedo.

Maskinbetjeningen hadde ingenting imot at jeg stod i nedgangsdøra og så ned i maskinen, Såfremt jeg ikke var i veien. Lokalen hadde maskinrom og fyrdørk i ett. Fyrbøteren var skitten og svett og stadig opptatt. Han måket kull inn på fyrene med en spade, rotet i dem med en lang jernstang. Han brukte også en rake, kunne jeg se. Den verste prosessen var vel når han raket ut en god del glødende kull og pøset vatn på dem så hele fyrrommet bla fyllt med damp og sot. Det måtte være det som kaltes for å slagge, for de utbrente kull og sot ble etterpå måket over i en stor pøs. Med et lite handspill heiste fyrbøteren slagget opp på mellomdekket og tippet det over bord.

Fyrbøteren var svært opptatt av en rund klokke som hang på veggen der nede. Den var av blank messing og så ut som en stor klokke, men den hadde andre tall. Ved tallet 150 stod det en rød strek. Det hendte at han ga klokkka et lett slag med handa. Viseren dirret da et øyeblikk før den stanset. Noen ganger var han fornøyd med viserens oppførsel. Da satte han seg eller tok en tur opp i frisk luft. Andre ganger ble han urolig og begynte straks å rote med fyren.

Når båten nærmet seg et nytt anløp, hørte jeg at det ringte nede i maskinrommet, og straks var både maskinist og fyrbøter på plass. Det kom nye ringesignal og maksinisten dreidde på mange ratt og fikk maskinen både til å gå sakte, attover og til å stoppe. Fyrbøteren satte luker foran trekken når maskinen var stoppet.

Selvfølgelig måtte jeg på dekket for hver ny plass. Det var jo steder jeg bare hadde hørt om, men aldri sett. Enkelte steder hadde ingen kai, så her ble lokalen ekspedert med båt. Der hvor det var kai, var det alltid livlig. Folk kom eller reiste med lokalen. Varer ble lastet og losset.

Nede i salongene satt de reisende og pratet sammen. Lokalen var et bindeledd på så mange måter. Samtalen begynte ofte med det kjente spørsmål:

– Kor dokker e i frå?

Når man fikk vite dette, hadde man alltid noen felles kjente. Kanskje man hadde vært på Moen i lag eller gått i samme konfirmasjon med noen som den andre kjente. Det ble sendt hilsninger, Det ble knyttet nye bekjentskapsbånd på så mange måter. Det hendte at guten fra Salangen traff jenta fra Skrolsvika for første gang på en lokalreise. Neste gang lokalen anløp Salangsverket, lå det et brev fra Skrolsvika i postveska. Det hadde fin jenteskrift og luktet parfyme. Ja, lokalen fikk ta skylda for så mangt – også ekteskap.

Til første plass hadde jeg ikke adgang, men det var tillatt å se. Min billett gjaldt bare for 3. klasse. Vegger, dører og møbler var laget av blankpolert treverk. Det var tepper på gulvene og i trappene, og alle rekkverk og dørskilt var av blankpolert messing. Jeg hadde aldri sett slikt før.

Vi ankom til Tromsø i rute, og etter noen dagers opphold gikk turen tilbake igjen.

Jeg tror jeg fikk med meg det meste som var verd å vite om lokalen og hadde nok å fortelle om til mine søsken i lang tid framover.

Lokalen hadde ikke skuffet meg. Den var slik som jeg mente den skulle være. Den var levende. Den inneholdt alt. Tusen forskjellige dufter var å finne der inne. Godlukt, sotlukt, matlukt, fjøslukt osv. alt etter hvor du befant deg.

Lokalen var fin, elegant og sterk. Den fortalte meg om en større verden utenfor bygda, og at menneskene der ute var flink til å finne opp og lage ting, Ja, tenk å lage en hel lokal!

Når jeg i dag stikker innom heimbygda og ser imot Espenesbogen, kommer det ingen lokal. Kaia er anmerket på kystkartet som meget dårlig og anbefales ikke Som anløp.

Har nordlandsguten tapt noe, eller har han vunnet noe? Går det an å være like glad bygdagut uten lokal?

Seilskutematrosene spurte det samme spørsmål da lokalen kom. Tilslutt besvarte han vel spørsmålet ut fra egen erfaring og sa: «Det nye er nok bra.» Han hadde ikke opplevd bare romantikken, men visste hva det var å sloss med med seil i storm.

En tid fikk også jeg prøve dampskipslivet mer realistisk. Vi kom en gang fra Tyskland med en gammel steamer som het Veni. Det ble maskinhavari i Nordsjøen, og vi jobbet i nærmere to døgn for å reparere. Det var også et forrykende uvær. Da jeg omsider stupte til køys dødstrett, ga jeg dette løfte: – Aldri mer noen dampbåt! Derfor sier den gamle fyrbøter i dag det samme som matrosen hin gang. Det er mye bedre tross alt. Det sparer sjømannen for masse svette og slit.

Men for småguten er det et tap. Tenk å være smågut ved kysten og ikke ha LOKAL.

SLUTTEN

Vi avsluttar vår minnebok med å fortelje om då hovudpersonen la ned slegga, spettet og vandrestaven. Det høyrer med til dei vonde minna, men høyrer sjølvsagt med. Åra 1946 og 1947 er dei mest dramatiske åra i Bråten-historia så langt. I løpet av knapt åtte månader opplevde vi to dødsfall, den yngste og den eldste gjekk bort.

For unge menneske er bakgrunnen for dette innhogget i familien berre historie. Tuberkulosen kom inn mellom veggane og hang som ei svøpe over familien i mange år framover. Vi som opplevde denne tida, snakkar kanskje ikkje gjerne om ho. Det skapte ikkje nett goodwill i det sosiale fellesskapet å høyre til dei tuberkuløse. I dag, når denne sjukdomen er ein minimal-sjukdom med svært låg dødsfrekvens, har ein lett for å gløyme at det berre er nokre få ti-år sidan ein snakka om «tub» med same skrekk og gru som ein i dag gjer om kreft og AIDS.

Men det høyrer med i ei historisk framstilling å ta med tuberkulosen som ein del av familiesoga, bygdesoga og landsdelssoga. Det er ein nær samanheng mellom det vi tidlegare har fortalt om materiell fattigdom i vår landsdel og den store frekvens av folkesjukdomen.

Denne folkesjukdomen har til alle tider vore den hyppigaste dødsårsak, og det er litt interessant at det praktisk talt er hundre år sidan det for første gong blei reist organisert kamp mot denne sjukdomen. Sjølve tuberkelbasillen blei avslørt i 1882, og nokre få år seinare reiste bergensaren Klaus Hansen «opprørsfana». Frå starten av dette hundreåret har det vore ført ein systematisk kamp, med resultat at «tæringen» heile tida har vore på vikande front. I mellomkrigstida blei det sett inn diagnose- og behandlingsmetodar som verka effektivt, det var særleg isolasjon av smittekjelder som førte til bremse på den store miljøutbreiinga sjukdomen hadde hatt. Det tragiske ved sjukdomen var at den særleg ramma unge menneske.

I aldersgruppa 15-29 år var det i 1920 ein dødsfrekvens på 127 menn og 100 kvinner pr. tusen. Mot slutten av 30-åra var dette talet gått ned til 54 menn og 40 kvinner pr. tusen, altså ei halvering. Men dette var gjennomsnittstal for Norge. Tala var heilt annerleis skræmande i dei nordlegaste fylka. Finnmark var verst stilt. Her var dødsfrekvensen i denne aldersgruppa heile 300 pr tusen i 1920, og nedgangen fram mot krigsutbrotet var svært liten. I Troms var situasjonen noko betre, men fylket var likevel det nest verste i heile landet. Først på slutten av 20-talet var det mogleg å gjennomføre nokolunde sikre diagnostiske prøver etter at tuberkulinprøva blei tatt i bruk. på ein internatskole i Vest-Finnmark blei det då avslørt at 25% av elevane hadde aktiv tuberkulose. Dette fortel ei dramatisk historie om landsdelen, samstundes som det fortel om den store risikoen det var ved å stuve folk saman når smitten først var komen inn i eit miljø.

Dei siste krigsåra i Norge var ei lei oppblomstringstid for denne sjukdomen, særleg i Nord-Norge. Gjennom heile historia kan ein sjå det same, at i krigstid og krisetid blir det ei oppblomstring av denne type sjukdom. Ernæringssvikt har vore rekna som hovudårsak, men krigstida i Norge hadde langt fleire implikasjonar som skapte god grobunn for spreiing. Heile Finnmark kom på flukt, det blei sterk konsentrasjon av folk i svært kummerlege butilhøve. Alle bygder sør for Kvænangen opplevde denne folkeflyttinga i tillegg til at det frå før var sterkt innslag av tyskarar. Det var med andre ord ei heilt unormal tid. Den lille bygda Espenes hadde nær fordobling av folketalet over ein periode. Då Moen skole starta skoleåret i 1945, var det femten elevar i første klasse. Då evakueringa var over, var det berre åtte att.

Dette er litt av bakgrunnen for det som hende i 1946 og 47. Frå det som tidlegare er sagt, kunne ein kanskje føre sjukdomen tilbake på andre konti: mangel på mat, mangel på reinsemd, frost, kulde og mangelfull påkledning og uvøren framferd når det gjaldt å ta vare på seg sjølv. Dette var sjølvsagt medverkande faktorar, det var med å svekke motstanden. Men ingen hadde sjanse til å gardere seg mot innfallet av sjukdomen. Den slo ned kor som helst, Angsten var stor. Alle var redde, og når sjukdomen først ramma ein familie, kunne det lett føre til isolasjon.

Vi merka kanskje lite til dette. I skole- og leikemiljø var det vel tilløp til litt meir varsemd, men stort sett brydde ungar seg då som no lite om påbod heimefrå om å halde seg vekk frå Østrem-ongan. Det kom ein liten kar tidleg ein søndag morgon medan Ingebjørg var aleine på kjøkenet. Han spurte om han kunne få sjå «tæringen». Han var nyfiken på å sjå korleis denne styggen såg ut som budde der borte hos «Østrøm». Vi hadde ei spekeskinke hengande, ho var nesten ferdigspist, og guten fekk sjå denne knoken og var beroliga. Den såg ikkje særleg farleg ut.

Hans Helmer

Då sjukdomen slo ned, råka han først den aller minste. Hos småborn førte sjukdomen ofte til ei dramatisk utvikling ved at hjernen blei angripen. Det gjekk kort tid frå dei første sjukdomssymptom synte seg og til livet var slutt.

Når vi først skriv familiesoge, må vi ha med nokre linjer om denne lillebroren som vi fekk ha blant oss så kort tid. Han var også ein onkel, men ingen fekk sjanse til å bli kjend med han. Det var også slik i søskenflokken at dei eldste stort sett var reist ut av reiret då den aller yngste blei født, så fleire av oss har kanskje berre eit namn i minnet og ingen bilete av ein liten person.

Hans Helmer blei fødd 31. januar 1944. Han var den einaste av oss som fekk namn med klår rot i oppkalling og for å bringe minnet vidare om nokon. Hans og Helmer Hansen var to naboungdomar som omkom på sjøen, kanskje som eit offer for krigen. Dei hadde fraktefart med ein båt som skulle gå til Gratangen. I tillegg til varetransport, hadde dei også tyske soldatar med. I Mjøsundet gjekk dei på eit skjær, og båten gjekk ned.

Det er den offisielle versjonen, på bygda verserte ein annan: Båten gjekk ikkje ned. Dei fleste tyskarane berga seg. Hans og Helmer prøvde å sømje till lands og blei skotne. Andre nordmenn mista òg livet fordi tyskarane trudde det var sabotasjehandling. Kva som er den rette versjonen, får vi aldri vete. Men det vi veit med visse er at ei slik ulukke i ei lita bygd gjer stort inntrykk. Dei blei altså heidra ved å bli oppkalt.

Diverre fekk ikkje namna leve vidare særleg lenge. Alt 26. juli 1946 døde Hans Helmer. Han blei altså berre to og eit halvt år gamal. Det er difor eit svært kort liv å skrive biografi over. Men vi som hugsar han sit som vaksne menneske med røynsle frå småbarnstid og småbarnsutvikling med stor undring og tenker tilbake på denne vesle karen. Vi har vanskeleg for å tenke oss at han faktisk var så liten. Slik minnene står for oss, må vi berre konstatere at han må ha vore ein ualminneleg gløgg unge med heilt spesielle gjevnader. Han preika som ein prest, han kunne mykje. Han las frå ABC-boka, side opp og side ned. Om han verkeleg kunne lese, er vanskeleg å seie. Men var det slik at han kunne alle dei tekstane utanat, var det likevel ein bra prestasjon av ein toåring.

Han lærte tidleg å gå, omlag i ti-månaders alder. Han var det siste skotet på stamma som førebudde seg på livsregelen: Vi gjækk. Og det gjorde han. 17. mai 1945 er ein slik minnedag som står med store bokstavar i minnet hos oss alle som opplevde den første nasjonaldagen etter fem års okkupasjon, så det er neppe erindringsforskyvning når Karen hugsar at ho og Hans Helmer gjekk heilt til Moen for å møte foreldra som hadde gått i tog. Det er ein marsj på 1,5 kilometer for ein kar på 1 år og 4 månader. Det var ikkje trillevogn for slike festlege utflukter i den tida. Hadde det nokon gong vore barnevogn på Bråten, så var ho godt oppbrukt før den tolvte ungen fekk bruk for ho.

Tidleg gangfør, tidleg lesefør, kvikk og aktiv, stort meir kan vi ikkje få med i omtalen. I minnet står han der med lyst krøllete hår og spør om han kan få vere med «Til flæra og kaste dein». Det fekk han sikkert lov til. Om han ikkje tok ut på eiga hand. Det gjorde han i alle fall ein gong. I Myra budde det ein liten kar som heitte Almar som var omtrent like gamal og som døde litt tidlegare på året. Vi ungane var invitert dit til ei minnestund, men Hans Helmer fekk ikkje vere med. Dagen etter rusla han på eiga hand gjennom skogen.

Den siste tida

Hans Helmer blei gravlagt ein varm julidag. Alle var samla, Det var siste gong alle søskena var samstundes på Bråten på tretti år. Neste gong det skjedde var i 1976. På dette tidspunktet visste vi at sjukdomen kunne slå hardt. Vi visste at pappa også var sjuk. Han deltok i arbeidet utover sommaren, men for halv maskin. Når Einar hugsar ein mann som sov i omnskråa, er det truleg ein svært presis observasjon. Han måtte kvile seg meir enn før. Utover hausten var det mykje doktor og turar til Bardufoss for diagnose. Det høyrest så sjølvsagt ut i dag, men den gong var trygdesystemet heilt annerleis, det var mykje ugreie med «trygden», så i tillegg til å handskast med

Gravferda til Hans Helmer juli 1946. Frå venstre: Mamma, pappa, Richard, Knut, Konrad, Ingebjørg, Karen, Per, Rolf, Einar, Åge, Svein og Karl.

sjukdom, var det også ei stor økonomisk belastning. Vi som var små, hadde ikkje oversyn over desse vanskane. Vi gledde oss på ungars vis for å få lov til å køyre med «han Edvin», køyre drosje heilt til Bardufoss. Ein biltur var ein sensasjon, enda så kaldt det var og enda so fullstuva bilen var.

Det blei sjukehusinnlegging på Gibostad. Åge fortel frå sitt siste møte med far:

> De siste minner jeg har etter vår kjære far er vemodige. Jeg kom hjem senhøst 1946. Militærtjenesten på ca. halvannet år var over. Dagpengene var kr. 2,- pr. dag, og det skulle bli ca. 1.100 for tjenestetiden. For disse pengene hadde jeg kjøpt meg dress og skjorte for å ha til det sivile liv.
>
> Da jeg kom hjem, var far blitt sjuk. Det var søkt om plass for ham på Gibostad, og dit reiste han en uke etter at jeg kom hjem. Han var stille og holdt seg for det meste inne, han lå for det meste.
>
> Etter at jeg hadde ordnet med en del forefallende arbeid, bl.a. å skaffe til veie noe ved, reiste jeg også bort. Det gjaldt å komme seg i noe slags fortjeneste. Jeg reiste til Finnmarken for å få arbeid på gjenoppbygging, men jeg havnet til sjøs likevel. I Hammerfest lå en båt som jeg tok hyre med. Mens lokalbåten lå ved kai på Gibostad på tur til Tromsø, benyttet jeg anledningen til å besøke far på sjukehuset.
>
> Dette ble for meg den aller siste gangen jeg så ham i livet, men det visste jeg selvsagt ikke da. Det var litt fremmed å se far på den måten. Vi var helt uvant med å høre at han var sjuk. Han var 59 og et halvt år gammel. Men han virket sliten der han lå, og jeg hadde vondt av ham. Pipa og tobakken hadde han lagt bort uten at det var noe tap og savn, fortalte han. Ellers virket han OK og var igrunnen i godt humør.
>
> Så sa vi farvel. Han ønsket meg god tur, og jeg ønsket ham god bedring.
>
> – Åge

Det blei etter kvart mange sjuke. Konrad og Rolf skulle halde senga. Resten av dei heimeverande gjekk på skolen som før, dei hadde berre «flekk på lunga» eller «hovne kjertler» og det kvalifiserte ikkje for isolering etter dr. Høyer si vurdering.

Det gjekk mot jul i 1946, ei spesiell jul. For første gong ei jul utan pappa, ei jul med sorg i. Men jul er jul, og for ungar er det ingenting som kan stogge julegleda. Knut fortel:

> Det gjorde nok inntrykk på meg at pappa ikkje kunne kome heim til jul, men det fanst alltid noko som kompenserer for sakn. Per kom heim med pakke frå Gibostad. Livet var normalt, til tross for alle leie ting. Pakken inneheldt gåver til oss alle. Det var kladdebok og blyant som før, og i tillegg var det noko så sjeldan som ei kjøpe-gave.
>
> Det rakk ikkje med ei gåve til kvar, så det blei fellesgåve. Og til dei av mine søsken som skulle vere delaktig i gåva, får eg her og no bekjenne: Eg tiltuska meg boka og har ho enno! Det er ei samling med barnesongar med tekst og noter. Songane var ukjente, noter kunne vi ikkje, så boka blei tatt med til Aurstad på skolen utan at det førte til noko større kunnskap uti musikken.
>
> Men boka blei ualminneleg verdifull, ein slags heilagdom. Det var ei handfast helsing fra pappa. Eg har alltid frykta for at Per skulle kome til å fortelje at det var *han* som gjorde innkjøpa, men han har vore pietetsfull nok til å la være.
>
> Det gjevaste ved julegåva var likevel at det fulgte brev med, eit halvt ark, skrive med kopiblyant. Til meg skreiv han med sirlig skjønnskrift for at eg skulle kunne lese sjølv. Han skreiv at han hadde hørt at det gjekk fint med meg på skolen, og det var han glad for.
>
> Eg gøymde det brevet lenge, men det forsvann, kanskje i den store brenninga. I ettertid er det lett å forstå kvifor gaven og brevet gjorde så stort inntrykk. Det var personleg. Det var retta berre til meg, ikkje berre som ein kollektiv bodskap til den store massen som heitte «ongan».
>
> *– Knut*

Dette minnet, eit brev med kopiblyantskrift, finn vi også hos Rolf som også blei pasient på sjukestove:

> Midtfylkes Tuberkulosehjem – der lå far. Jeg var pasient på sykestua i Finnfjordbotn. Jeg ante ikke den gang at avstanden mellom oss var så kort, men dette var før bilismen holdt sitt inntog.
>
> En Senja-fyr som kjente far kom inn med posten: «No får du brev fra far din.»
>
> Mange kjente skrifta hans. Hans håndskrift utenpå konvolutten var stø, stor og rund. Han skrev gjerne to ark av de minste. Jeg fikk flere brev fra ham den tid jeg var der. Han skrev, om jeg ikke husker feil, med kopiblyant. Brevene var åpne og reflekterende, han lå og betraktet ting fra sin seng. Fjellene, årstiden, en blomst han hadde fått. Brevene sluttet gjerne med et salmevers – «Å tenk på Gud i ungdoms vår...»
>
> Jeg tror han hadde det godt. Han fikk for en gangs skyld tid til å hvile seg og tenke. Hver gang skrev han at han hadde det godt og var interessert i å høre hvordan det gikk med meg. Siden jeg ante at han bar på en slags skyld for at vi var blitt dårlige, skildret jeg dr. Schiørns utsagn om min prognose i særdeles positive vendinger. Dette gledet ham.
>
> *– Rolf*

En av oss fikk holde nærkontakten den siste tida. Per var elev på landbruksskolen på Gibostad fra januar 1946, og han var der hele tiden så lenge pappa var der. Han forteller:

> Eg var litt kjent på Midtfylkets Pleiehjem allerede før far ble innlagt der, hadde besøkt kjente som lå der, bl.a. Hans Sørgård som noen vil huske.
>
> Da far ble innlagt, ble det til at eg stakk innom ganske regelmessig. Til å begynne med var han ved godt mot og regnet med å bli frisk. Eg registrerte etter ei tid at han berre så sjukare og sjukare ut, og eg tror han var klar over det sjøl også.

Han sa en gang at han hadde håpet på å komme heim til sommeren, men han trodde ikke det var så stor sjangse for det. Han snakka om smågutan, han lengta etter dem forsto eg.

Han hadde et nystestamente på nattbordet. Den siste tida hadde han nok vanskelig for å lese, han bad meg lese høgt for seg, hvilket eg sjølsagt gjorde.

– Per

Og heime gikk både «småglujntan» og mor utan sjanse til å kunne besøke han. Det er rart å tenke på i dag når ein svipper frå Bråten til Gibostad på ein time. Men eitt besøk blei det i alle fall. Svein fortel:

Illustration 1: Mor og «småglujntan», Svein, Einar og Knut. 1948.

Mamma oppfordret oss til å skrive brev til han og det tror jeg at jeg og Karen gjorde, men jeg er ikke sikker.

Jeg var jo en av de heldige som gikk nesten uberørt igjennom tubperioden, og behovet for mine handsrekninger blei jo etterhvert av en viss betydning. En form for ansvarsfølelse var under utvikling.

Utpå vinteren blei det heller dårlig med pappa, og kommunikasjonene umuliggjorde at mamma kunne reise til Gibostad på kort varsel. M/K HERMOD av Mohamn gikk i fraktefart langs kysten, og med gode forbindelser blei det ordnet slik at ho kunne få være med til Gibostad. Det var en søndag med solskinn og skaresny. Johannes Dalseth og Karl Solheim var bl.a. mannskap på Hermod. Mohamningene var veldig hjelpsomme, og jeg tror ikke ho måtte betale noe for reisa.

Ho rakk fram, og anfallet gikk over. Om ho selv var klar over at dette var hennes avskjed med pappa vet jeg ikke. Det kom et nytt varsel utpå våren om at no var pappa svært syk igjen. vi hadde vårtentamen i regning dagen etter. Jeg gjorde meg raskt ferdig med prøven, noe som for så vidt ikke var så uvanlig, og rusla på eget initiativ ned til Mohamn for å høre hvordan det lå an med HERMOD for nordgående.

I overmorgen er de innom igjen, kunne ho Jenny Solheim glede meg med, og i trygg visshet om at jeg hadde gjort det store kurérarbeid, gikk jeg hjem med denne gledelige nyhet.

Men der var ingen plass for en god nyhet av så uvesentlig art som dette. Pappa var død.

– *Svein*

Rolf husker denne formiddagen, 19. mars 1947, då bodskapen kom:

Jeg husker den formiddagen da ho Alice kom. Et dødsbudskap kunne ikke videregis telefonisk. Hun stengte sentralbordet og gikk. Mor dukket seg da hun fikk se hvem som kom. Hun visste hva besøket betydde før det var sagt et ord. Alice kunne ikke beherske seg og gråt mens hun ga beskjeden. Så gikk vi ut en etter en med en lammende følelse av at ingenting i verden kunne bli som før...

– *Rolf*

På Gibostad var Per, som fikk følgje far til døra, men ikkje lenger:

Bisettelse og transport til dampsipskaia fant sted fra «Hjemmet». Eg hadde fått beskjed om tidspunkt for å være tilstede som familiens eneste representant. Eg bad meg fri fra undervisningen og ordnet meg for å møte opp. Til min store overraskelse stillet hele klassen opp. en kameratslig gest overfor meg naturligvis, men likevel sikkert ikke større hedersbevisning enn han hadde fortjent.

Det døde mange på Midtfylkets Pleiehjem i de dager. De fleste ble vel bisatt og transportert ut i stillhet.

Begravelsen fikk eg ikke delta i, det kolliderte med eksamen. Det var eksamen i fysikk den dagen. Antakelig hadde eg problemer med konsentrasjonen, det gikk bare så måtelig. Riktignok skreiv eg ei brukbar utgreiing om Pascals kar. Det var bare beklageligvis ikke etterspørsel etter Pascals kar. Det var Torrieellis apparat som var bestselgeren akkurat da.

– Per

Den siste reise. Ikkje fleire gonger til fots, i robåt eller med leilighetsskyss med sjark. Også den reisa blei lengre og meir komplisert enn normalt. Svein fortel:

> Han skulle komme til Espeneskaia søndagsmorgen, og Knut og jeg blei oppfordret til å kle på oss og gå å ta imot han. Jeg tror Richard hadde overtatt organiseringa av transporten, mamma skulle spares for dette.
>
> At ho ikke var orientert om at Espeneskaia var ute av drift (reparasjonsarbeide), og at kista skulle føres til Brøstadbotn, skulle bli årsaken til at Knut og jeg la ut på vår lengste vandringstur for alle år fremover. Først på Espeneskaia fikk vi av Otelius beskjed om at han ikke kunne ta imot pappa.
>
> Det ble en liten diskusjon mellom oss to om hva vi da skulle gjøre. Man tar ikke nyklean på seg en søndagsmorgen for så å gå hjem igjen med uforrettet sak. Knut var den mest bestemte om at Brøstadbotn var neste stopp, og jeg hadde heller ingen motforestilling, det var jo ikke så langt...
>
> Vi hadde brukbart på føttene, men det trengtes. En dårlig snyrydda vei om våren var ikke helt lett å gå på. vi stavra oss forbi Storhaugen.

Storhaugbrua som jeg alltid har sett på som monumentet over pappa sitt skaperverk blei passert med den ærbødighet som situasjonen tilsa.

Allerede i Rubbåsen på tur sørover begynte muskelreservene å avta. Det blei fra nå av svært stille mellom oss, jeg tror faktisk at adrenalinet som etterhvert overtok som reserveproviant hadde den bivirkning at vi blei sure på hverandre.

Uten noe annet mål enn kaia i Brøstadbotn stampet vi oss frem. Jeg tenkte nok litt på at dette var en ikke helt ufarlig ferd, Knut var jo bare åtte år. Men mine bekymringer for han var tilsynelatende bortkastet. Han lå nesten hele tida foran meg. Det skulle seinere vise seg at han hadde disponert sine krefter feil.

Tørst, svulten – Ikke ét sny, vi skal jo heim igjen òg!

En tanke slo ned i meg. Heimover måtte det gå an å sitte på sleden.

Bjarne Moen skulle jo kjøre, kanskje han var underveis alt. Kanskje han var på tur heim igjen slik at vi møtte han snart. Jeg prøvde meg med litt sny.

Hva tenkte Knut på, han sa jo ingenting. Hva tenkte jeg på? Ihvertfall ikke på at lokalbåten brukte 4–6 timer fra Espenes til Brøstadbotn. Skuffelsen var stor da vi endelig nådde frem. Der stod vi to gluntan, tilnærmet utslitt, 8 og 11 år. For første gang i vårt liv var det vi som skulle ta imot pappa, vi var for små ved alle tidligere anledninger. «Lokalbåten kommer ikke før klokka fire», fikk vi vite.

I Rubbåsen på heimoverturen møtte vi Bjarne Moen. Richard var også med. De suste så lett bortover Brøstadveien. De stoppet ikke, men Richard betrudde meg seinere at han tenkte sitt, hva no det måtte bety.

Ved internatet måtte vi over på dårligere vei. Denne veien var jo aldri brøytet om vinteren, og sørpelaget blei jo djupere å stampe seg igjennom. Knut hadde ingen krefter lenger, det blei meir og meir å vente på han.

Lite hadde jeg selvfølgelig å gi han av hjelp. Ved Fredheim hørte vi lyd fra en bil. En hel søndag hadde vi to vandret uten å se en eneste bil, og nå når det var slutt på bilveien, da kom det en.

Tante Sigrid og onkel Hjalmar hadde fått den innskytelsen å leie han Løvland en tur til Bråten. Etter et kort forhør blei de fortalt hva ærend vi var i, og Hjalmar såg vel tydeligere enn meg at Knutegutten ikke hadde energi nok til å ta seg frem for egen motor de to siste kilometrene, og han fikk sitte på ryggen.

Tida kan jeg ikke beskrive, da det eneste holdepunkt var anløpstida for lokalbåten på Espenes som var kl 1100. Kanskje var klokka fem eller seks da vi endelig satte oss ned heime. Det gikk ikke lang tid etterpå før Bjarne og Richard kom med sin dyrebare last. Det blei helt tomt i huset, alle skulle ut for å ta imot. Høytidelig og verdig blei pappa tatt fra sleden og satt inn i djupstålet. Bare to av hans hjemmeværende barn manglet under seremonien. De hadde ikke krefter til å gå så langt som bort til fjøsen.

– Svein

Så fekk altså også siste turen heim eit sterkt innslag av mottoet: Vi gjækk.

Om gravferdsdagen har vi alt høyrt at Per ikkje kunne få fri frå skolen på grunn av eksamen, og Åge mottok bodskapen om fars bortgang på ein heilt annan kant av verda:

Den 21. mars 1947 om kvelden tok jeg en tur til sjømannskirken i Baltimore i USA. Kirken i utenriks havn var jo for oss sjøfolk et «Little Norway» hvor vi traff landsmenn, fikk lese norske aviser og fikk post osv. Da jeg denne kvelden kom inn i kirkegangen, stod det en papirlapp på oppslagstavla om at jeg skulle melde meg for sjømannspresten. Jeg fikk da utlevert et telegram om at far var død.

Det var ingen mulighet for å krysse Atlanteren for å delta i gravferden. I dag går også det an for sjøfolk. Men som det ofte er sagt: Tankene er tollfrie og behøver hverken tid eller frakt. Det var lett for dem å reise over havet og søke inn i stua der heime denne kvelden og dagene etterpå.

– *Åge*

Og med det vil vi avslutte vårt minneskrift om far. Det er nokre av desse tankane tilbake til stua der heime vi har forsøkt å setje ned på papir. Kanskje har vi gjort det mest for vår eigen del, men vi trur og at du har hatt utbyte av det, at du no kanskje kjenner litt betre *pater familias* Konrad.

Gravferda til far mars 1947. Frå venstre: Ingebjørg, Knut, Rolf, Richard, Karen, Konrad, Svein, Einar, mamma og Karl. Åge var i Amerika, Per fekk ikkje fri frå landbruksskolen på grunn av eksamen.

*

Vi har basert oss på minner. Dei kan vere ukorrekte og farga av år som er gått. Selektiv gløymsle heiter det om det vi ikkje hugsar fordi vi ikkje *vil* hugse det. Difor har vi kanskje vore mest prega av den lyse sida. Men ver glad for det, det avspeglar vel også ei side ved oss og ved han vi har skrive om: Den lyse sida SKAL vere ut. Vi gir Åge det aller siste ord:

> Og etter som tiden går blir det vel slik for oss alle at å minnes tingene som skjedde i går ofte er vanskelig, mens det derimot ligger tindrende klart lys over veien der du sprang bærfot som smågut
> – Åge

Mor og far. 1946.

www.ingramcontent.com/pod-product-compliance
Lightning Source LLC
Chambersburg PA
CBHW020746160426
43192CB00006B/259